プログレッシブ税務会計論 Ⅳ

―会計処理要件（経理要件・帳簿要件）―

酒井克彦【著】
SAKAI KATSUHIKO

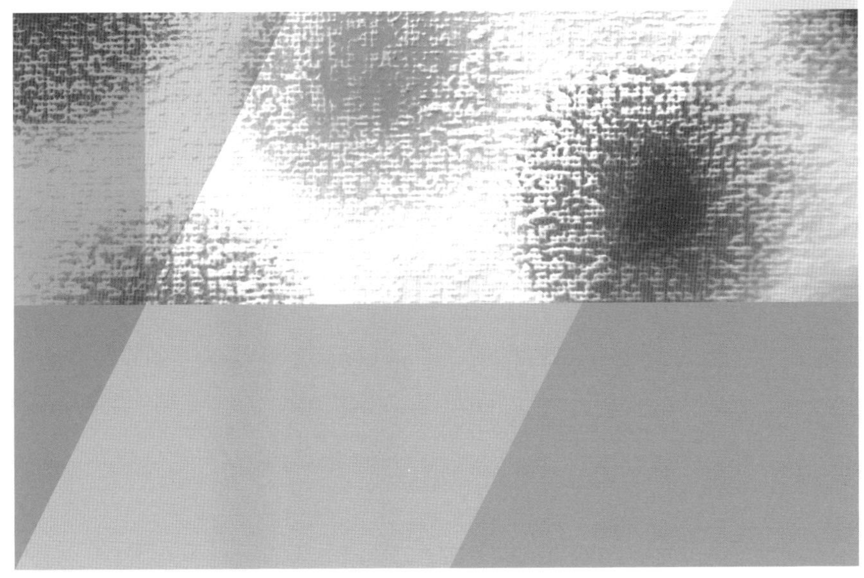

中央経済社

はしがき

法人税法はしばしば税務会計上の処理を課税要件として規定する（会計処理要件）。

その代表的な会計処理要件といえば，損金経理要件であり帳簿要件である。損金経理要件は，税務処理に係る恣意的な処理や操作性の排除ないし制約のために意味を有するのであろうし，帳簿要件は確定申告の基礎となる資料の作成義務を納税者に課すものである。これらは，納税者自身の会計処理によって，当該納税者自身の処理の適正性を担保することを法が要請していることを意味する。

例えば，法人税法は，法定引当金の計上に損金経理要件を課しているし，減価償却費の計上などにおいても同様である。このような手続的側面としての意味を有する会計処理要件により，しばしば納税者の損金算入が実質的に制限されているのも事実である。

実務家も実体法内部に所在する手続法的要件を軽視することはできない。例えば，損金算入についてみると，実体法上の要件に加えて，さらに手続法的要件が付加されているからである。また，青色申告の要件や消費税法上の仕入税額控除の要件として法定される帳簿要件は，その要件の不充足により適用が認められないなど，極めて大きな影響を及ぼすことに留意しておかねばならない。

本書は，かかる経理要件や帳簿要件に係る問題点を観察する観点から税務会計論にフォーカスしたものである。すなわち，本書は，経理要件および帳簿要件についての考察を行った基本書である。

経理要件とはいっても，その実質は損金経理要件である。しかしながら，平成30年の法人税法改正において，法人税法22条の2第3項が，「内国法人が資産の販売等を行った場合…において，当該資産の販売等に係る同項に規定する近接する日の属する事業年度の確定申告書に当該資産の販売等に係る収益の額の益金算入に関する申告の記載があるときは，その額につき当該事業年度の確定した決算において収益として経理したものとみなして，同項の規定を適用する。」と規定し，いわば収益経理要件を創設したのである。かくして，経理要件は損金制限というくびきから解放されたといえよう。

ところで，神戸地裁平成19年6月1日判決（税資257号順号10722）の事例において，被告国は，「損金経理とは，法人がその確定した決算において費用又は損失として経理することをいうところ，確定した決算とは，法人の決算に基づく計算書類につき株主総会等の承認があった場合のその決算をいうのであるから，損金経理をしたといえるためには，法人がその確定した決算に基づく損益計算書において費用又は損失として経理し，自らの意思決定を客観的に明らかにすることを要すると解される。」とする。この見解からすると，損金経理は納税者の意思決定を客観的に明らかにすることを意味するということになる。

つまりは，納税者にとって，損金経理とは意思の表明であり，意思の伝達なのである。ここに，かかる要件の重要性を再確認することができよう。

プログレッシブ税務会計論のシリーズとしては，次のような構成で体系的な議論を展開している。これは税務会計論の体系的理解に合わせて構成したものである。

Ⅰ　法人税法と会計諸原則
Ⅱ　収益・費用と益金・損金
Ⅲ　公正処理基準
Ⅳ　会計処理要件（経理要件・帳簿要件）

なお，本書の出版は，このプログレッシブ税務会計論シリーズの当初からお世話になっている中央経済社の奥田真史氏のご尽力によるところが大きい。この場を借りて改めて感謝を申し上げたい。また，一般社団法人ファルクラムの事務局長の佐藤総一郎氏や上席主任研究員の臼倉真純氏には多くのご協力を賜った。加えて，いつも小職の書籍の表紙にデザイン案を提供してくれる秘書の手代木しのぶさんには，このたびもデザイン案のご提供を賜った。これらの小職のスタッフにも感謝申し上げたい。

令和２年５月

酒井　克彦

目　次

第2部　帳簿要件［記帳・保存］

第6章　総額主義による記帳 ――― 121

凡　例

本書では，本文中は原則として正式名称を用い，主に（　）内において下記の略語を使用している。

また，読者の便宜を考慮し，判決・条文や文献の引用において，漢数字等を算用数字に変え，必要に応じて3桁ごとにカンマ（,）を入れるとともに,「つ」等の促音は「っ」等と小書きしている。なお，引用文献や判決文等の下線ないし傍点は特に断りのない限り筆者が付したものである。

[法令・通達]

通　法…国税通則法
所　法…所得税法
所　令…所得税法施行令
所　規…所得税法施行規則
所基通…所得税基本通達
法　法…法人税法
法　令…法人税法施行令
法　規…法人税法施行規則
法基通…法人税基本通達
消　法…消費税法
消　令…消費税法施行令
消基通…消費税法基本通達
措　法…租税特別措置法
措　令…租税特別措置法施行令
民…民法
商…商法
会　社…会社法
電帳法…電子計算機を使用して作成する国税関係帳簿書類の保存方法等の特例に関する法律
電帳規…電子計算機を使用して作成する国税関係帳簿書類の保存方法等の特例に関する法律施行規則
収益認識基準…収益認識に関する会計基準
資産除去債務基準…資産除去債務に関する会計基準

[判例集・雑誌等]

民　集…最高裁判所民事判例集
刑　集…最高裁判所刑事判例集
集　民…最高裁判所裁判集民事
行　集…行政事件裁判例集
訟　月…訟務月報
税　資…税務訴訟資料
判　時…判例時報
判　タ…判例タイムズ
金　判…金融・商事判例
金　法…金融法務事情
自　研…自治研究
シュト…シュトイエル
ジュリ…ジュリスト
商　事…商事法務
税大論叢…税務大学校論叢
税　法…税法学

曹　　時…法曹時報
租　　税…租税研究
税　　弘…税務弘報
税　　通…税経通信
判　　評…判例評論
ひろば…法律のひろば
法　　協…法学協会雑誌
法　　セ…法学セミナー
民　　商…民商法雑誌
論ジュリ…論究ジュリスト

[文献]

岡村・法人税法…岡村忠生『法人税法講義〔第３版〕』（成文堂・2007年）

金子・租税法…金子宏『租税法〔第23版〕』（有斐閣・2019年）

清永・税法…清永敬次『税法〔新装版〕』（ミネルヴァ書房・2013年）

武田・コンメ〔所得税法〕…武田昌輔編『コンメンタール所得税法』（第一法規・加除式）

武田・コンメ〔法人税法〕…武田昌輔編『コンメンタール法人税法』（第一法規・加除式）

谷口・税法…谷口勢津夫『税法基本講義〔第６版〕』（弘文堂・2018年）

富岡・税務会計学講義…富岡幸雄『新版税務会計学講義〔第３版〕』（中央経済社・2013年）

水野・大系…水野忠恒『大系租税法〔第２版〕』（中央経済社・2018年）

酒井・アクセス…酒井克彦『アクセス税務通達の読み方』（第一法規・2016年）

酒井・課税要件…酒井克彦『クローズアップ課税要件事実論〔第４版改訂増補版〕』（財経詳報社・2017年）

酒井・租税行政法…酒井克彦『クローズアップ租税行政法〔第２版〕』（財経詳報社・2016年）

酒井・裁判例〔法人税法〕…酒井克彦『裁判例からみる法人税法〔第３版〕』（大蔵財務協会・2019年）

酒井・スタートアップ…酒井克彦『スタートアップ租税法〔第３版〕』（財経詳報社・2015年）

酒井・フォローアップ…酒井克彦『フォローアップ租税法』（財経詳報社・2010年）

酒井・ブラッシュアップ…酒井克彦『ブラッシュアップ租税法』（財経詳報社・2011年）

酒井・プログレッシブⅠ…酒井克彦『プログレッシブ税務会計論Ⅰ〔第２版〕』（中央経済社・2018年）

酒井・プログレッシブⅡ…酒井克彦『プログレッシブ税務会計論Ⅱ〔第２版〕』（中央経済社・2018年）

酒井・プログレッシブⅢ…酒井克彦『プログレッシブ税務会計論Ⅲ』（中央経済社・2019年）

序章 損金経理

1 損金経理とは

法人税法２条《定義》25号は，「損金経理」について，「法人がその確定した決算において費用又は損失として経理することをいう。」と規定している。別言すれば，損金経理とは，企業会計において費用または損失として処理することを指している。

損金経理は，会計方法について選択が認められているものについても要求されている。例えば，法人税法施行令133条《少額の減価償却資産の取得価額の損金算入》においては，少額減価償却資産について「その内国法人が当該資産の当該取得価額に相当する金額につきその事業の用に供した日の属する事業年度において損金経理をしたとき」という要件を課し，10万円未満の減価償却資産について，その事業の用に供した日の属する事業年度における損金の額に算入することができるのは，法人が「損金経理」をした場合に限定しているのである。

2 損金経理を要求する事項

損金経理を要求するものとしては，例えば，次のようなものがある（通達における損金経理の要請を「損金経理要件」と捉えることの是非については第２章において詳述することとするが，差し当たり，ここでは列挙しておく。）。

- 減価償却資産の償却費（法法31①）
- 繰延資産の償却費（法法32①）
- 資産の評価損（法法33②）
- 使用人兼務役員に対する使用人部分の賞与（旧法法35②）
- 過大な役員退職給与（法法36）
- 国庫補助金等で取得した固定資産等の圧縮額の損金算入（法法42）
- 特別勘定を設けた場合の国庫補助金等で取得した固定資産等の圧縮額の損金算入（法法44①）
- 工事負担金で取得した固定資産等の圧縮額の損金算入（法法45）
- 非出資組合が賦課金で取得した固定資産等の圧縮額の損金算入（法法46①）
- 保険金等で取得した固定資産等の圧縮額の損金算入（法法47）
- 特別勘定を設けた場合の保険金等で取得した固定資産等の圧縮額の損金算入（法法49①）
- 交換により取得した固定資産の圧縮記帳（法法50①）
- 特定設備等の特別償却（措法43）
- 準備金の繰入額（措法52の３）
- 特定の資産の買換えの場合の課税の特例（措法65の７）
- 利益連動給与（法令69⑩）
- 少額の減価償却資産の取得価額の損金算入（法令133）
- 一括償却資産の損金算入（法令133の２）
- 繰延資産となる費用のうち少額のものの損金算入（法令134）
- 回収不能の金銭債権の貸倒れ（法基通９－６－２）
- 一定期間取引停止後弁済がない場合等の貸倒れ（法基通９－６－３）
- 返品債権特別勘定の設定（法基通９－６－４）

これらの処理の多くは内部取引に関わるものであるが，逆説的にいえば，内部取引については，法人の意思を明確にしたうえで，かかる意思に基づいた確定決算を経ることで，恣意性を排除したり，法人所得計算の客観性を担保することが求められるところ，損金経理要件にはかような効果が期待されているのである。

以下，代表的な規定を簡単に概観することとしよう。

イ　役員賞与等の損金不算入に規定する使用人兼務役員の使用人分賞与

旧法人税法35条２項は，「内国法人が，各事業年度においてその使用人としての職務を有する役員に対し，…当該職務に対する賞与の額につき当該事業年度において損金経理をしたときは，その損金経理をした金額のうち当該職務に対する相当な賞与の額として政令で定める金額に達するまでの金額は，…当該事業年度の所得の金額の計算上，損金の額に算入する。」と規定していた。

使用人兼務役員の賞与については，その支出が費用としての性格を有する場合と利益処分としての性格を有する場合とがあるので，損金経理を要件として損金の額に算入することとしていたのである。

また，役員賞与等の損金不算入に規定する使用人分賞与について，旧法人税法35条３項は，「内国法人が，各事業年度においてその使用人に対し賞与を支給する場合において，その賞与の額につきその確定した決算において利益又は剰余金の処分による経理（利益積立金額をその支給する賞与に充てる経理を含む。）をしたときは，その経理をした金額は，その内国法人の各事業年度の所得の金額の計算上，損金の額に算入しない。」と規定していた。

ロ　過大な役員退職給与の損金不算入

法人税法36条《過大な使用人給与の損金不算入》は，「内国法人が各事業年度においてその退職した役員に対して支給する退職給与の額のうち，当該事業年度において損金経理をしなかった金額及び損金経理をした金額で不相当に高額な部分の金額として政令で定める金額は，その内国法人の各事業年度の所得の金額の計算上，損金の額に算入しない。」と規定している。

役員退職給与については，その支出が費用としての性格を有する場合と利益処分としての性格を有する場合とがあるので，損金経理を要件として損金の額に算入することとしている[(1)]。

ハ　減価償却資産の償却費

法人税法31条《減価償却資産の償却費の計算及びその償却の方法》１項は，「内国法人の各事業年度終了の時において有する減価償却資産につきその償却費として第22条第３項《各事業年度の損金の額に算入する金額》の規定により当該事業年度の所得の金額の計算上損金の額に算入する金額は，その内国法人が当該事業年度においてその償却費として損金経理をした金額（以下この条において『損金経理額』という。）のうち，その内国法人が当該資産について選定した償却の方法…に基づき政令で定めるところにより計算した金額…に達するまでの金額とする。」と規定している。

減価償却は，まさに内部取引そのものであるところ，法は損金経理要件によってかかる処理の恣意性の排除を行っているのである。

ニ　少額の減価償却資産の取得価額の損金算入

法人税法施行令133条は，「内国法人がその事業の用に供した減価償却資産…で前条第１号に規定する使用可能期間が１年未満であるもの又は取得価額…が10万円未満であるものを有する場合において，その内国法人が当該資産の当該取得価額に相当する金額につきその事業の用に供した日の属する事業年度において損金経理をしたときは，その損金経理をした金額は，当該事業年度の所得の金額の計算上，損金の額に算入する。」と規定している。

少額減価償却資産についても，その支出につき資産に計上するか費用として損金の額に算入するかの判断において，法人の損金経理を要件として損金の額に算入することとしている。

ホ　繰延資産の償却費

法人税法32条《繰延資産の償却費の計算及びその償却の方法》は，「内国法人の各事業年度終了の時の繰延資産につきその償却費として第22条第３項《各事業年度の損金の額に算入する金額》の規定により当該事業年度の所得の金額の計算上損金の額に算入する金額は，その内国法人が当該事業年度においてその償却費として損金経理をした金額（以下この条において『損金経理額』という。）のうち，その繰延資産に係る支出の効果の及ぶ期間を基礎として政令で定めるところにより計算した金額…に達するまでの金額とする。」と規定している。繰延資産についても，上記ハの減価償却資産と同様に，損金経理要件によって内部処理の恣意性の排除を行っている。

ヘ　資産の評価損の損金不算入等

法人税法33条《資産の評価損の損金不算入等》２項は，「内国法人の有する資産につき，災害による著しい損傷により当該資産の価額がその帳簿価額を下回ることとなったこと，会社更生法又は金融機関等の更生手続の特例等に関する法律の規定による更生計画認可の決定があったことによりこれらの法律の規定に従ってその評価換えをする必要が生じたことその他の政令で定める事実が生じた場合において，その内国法人が当該資産の評価換えをして損金経理によりその帳簿価額を減額したときは，その減額した部分の金額のうち，その評価換えの直前の当該資産の帳簿価額とその評価換えをした日の属する事業年度終了の時における当該資産の価額との差額に達するまでの金額は，前項の規定にかかわらず，これらの評価換えをした日の属する事業年度の所得の金額の計算上，損金の額に算入する。」と規定している

平成21年改正前の法人税法33条２項は，「内国法人の有する資産（預金，貯金，貸付金，売掛金その他の債権…を除く。）につき」評価減を認める旨を規定していた。金銭債権に係る貸倒損失について全額回収となって初めて許容されるとする考え方の論拠として広く支持されてきた根拠がここにあったが，同年改正によって同項の「（預金，貯金，貸付金売掛金その他の債権…を除く。）」というかっこ書きがなくなったため，金銭債権に係る一部貸倒損失を認めないことの理論的根拠の一部を欠いたとの指摘にもつながることとなっている（酒井克彦「金銭債権に係る貸倒損失（中）―金銭債権に係る部分貸倒損失の損金算入の可否を中心として―」税務事例52巻５号83頁（2020年））。いずれにしても，資産の評価減も恣意性が混入し得るところであるから，損金経理要件によって内部処理の恣意性排除がなされている。

ト　交換により取得した資産の圧縮額の損金算入

法人税法50条《交換により取得した資産の圧縮額の損金算入》は，内国法人が，各事業年度において，１年以上有していた一定の固定資産を他の者が１年以上有していた一定の固定資産と交換し，その交換により取得した取得資産をその交換により譲渡した譲渡資産の譲渡の直前の用途と同一の用途に供した場合において，その取得資産につき，当該事業年度終了の時において，その交換によ

り生じた差益金の額として政令で定めるところにより計算した金額の範囲内でその帳簿価額を損金経理により減額したときは，その減額した金額に相当する金額は，当該事業年度の所得の金額の計算上，損金の額に算入する旨を規定している。

圧縮記帳（☞**圧縮記帳**とは）も帳簿上の処理であるから内部取引であるといえる。そこで，法人税法は，恣意性排除のために損金経理要件を課しているといえよう。

☞**圧縮記帳**とは，補助金等の特定の収益をもって固定資産を取得し，または改良した場合に，その資産に，実際の取得価額よりもその収益の額に相当する金額またはその範囲内の金額だけ減額した低い帳簿価額をつけ，この減額した金額を損金に算入することをいう（金子・租税法413頁）。詳しくは，酒井・プログレッシブⅡ32頁参照。

チ　国庫補助金等で取得した固定資産等の圧縮額の損金算入

法人税法42条《国庫補助金等で取得した固定資産等の圧縮額の損金算入》は，「内国法人…が，各事業年度において固定資産の取得又は改良に充てるための国又は地方公共団体の補助金その他政令で定めるこれに準ずるもの（…『国庫補助金等』という。）の交付を受け，当該事業年度においてその国庫補助金等をもってその交付の目的に適合した固定資産の取得又は改良をした場合…において，その固定資産につき，当該事業年度終了の時において，その取得又は改良に充てた国庫補助金等の額に相当する金額（以下この項において『圧縮限度額』という。）の範囲内でその帳簿価額を損金経理により減額し，又はその圧縮限度額以下の金額を政令で定める方法により経理したときは，その減額し又は経理した金額に相当する金額は，当該事業年度の所得の金額の計算上，損金の額に算入する。」と規定している。

圧縮記帳またはこれに代わるべき引当金または積立金による経理の方法は，法人がその確定した決算に基づいて損金経理の方法により行うことが原則である。圧縮記帳も，対外的に実現した利益をその後の内部計算によって相殺する性質のものであって，そのうちどれほどを圧縮するかは法人の自由に任されていることから，自らこれを決算において確定すべきものとしたものである[(2)]。

 損金経理要件の部分的崩壊

前述のとおり，減価償却資産に係る償却限度額に達するまでの減価償却費の金額は，損金の額に算入することとされているが（法法31①），内国法人が適格分社型分割，適格現物出資または適格事後設立（以下「適格分社型分割等」という。）により，分割承継法人，被現物出資法人または被事後設立法人に減価償却資産を移転する場合において損金経理額に相当する金額を費用の額としたときは，その費用の額とした金額（期中損金経理額）のうち，その減価償却資産につき適格分社型分割等の日の前日を事業年度終了の日とした場合に法人税法31条１項の規定により計算される償却限度額に相当する金額に達するまでの金額は，適格分社型分割等の日の属する事業年度の所得の金額の計算上，損金の額に算入することとされている（法法31②）。

これは，適格分社型分割等が行われた場合，「各事業年度終了の時」における減価償却資産の償却費に係る損金経理額がないことから，損金経理要件を踏まずとも，一定の金額を損金の額に算入することができることとしたものである。この取扱いは，平成17年度税制改正によって導入されたものであるが，かような損金経理不要処理が認められたことから，これまでの，「損金経理＝法人の意思の表明」という考え方が維持できなくなっているとの見方もあり得るところである。

また，内国法人が適格合併，適格分割，適格現物出資又は適格事後設立（以下「適格組織再編成」という。）により被合併法人等から移転を受けた減価償却資産についてその価額として会計帳簿に記載した金額が，その被合併法人等が適格組織再編成の直前に会計帳簿に記載していた金額に満たない場合には，その満たない部分の金額は，その適格組織再編成の日の属するその内国法人の事業年度前の各事業年度の損金経理額とみなすこととされているし（法法31⑤），内国法人が非適格合併等（合併，分割または現物出資のうち適格合併，適格分割または適格現物出資に該当するものを除いたものをいう。以下同じ。）により被合併法人等から移転を受けた減価償却資産についてその価額として会計帳簿に記載した金額が，その非適格合併等の直後におけるその減価償却資産の償却限度額

の計算の基礎となる取得価額に満たない場合には，その満たない部分の金額は，その内国法人の非適格合併等の日の属する事業年度前の各事業年度の損金経理額とみなすこととされている。このような「みなし損金経理」は，すでに損金経理要件が不要であることを意味している。単に，損金算入を認めるとしておけばよいようなものであるが，そもそも，前述のとおり，減価償却費の計上に関しての原則が損金経理要件であるから，かかる原則的取扱いを維持したうえで，例外的に損金経理を不要とする規定を設けるために，法技術的にみなし損金経理規定を設けることの方が現実的であったともいえよう。また，法人税法が厳然として減価償却費計上については損金経理要件を設けているという思想を維持するためにかような法制度を採用したものともいい得るが，いずれにしても，実質的には損金経理が不要とされているのである。

この点，連結納税（☞**連結納税**とは）の開始または連結グループへの加入に伴う資産の時価評価（連結開始直前事業年度または連結加入直前事業年度（以下「時価評価年度」という。）において時価評価資産の評価益または評価損を益金の額または損金の額に算入することをいう。以下同じ。）が行われたことにより，その帳簿価額が増額された減価償却資産について，これを有する内国法人がその時価評価年度終了の時の価額として会計帳簿に記載した金額（その減価償却資産に係る償却超過額がある場合には，これを加算した金額とされている。）が，その時価評価の直後の帳簿価額に満たない場合には，その満たない部分の金額は，その内国法人の時価評価年度以前の各事業年度の損金経理額とみなすこととされているのも同様である。

☞**連結納税**とは，企業グループを１つの事業実体とみて，企業グループに属する個別の法人の損益を企業グループ（集団）内において通算できるとする法人所得ならびに法人税額の計算・申告方法をいう（水野・大系586頁）。これは，平成14年７月の税制改正によって導入された制度である。

加えて，法人が，確定した決算において損金経理をした，一括償却資産の３年償却制度（法令133の２）の対象となる取得価額20万円未満の減価償却資産，あるいは中小企業者等の少額減価償却資産の取得価額の損金算入の特例（措法67の８）の対象となる取得価額30万円未満の減価償却資産について，損金経理により減価償却費を計上しておきながら，申告においてそれぞれの規定の適用を受けることを選択せず，普通償却限度額を超える部分の金額を自己否認して申告加算することが認められているところ，かかる減価償却資産が，IT投資促進税制（措法42の11）の対象要件を満たすものであれば，法人は，申告において，これらを同税制による法人税額の特別税額控除の対象とすることができるのであって，損金経理を行わなくても確定申告書に一括償却対象額の記載があり，かつ，その計算に関する書類を保存している場合には一括償却対象額につき損金算入することができるのである。これは，中小企業者等の少額減価償却資産の取得価額の損金算入の特例の適用にあたっても，法人税申告書別表16の「備考」欄において，本制度の適用を受けていることおよび適用を受けた資産の取得価額を記載するという意思表示をすることを要件として，対象資産について償却または税額控除を選択して適用することができる。すなわち，IT投資促進税制による税額控除を選択しないと意思表示した場合でも，確定申告において，対象資産について普通償却限度額を超える部分を申告加算することにより，償却を選択しないという意思表示をすれば，確定申告においてIT投資促進税制による税額控除の適用対象とすることができることになる。

内部取引には原則として，損金経理要件が課されているところではあるが，法人が確定決算前に意思表示をしなくとも，本来要請されている損金経理が不要とされるこれらの点からみると，損金経理が常に要請されていると考える必要はないということになりそうである。あるいは，損金経理のみで法人意思を確認するというような制度設計にはなっていないことが判然とするのである(3)。

4　近時の論点

ところで，平成30年度税制改正では返品調整引当金が廃止されたが，その理由は，平成30年に発表された「収益認識に関する会計基準」の影響を受けたことにあった。すなわち，かかる収益認識基準に従えば，大企業における企業会計は，合理的に見積もられた返品分について，返品調整引当金の計上処理の方法から，ダイレクトに収益から控除する方法へ舵を切ったことから，企業会計における費用計上処理がなくなることとなった。法人税法は損金経理を引当金繰入額に係る損金算入の要件としているが，そのような会計処理方法の改正により，損金経理をすること自体がなくなったのである。すなわち，損金経理を行う機会がなくなったことに着目し，引当金自体を廃止したという経緯がある。しかしながら，引当金の計上につき必ず損金経理を求めるほどの厳格な立法態度が必要なのかという点については，これまで述べてきた諸点からみると，若干の疑問も生じるところである。

武田昌輔教授は，「課税所得計算を明確にされる規制は，実務的に望ましいものとしても，確定決算による規制の必然性は存しないのであって，法人としては税法に定められている規定の範囲内において租税節約をするという点からアメリカ税法のような課税所得計算の方式も考えられないことはない。すなわち，立法政策的には，『損金経理』の規制をはずして，大幅な申告調整を認めることも可能である」とされているのである（武田昌輔『新版 税務会計通論〔48年版〕』43頁（森山書店・1973年））。そう考えると，損金経理至上主義的な取扱いには疑問を覚えるところであるといわざるを得ない。

●注

(1) 過大な役員退職給与以外に通常の役員給与についても，不相当に高額なものについては損金算入が制限されているが，不相当に高額な役員給与については，損金経理の方法ではなく，その額の認定において法人意思が前提とされるかたちでの恣意性排除の仕組みが施されている。

法人税法施行令70条《過大な役員給与の額》１項１号ロは，「定款の規定又は株主総会等により役員給与の限度額を定めている内国法人が，各事業年度においてその役員に対して支給した給与の額の合計額が当該事業年度に係る当該限度額及び当該算定方法により算定された金額並びに当該支給対象資産の支給の時における価額に相当する金額の合計額を超える場合におけるその超える部分の金額」を法人税法34条《役員給与の損金不算入》１項にいう損金算入が否認されるべき不相当に高額な役員給与の判断基準の１つとしている（形式基準）。

ここにいう形式基準をみれば，法人の意思が要件とされているように思われる。すなわち，同号ロは，定款や株主総会，社員総会の決議により支給することができる限度額基準の考え方を採用しているのであるが，これらの限度額基準は法人意思を前提とした基準設定であるとみることができる。けだし，株主総会や社員総会は，株主や社員の総意によって会社の意思を決定する必要的機関であるし，定款の変更はかかる株主総会決議を要するところ，ここにいう形式基準とはこれら株主総会等の意思決定事項を高額役員給与の判断基準とするからである。そうであるとすれば，形式基準をみる限り不相当な高額役員給与の認定にあたっては，法人意思が前提とされているということになる。このような意味では，損金経理要件に代えて，不相当に高額な役員給与の認定自体に法人の意思による恣意性の排除が持ち込まれているといえよう。

(2) この点の指摘は，前原真一「法人税法上の損金経理要件について」税大論叢48号158頁（2005年）。

(3) 以上の指摘は，前原・前掲注(2)，128頁に詳しい。

第1部

損金経理要件

損金経理要件の意義

はじめに

我が国の法人税法はいわゆる確定決算主義を採用している。すなわち，我が国の法人税法上，確定申告書は，法人の「確定した決算」として，株主総会や社員総会等の承認ないし同意を得た決算に基づいて作成されることとされており，そこで承認ないし同意を受けた内容のもとで申告がなされなければならないという考え方が採用されている。かかる点につき，法人税法74条《確定申告》１項は，「内国法人は，各事業年度終了の日の翌日から２月以内に，税務署長に対し，確定した決算に基づき次に掲げる事項を記載した申告書を提出しなければならない。」と規定する。

☑　法人税法74条１項にいう「次に掲げる事項」とは，次のものをいう。

①　当該事業年度の課税標準である所得の金額または欠損金額
②　①に掲げる所得の金額につき第２編第１章第２節《税額の計算》の規定を適用して計算した法人税の額
③　法人税法68条《所得税額の控除》および69条《外国税額の控除》の規定による控除をされるべき金額で①に掲げる法人税の額の計算上控除しきれなかったものがある場合には，その控除しきれなかった金額
④　その内国法人が当該事業年度につき中間申告書を提出した法人である場合には，②に掲げる法人税の額から当該申告書に係る中間納付額を控除した金額
⑤　④に規定する中間納付額で④に掲げる金額の計算上控除しきれなかったものがある場合には，その控除しきれなかった金額
⑥　①ないし⑤に掲げる金額の計算の基礎その他財務省令で定める事項

これに対して，アメリカは，我が国のような確定決算主義を採用していない。

その理由は，企業利益と課税所得は，それぞれ別個に把握し，計算されるものであるとする基本的考え方に起因するといわれている[(1)]。

我が国はアメリカとは異なり，確定決算主義を採用し，さらにこの考え方のもとにおいて，特定の費用または損失の額については，経理処理のなされているものでなければ，課税所得の金額の計算上，損金の額に算入することができないという，いわゆる「損金経理要件」が採用されている。損金経理要件とは，いわば企業における決算を通じて，明確な法人意思を確定申告に反映させることにより，恣意的な税額計算等を排除しようとする趣旨に出たものと解されるが，ここでは，確定申告を法人の「意思表示」と捉えるか否かという，確定申告の法的性質論についても検討すべきであろう。また，損金経理要件はきわめて厳格に適用されており，例えば，固定資産といった現物による役員退職金が支払われた場合において，かかる固定資産の評価誤りによって当初申告に記載された額を超える報酬額が認定されたような場合には，当初申告に記載した額を超える報酬額については，損金経理要件を満たしていないとして，損金性が否認されるなどという処理が実務上なされてきた。しかしながら，このような厳格な損金経理要件の適用に問題はないのかといった点にも長らく関心が寄せられてきた。

ここでは，損金経理要件の意義を確認するとともに，その今日的意義について考えることにしよう。

 2　損金経理要件概論

1　外　　観

（1）　損金経理要件の適用領域

確定決算主義のもと，法人税法は，法人が確定した決算において費用または損失の額として特に経理処理のなされているものでなければ，課税所得の金額の計算上，損金の額に算入することができないとする損金経理要件を課す規定を多くの場面で設けている。すなわち，法人税法２条《定義》25号は，損金経理につき「法人がその確定した決算において費用又は損失として経理することをいう。」と定義する。これは同法のみならず，法人税法施行令や租税特別措

置法においても採用されている扱いである。

例えば，法人税法31条1項は次のように規定する(2)。

> **法人税法31条《減価償却資産の償却費の計算及びその償却の方法》**
> 内国法人の各事業年度終了の時において有する減価償却資産につきその償却費として第22条第3項（各事業年度の損金の額に算入する金額）の規定により当該事業年度の所得の金額の計算上損金の額に算入する金額は，その内国法人が当該事業年度においてその償却費として損金経理をした金額（以下この条において「損金経理額」という。）のうち，その取得をした日及びその種類の区分に応じ，償却費が毎年同一となる償却の方法，償却費が毎年一定の割合で逓減する償却の方法その他の政令で定める償却の方法の中からその内国法人が当該資産について選定した償却の方法…に基づき政令で定めるところにより計算した金額…に達するまでの金額とする。

また，法人税法22条3項は，「内国法人の各事業年度の所得の金額の計算上当該事業年度の損金の額に算入すべき金額は，別段の定めがあるものを除き，次に掲げる額とする。」として，次のように規定する。

> ①　当該事業年度の収益に係る売上原価，完成工事原価その他これらに準ずる原価の額（同項1号）
> ②　①に掲げるもののほか，当該事業年度の販売費，一般管理費その他の費用（償却費以外の費用で当該事業年度終了の日までに債務の確定しないものを除く。）の額（同項2号）
> ③　当該事業年度の損失の額で資本等取引以外の取引に係るもの（同項3号）

このうち，②については，「販売費，一般管理費その他の費用」のかっこ書きにおいて，「償却費以外の費用」に関して債務確定基準（☞**債務確定基準**とは）を規定していることからすれば，その前提として，減価償却費は，ここにいう「販売費，一般管理費その他の費用」のうちに含まれていると解することが自然であろう。さすれば，減価償却費の規定である法人税法31条1項は，償却費として同法22条3項にいう損金の額に算入すべき金額の要件を定めた条文であると理解することができる。このことは，法人税法31条は同法22条3項の「別段の定め」ではないことを意味する。

> ☞**債務確定基準**とは，償却費を除く費用は，債務の確定をまって初めて損金に計上することができるとする考え方であり（金子・租税法366頁），実定法上の根拠は，法人税法22条3項2号かっ

こ書きにいう「債務の確定しないものを除く」に求められる。
学説上の見解の対立はあるものの，課税実務は次の３つの要件の充足をもって債務の確定を捉えている（法基通２－２－12。これに反対の見解として，金子・租税法344，368頁）。
① 当該事業年度終了の日までに当該費用に係る債務が成立していること。
② 当該事業年度終了の日までに当該債務に基づいて具体的な給付をすべき原因となる事実が発生していること。
③ 当該事業年度終了の日までにその金額を合理的に算定することができるものであること。
債務確定基準については，酒井・プログレッシブⅡ第４章・第５章を参照。

☑ 武田・コンメ〔法人税法〕1121頁は，法人税法22条３項にいう「別段の定め」について，同法29条から61条の13までと，同法63条および64条，加えて，同法65条の政令委任規定がこれに当たると説明しており，同法31条や32条も「別段の定め」であるとされているが，この点については議論の余地があるように思われる(3)。

すると，「別段の定め」に限らず，法人税法22条３項の規定の中にも損金経理要件が設けられているとみることが可能となる。かような整理は，所得税法37条《必要経費》と同法49条《減価償却資産の償却費の計算及びその償却の方法》との関係と同様であるといえよう。なお，法人税法32条《繰延資産の償却費の計算及びその償却の方法》も同様である。

☑ 武田・コンメ〔所得税法〕3297頁は，所得税法49条を同法37条の「別段の定め」とは説明していない。所得税法49条は，「居住者のその年12月31日において有する減価償却資産につきその償却費として第37条（必要経費）の規定によりその者の不動産所得の金額，事業所得の金額，山林所得の金額又は雑所得の金額の計算上必要経費に算入する金額は，その取得をした日及びその種類の区分に応じ，償却費が毎年同一となる償却の方法，償却費が毎年一定の割合で逓減する償却の方法その他の政令で定める償却の方法の中からその者が当該資産について選定した償却の方法…に基づき政令で定めるところにより計算した金額とする。」と規定しており，同法37条のルールの適用を念頭に置いている。
☑ 法人税法31条や32条が，条文内において「その償却費として第22条第３項《各事業年度の損金の額に算入する金額》の規定により当該事業年度の所得の金額の計算上損金の額に算入する金額」としていることに着目すれば，これらの規定は，同法22条３項のいう「別段の定め」ではないと捉える方が素直な理解であるようにも思われる。このように解すると，企業会計のルールに従わずに，法人税法が独自に規定する減価償却費の処理ルールが「別段の定め」ではないことを意味する。この点については，所得税法とは異なり，特に，企業会計のルールと異なるもののみについて「別段の定め」を規定しているとする法人税法の構造に係る一般的な理解からは距離を置くことも意味し，ひいては，法人税法22条４項（公正処理基準）の規定の適用が同法31条や32条にまで及ぶことになるのかといった解釈論上無視し得ない議論を招来することになる。なお，法人税法22条にいう「別段の定め」の詳細については，酒井・プログレッシブⅢ第４章を参照。

(2) 沿　革

「損金経理」という用語は昭和40年の法人税法の全文改正においてはじめて登場した概念であるが，実際は，同改正前から同様に取り扱われていたようである（武田・コンメ〔法人税法〕837頁）。この点に関しては，以下にみるような旧通達の取扱いに「損金経理」と同様の考え方をみることができるように思われる。

すなわち，旧法人税法18条において，「その確定した決算に基づき当該事業年度の課税標準たる所得金額…に対する法人税額を記載した申告書」の提出義務が課されていた。ここにいう「確定した決算」が何を指すかについては議論のあるところであるが，旧法人税法下での通達（昭和25年直法1-100「315」）は，この「『その確定した決算に基づき申告』とは，株主総会の承認又は総社員の同意を得た計算書類を基礎として申告するのであるから，申告に当っては次のようなことに注意しなければならない。」として，①資産評価損益または減価償却の金額は，原則として株主総会の承認または総社員の同意を得た金額に限るのであるから，申告書においてその資産の評価損益および減価償却の金額を増減することができない旨，および②税務計算上繰延資産として整理することを認められているものについて，株主総会の承認または総社員の同意を得た計算書類に資産として計上したときは，申告書において損金として所得金額から除算することができない旨通達していたのである。

当時，「損金経理」という用語そのものは存在していなかったものの，上記通達をみると，内部取引については，今日にいうところの損金経理同様の考え方が課税実務において損金算入の要件とされていたことが判然とするのである。

(3) 内部取引と外部取引

なぜ，従来より内部取引について損金経理が要請されているのであろうか。

一般的に，内部取引はいわば自己取引であり，法人の内部的意思決定のみでかかる取引が完結し，外部取引のように，取引に相当する客観的事実が存在しない。したがって，内部取引から生じる費用・損失の計上が法人の主観的ないし自由な判断によって左右されやすい恣意性を持っていることから，かかる恣意性を排除する必要があると考えられている。

この点につき，吉良実教授は，「内部取引においては，その法人の意思そのものがすべてであり，かつ，そのような取引の内容を限界づけているものであるから，そのような取引においてはまずその法人の意思決定そのものを尊重することが必要であり，その場合の意思決定を，その法人の最高機関である株主総会とか社員総会等の意思決定に拠らしめることとした」と説明される（吉良『所得課税法の論点』295頁（中央経済社・1982年））。そして，「それと同時に，内部的取引にあっては，とかくその時そのときの事情による経理担当者とか法人の代表者の恣意的な判断で，経理処理がゆがめられたり粉飾決算が行われることもあるので，それを防止する意味合いもあって，内部的取引による費用・損失にあっては，その法人の最高機関の意思決定に拠らしめることとし，それを条件として，つまり確定決算における損金経理の条件として，課税所得金額の計算にあたり『損金の額』に算入せしめることとした」と論じられる（吉良・同書296頁）。

このように，損金経理要件に通底する考え方は，総じて恣意性の排除にあるわけであるが，その排除のルールとしてかかる法人の最高機関による意思決定を要するとすることで，可能な限り恣意性を排除できるような制度を設けたものであるといえよう。

もっとも，昭和40年の全文改正以降の法人税法においては，外部取引といえる取引についても，一部，損金経理要件が付されている。例えば，業績連動給与（☞**業績連動給与**とは）の損金算入などは外部取引であるが損金経理が要求されている（法法34①三，法令69⑲二）。従前も，役員退職給与や従業員賞与などについては損金経理が要求されていたところである（後述）。これらの取引は外部取引といえども，確定決算において損金処理がなされているものに限り，すなわち利益処分による経理がなされているものではないことを条件として，課税所得の金額の計算上，損金の額に算入することができるのである[(4)]。

☞**業績連動給与**とは，内国法人が業務を執行する役員に対して支給する業績連動型給与で，その算定方法が，当該事業年度の利益の状況を示す指標，株式の市場価格の状況を示す指標または売上高の状況を示す指標として一定のものを基礎とした客観的なものであること等の要件を満たすものをいい，損金の額に算入することが認められている。かかる指標には，「ROE（自己資本利益率）」等が含まれる。なお，業績連動給与は平成29年度税制改正において利益連動給与から改められたものである。

これも，内部取引に損金経理が要請される上記の理由とほぼ同じ趣旨によるものであろう。すなわち，かかる取引は，外部取引といえども本来利益処分性の強いものであり，かつ，その法人の経営者の恣意的判断が介入する余地の多いものであるから，確定決算によるその法人の最高機関の意思を要することとしているのである（吉良・前掲書296頁）。

損金経理要件は原則として内部取引について規定されているものであるが，かように，例外的に，内部取引同様の恣意的な処理がなされる余地がある外部取引についても規定が設けられていることがある。なお，法人税基本通達9－6－2《回収不能の金銭債権の貸倒れ》[(5)]ないし同9－6－3《一定期間取引停止後弁済がない場合等の貸倒れ》[(6)]が貸倒損失につき損金経理を要求しているものの，通達において課税要件を設けることは租税法律主義のもとでは許されるところではないと考えるため，実務上の確認事項を定めているにとどまるものと理解しておきたい。そのような意味では，法令を根拠とする「損金経理」と同等に位置付けることには不安も残る。

2　損金経理要件が問題となる場面

(1)　事後修正の余地

前代表者に対する退職慰労金として土地建物を現物支給した際に，土地の時価相当額を前代表者に退職慰労金として支給しこれを損金計上する意思が明らかにされていたものの，その後の調査においてかかる土地建物の評価額が過少であったことが判明した場合に，再評価された時価と帳簿価額の差額は，旧法人税法36条にいう損金経理がされたものとして損金算入が認められるか否かが争点とされた事例がある。

この事件において，東京高裁平成8年3月26日判決（税資215号1114頁）[(7)]は，次のように説示する。

「法人税法は，法人の役員に対する退職給与について，それが報酬の後払い的性格のほかに功労報酬的なもの，つまり賞与的性格も併有する点に鑑み，損金経理により報酬の後払いであることを要件に退職金の損金控除性を認めている。したがって，役員退職給与の支給にあたり，法人の確定決算において損金経理を行わない経理方法によった場合には，法人自らが労務に対する対価でなく賞与的性格のものという認識を表示し損金性を否定したものとして，その役員退職給与を損金に算入することはできない。本件のように退職役員に退職慰労金の一部として現金に代えて土地を現物で支給し，その土地の時価より低い価額を退職給与として損金経理した場合において，控訴人〔筆者注：納税者〕が本件の土地の時価の一部の金額を損金経理したという事実は，控訴人の意思表示としては，当該金額を限度として退任役員の労務の対価として認識したというにとどまり，本件土地の時価と退職給与として経理した金額の差額についての控訴人の意思表示はされていないというべきである。そして，役員退職給与の支給は，退職役員の功労に対する報償的なもの（賞与的性格）をも併有しているから，確定決算において損金の額に算入していない土地の譲渡益相当額は，損金経理の要件を欠いており，その損金性を認めることはできない。」

この判断は，上告審最高裁平成10年6月12日第二小法廷判決（集民188号619頁）[(8)]においても維持されている。

☑　同最高裁は，「上告人〔筆者注：納税者〕は，退職した役員に対する退職給与の支給として，上告人の固定資産である土地をその帳簿価額である2500万円で譲渡し，右譲渡に係る事業年度の確定した決算においてその旨の経理をしたが，右土地の右譲渡時における適正な価額は少なくとも1億6053万4360円を下るものではなかったというのであるから，右事実関係の下においては，右土地の譲渡時における右適正な価額と右帳簿価額との差額は法人税法36条にいう損金経理をしなかった金額に該当するとした原審の判断は，正当として是認することができる。」と判示した。

このように，土地を帳簿価額で現物支給したことにより，土地の時価と帳簿価額の差額についてまで損金経理が行われたものと解することはできないとして，納税者の主張は排斥されたのである。実務上，しばしば問題とされてきた事例の代表的なものの1つが上記の現物支給による役員退職金に係る損金経理要件であったが，平成18年度税制改正において，旧法人税法36条の規定はなくなり，現行法上，この領域では利益連動給与の損金算入（法法34①三，法令69⑲二）および未払使用人賞与（法令72の3）についての損金経理が要求されているのみである。

☑　ただし，定期同額給与（法法34①一）や事前確定届出給与（法法34①二）などについては，損金経理要件とは形が異なるものの，事後の変更を認めないという点において依然として同種の論点が伏在しているといえよう。

もっとも，法人税法が事後修正を一切認めない態度に出ているかというとそのようなこともない。例えば，減価償却費については，前述のとおり，「償却費として損金経理をした金額」と規定されているものの，事後的に修正申告により是正がなされる場合には，自己否認を行った額をもって当期に損金経理がなされたものとして扱うこととされている。すなわち，法人税法31条5項は，内国法人が適格合併，適格分割，適格現物出資または適格事後設立（以下「適格組織再編成」という。）により被合併法人等から移転を受けた減価償却資産についてその価額として会計帳簿に記載した金額が，その被合併法人等が適格組織再編成の直前に会計帳簿に記載していた金額に満たない場合には，その満たない部分の金額は，その適格組織再編成の日に属するその内国法人の事業年度前の各事業年度の損金経理額とみなすことと規定しているが，これは，いわゆる「みなし損金経理」と呼ばれているものである。ここでは，必ずしも法人における明確な意思の確定がなくとも，損金経理があったものとして扱うこととされているのである。

かようにみると，みなし損金経理要件などが創設されている中，損金経理要件をどこまで厳格に維持すべきかという問題関心は，立法論にも接続する。

☑　法人税法31条５項にいう「みなし損金経理」が修正申告を前提としたものであれば，なるほど，法人における意思の変更があったとみることができるので，ここでは，２つの理論的問題が惹起され得る。すなわち，第一に，修正申告書の提出があるからといって，それが必ずしも株主総会の承認または総社員の同意があったものとみなすのが適当といえるかという問題である。修正申告がその時の事情による経営者や経理担当者の判断によってなされることは当然あり得るところであり，むしろ，通常はそれが実態であることにかんがみると，この辺りの理論的説明はいかになされるべきかという問題に関心が寄せられるのである。

第二に，税務調査等において減価償却費が否認され，納税者（法人）が租税行政庁からの修正申告の勧奨（通法74の11③）に応ぜず，更正処分がなされた場合においてさえ，なお，株主総会の承認または総社員の同意と同種の事情にあったものとみなすという点についての疑問が浮上する。

前述のとおり，損金経理要件は法人の意思の確定を前提とするものであるから，いわば，みなし損金経理とは，法人の意思の変更の確定があったものと「みなす」という意味を有することになると思われる。そのようなみなし規定の創設根拠を厳しく問えば，若干の不安も惹起されるように思われるのである。

（２）　勘定科目についての経理要件

法人税法は，前述のとおり，「償却費として損金経理をした金額」といったように，「金額」についての損金経理を要請していることが判然とする。さすれば，勘定科目などの処理内容にまで及ぶ法人における意思の確定を求めているわけではなさそうである。

そうであるがゆえに，例えば，評価損について法人税法33条《資産の評価損の損金不算入等》２項は，「内国法人がその有する資産の評価換えをしてその帳簿価額を減額した場合には，その減額した部分の金額は，その内国法人の各事業年度の所得の金額の計算上，損金の額に算入しない。」と規定するが，ここでは，「その有する資産の評価換えをしてその帳簿価額を減額した場合」と規定するのみで，「その帳簿価額を減額し評価損とした場合」と規定しているわけではない。すなわち，必ずしも「評価損」という科目によって処理するのではなく，雑損失等の科目で処理していたとしても差し支えないものと解されることになろう。このように考えると，法人税法２条25号が，損金経理を「法人がその確定した決算において費用又は損失として経理することをいう。」と定義するのは，「費用又は損失」に算入する「金額」として経理することを意味すると理解すべきこととなる。

もっとも，法人税法31条１項が，「償却費として損金経理をした金額（以下この条において『損金経理額』という。）」と規定していることにかんがみれば，上記評価損の扱いとは異なり，そこでは「償却費」という科目処理まで要求されているようにも思われる(9)。しかしながら，それとても会計上の勘定科目が費用・損失の性質をも左右するほどの問題であれば格別，そうでない限り，損金経理要件が必ずしも会計ないし税務処理上の勘定科目の設定までをも絶対的に要請するものとみるべきではない。適正な課税の実現という観点でみたときに，勘定科目の相違はさして大きな問題にはならないように思われ，この点は損金経理要件の目的が，すでに確認したとおり恣意的な処理の排除にあることからみても首肯できよう。

そのことゆえに，損金経理につき法人の株主総会等において承認ないし同意されるべきものは，「損金経理」の対象となる「金額」であるということが判然とするのである。もちろん，このような理解は，いかなる性質のものであっても，「金額」さえ承認ないし同意されれば要件を充足すると解されるべきとの理解でないことはいうまでもない。

☑　なお，法人税法31条５項のみなし損金経理についても，みなされるのは「損金経理額」である。

確定申告の法的性質論

1　意思表示説と通知行為説

確定申告行為の法的性質については，確定申告を意思の表示として捉えるべきか（意思表示説），あるいは通知行為として捉えるべきか（通知行為説）の議論の対立がある。申告行為を意思表示として捉えると，例えば，申告内容についての錯誤（☞**錯誤**とは）（民95）や表見代理（☞**表見代理**とは）（民110）など，意思の欠缺の場面での民法の適用を認めやすくなるであろう。

☞**錯誤**とは，表示から推断される意思と，表意者の真に意図するところがくい違っていることをいう（我妻榮＝有泉亨＝川井健『民法Ⅰ総則・物権法〔第二版〕』147頁（勁草書房・2005年））。民法は，95条1項，2項の要件を満たしたとき，表意者は錯誤を理由に意思表示を取り消すことができる旨を定めている。租税法領域における錯誤主張の適否については，酒井克彦『ステップアップ租税法と私法』第7節（財経詳報社・2019年）参照。

☞**表見代理**とは，無権代理の一場合をいう。無権代理の中にも，無権代理人と本人の間に代理権が存在するのではないかと考えられてももっともだと思われる事情（外観）が存在し，このような外観を信頼して相手方が法律関係に入る場合がある。この場合に，相手方の信頼を保護することによって取引の安全を確保するため，本人に代理行為の効果を帰属させることとする民法上の取扱いが表見代理であり，これは外観を信頼して取引に入った者を保護すべきとの法理，すなわち権利外観法理があらわれる場面の1つである（潮見佳男『民法（全）〔第2版〕』87頁（有斐閣・2019年））。

ここに意思表示説とは，申告を，課税要件事実によって成立する客観的な租税債務を当然に反映するとするのとは異なり，納税者の効果意思によって定まるものと捉え，申告とは課税標準や税額に関する納税者の意思表示行為であるとする見解である。これに対して，通知行為説とは，申告の主な内容である課税標準や税額は，基礎となる課税要件事実について，租税法を適用することによって客観的に定まるものであって，そこに納税者の意思が介在するものではなく，単に納税者がこれを認識して通知する行為であるとする見解である。

この点，最高裁昭和39年10月22日第一小法廷判決（民集18巻8号1762頁）[10]は，次のように論じて民法95条の類推適用を原則として許さない旨を判示している。

> 「そもそも所得税法が…，申告納税制度を採用し，確定申告書記載事項の過誤の是正につき特別の規定を設けた所以は，所得税の課税標準等の決定については最もその間の事情に通じている納税義務者自身の申告に基づくものとし，その過誤の是正は法律が特に認めた場合に限る建前とすることが，租税債務を可及的速やかに確定せしむべき国家財政上の要請に応ずるものであり，納税義務者に対しても過当な不利益を強いる虞れがないと認めたからにほかならない。従って，確定申告書の記載内容の過誤の是正については，その錯誤が客観的に明白且つ重大であって，前記所得税法の定めた方法以外にその是正を許さないならば，納税義務者の利益を著しく害すると認められる特段の事情がある場合でなければ，所論のように法定の方法によらないで記載内容の錯誤を主張することは，許されないものといわなければならない。」

この判例をいかに理解するかは意見の分かれるところかもしれないが，少なくとも，民法の錯誤規定以上に厳しい要件が課されているのは明らかである（酒井克彦・租税判例百選〔第６版〕198頁など参照）。すなわち，「所得税法の定めた方法以外にその是正を許さないならば，納税義務者の利益を著しく害すると認められる特段の事情」のある場合に限ってのみ錯誤の主張が許されるというのである。このように，きわめて例外的にしか民法上の錯誤の主張を認めないとする態度は，その後の裁判例にも承継されている。このようなことから，園部逸夫教授は，「民法の錯誤の規定による無効主張の場合は，理論構成としては，申告はそれ自体意思表示であるか，あるいは意思の通知としての性格を有するのに対し，修正申告，更正の請求によらなければならないという原則的な事案については，観念の通知の性格が濃いと見るべきであって，ここにも，申告という私人の公法行為の特殊混合的性格を看取することができる。」と論じられる（金子宏ほか編『租税法講座〔第３巻〕租税行政法』〔園部逸夫執筆〕30頁（ぎょうせい・1975年））。

なお，政府税制調査会も通知行為説に立っているように思われる。すなわち，昭和36年７月付け政府税制調査会「国税通則法の制定に関する答申」は，「この申告の主要な内容をなすものは課税標準と税額であるが，その課税標準と税額が租税法の規定により，すでに客観的な存在として定まっている限り，納税者が申告するということは，これらの基礎となる要件事実を納税者が確認し，定められた方法で数額を確定してそれを政府に通知するにすぎない性質のものと考えられるから，それを一種の通知行為と解することが適当であろう。もとより，申告の性格をこのように解釈するとしても，そのことは，刑事的な側面等から申告を眺めた場合に過少申告に租税回避の意思を認め，脱税犯の構成要件としての詐偽その他不正の行為による租税回避の事実やほ脱の犯意を認めることを妨げるものではない。」と答申している。

このように，申告行為の法的性質については，通知行為説が通説であるといえよう。

☑　なお，判例は上述のとおり，「納税義務者の利益を著しく害すると認められる特段の事情がある場合」という条件付きではあるが，民法の規定の適用を全く排除するとはしていない。

折衷説を採用するものとして，神戸地裁昭和37年10月19日判決（訟月８巻11号1701頁）は，「納税申告行為は課税庁の賦課処分と並んで，前者が私人の公法上の行為であり，後者が行政処分であるという差異はあっても，ともに本来，課税要件の充足を確認し，課税標準を決定し，税額を算出するという確認的判断作用的性質を有する行為であって，法がこれに具体的納税義務を発生せしめるという効力を与えているものである。しかし，賦課処分は課税庁がする固有の確認的判断作用的行為であって，実体上の課税要件が充足しないときはそれだけで瑕疵あるものとされるべきであるのに対し，納税申告行為は，同じく確認的判断作用的行為であるといっても，それは私人によって自発的に行われる行為であり，かかる意味において私人の自由の意思の発現（準意思表示）としての性質を具備し，またその反面として私人の自己責任に基づく自己賦課という内容をもち，租税債権関係の法的安定性の見地から原則として申告者に対し申告の外観に従った責任が負担させられるものと解する。従って実体上の課税要件の充足は，申告者が申告意思を決する際にその前提として認識すべき対象であるというにすぎないものであって，自由な意思によって納税申告行為がなされた以上，実体上の課税要件の充足の有無は直ちに右行為の効力に消長を来たすものではない。」と判示する。

2　損金経理要件と意思表示説

申告行為を通知行為説に従って理解する立場によれば，申告とは，あくまで決算事項として確定されたものを通知しているにすぎないという整理になろう。しかし，この議論は，法人の確定決算主義的な視角から論じられてきたのであろうか。すなわち，法人においては，決算における意思の確定があり，それを確定申告において表示しているという理解はできないのであろうか。確定決算主義を念頭に置いて法人税の確定申告を考えると，むしろ意思表示説が妥当するのではなかろうか。換言すれば，「決算→申告」は，「意思の確定→確定した意思の表示」と理解した方が素直であるように思われる。

しかしながら，法人税についてのみ，あるいは法人税申告のうち，損金経理要件の付されているもののみについて，確定申告の法的性質を別異に捉えるという理解は整合性を欠いているという反論も想定し得るところである。

損金経理要件の弾力的運用

1　損金経理要件と確定決算主義

未払利子の損金計上については，確定決算主義の適用される事項ではないとされた事例として，名古屋地裁昭和40年２月27日判決（行集16巻２号186頁）(11)がある。同地裁は次のように判示した(12)。

「被告〔筆者注：税務署長〕は，訴外会社の納税申告は，株主総会の承認を得ていない決算書に基づくものであるから不適法である旨主張するが，法人税法が納税申告につき確定した決算（本件の場合株主総会の承認を得た計算書類）によるべきことを要求するのは，申告の正当性を確保するためであるが，被告はこれに拘束されるものではなく，独自に職権調査を行い，正当な所得及び租税を算定し得るものであるから（法人税法第31条，国税通則法第24条参照），被告の右主張は理由がない。」

「よって，本件未払利子を否認して算定した被告の更正決定には瑕疵があり，違法といわねばならぬ〔。〕」

このように確定決算主義そのものの目的たる確定申告の適正性確保という点と，恣意性の排除という損金経理の趣旨には親和性があるといえよう。

また，福岡地裁平成19年１月16日判決（訟月53巻９号2740頁）(13)は次のように説示する(14)，(15)。

「会社は，法人税の申告に当たり，各事業年度終了の日の翌日から２か月以内に，確定した決算に基づき所定の事項を記載した申告書を税務署に提出しなければならない（法74条１項）。この規定の趣旨は，法人税の課税所得については，会社の最高の意思決定機関である株主総会又は社員総会の承認を受けた決算を基礎として計算させることにより，それが会社自身の意思として，かつ正確な所得が得られる蓋然性が高いという点にある。そうすると，同規定の『確定した決算に基づき』とは，株主総会又は社員総会承認を受けた決算書類を基礎として所得及び法人税額の計算を行う意味と解すべきである。

しかしながら，我が国の株式会社や有限会社の大部分を占める中小企業においては，株主総会又は社員総会の承認を得ることなく，代表者や会計担当者等の一部の者のみで決算が組まれ，これに基づいて申告がなされているのが実情であり，このような実情の下では，株主総会又は社員総会の承認を確定申告の効力要件とすることは実体に即応しないというべきであるから，株主総会又は社員総会の承認を得ていない決算書類に基づいて確定申告が行われたからといって，その確定申告が無効になると解するのは相当でない。

したがって，決算がなされていない状態で概算に基づき確定申告がなされた場合は無効にならざるを得ない…が，当該会社が，年度末において，総勘定元帳の各勘定の閉鎖後の残高を基に決算を行って決算書類を作成し，これに基づいて確定申告した場合は，当該決算書類につき株主総会又は社員総会の承認を得られていなくても，当該確定申告は無効とはならず，有効と解すべきである。」

かかる判決を前提とすると，法人税法74条１項にいう確定決算主義とは，その中小企業の置かれている実情に即した適用が要請されているとみるべきであり，形式的な面のみから確定申告の効力を否定すべきではないと理解されよう。

損金経理要件は，確定決算主義のもとで，恣意性の排除を目的とした意思の確定を明確にするための制度であるが，そもそも，法人税法74条１項自体の適用が弾力的に運用されるもの，あるいは実質的な観点から検証されるべきものであるとするならば，損金経理要件ばかりをことさら厳格に適用することには矛盾がありはしないであろうか。上述のとおり，確定決算主義と損金経理要件が設けられているそれぞれの趣旨が親和性を有するものであることにかんがみれば，前者を緩やかに捉える一方で，後者を厳格なものと位置付けることの合理性はいかに説明できようか。

また，修正申告や期限後申告についてであるが，これらの申告も申告納税制度のもとでの主体的な申告であることからすれば（酒井克彦「主体的納税者による自主修正申告の意義」中央ロー・ジャーナル13巻３号３頁（2016年）），たとえそれらが確定決算に基づいたものではなく，株主総会等の承認を得ていないものであるとしても，事後的な法人の意思の表れとして，当初申告と同様に扱うべきではなかろうか。この点，修正申告も申告納税制度下における納税者の主体的な申告であるとして当初申告と同様に理解するのであれば，損金経理要件の厳格な運用は果たして論理的であるのかという疑問が生じてくるように思われる。

2　損金経理要件の弾力的対応

損金経理要件は，前述のとおり，恣意性の排除を目的として，その排除のルールを法人意思の確定に求めたものであるといえよう。そうであるとすれば，意思の表示に関わりのないような客観的事実についての事後訂正について，これを意思の表明と理解すること自体困難ではなかろうか。例えば，減価償却資産の基礎となる固定資産価額の認定や，現物出資による資産の評価の問題は，きわめて事実認定色が強く，単に恣意的な租税負担の回避とはいい難い。すなわち，意思の表明とは相容れない問題であるように思われるのである。

確かに，内部取引であるがゆえに評価認定上の問題であっても自由性，恣意性を有する場面も一部にはあろうが，そうであるからといって，すべての財産評価的事実に関する事項について，損金経理要件を充足していないことを理由に事後修正を認めないという態度を採るべきではなかろう。同様に，外部取引であったとしても，例えば，低額譲渡や無償譲渡の際には時価認定が当然必要になるのである。評価認定の問題についてまでも，恣意的な処理の排除という思考，要するに損金経理要件を厳格に適用して認めないとなれば，逆に本来の損金経理要件の趣旨を没却することになりはしないかという不安を覚えるところである。

5　小　　括

本章では，実務上損金経理要件が厳格に適用されている現下において，確定決算主義との関係性も踏まえ，より弾力的な適用を考えるための素材を提示した。

昭和38年12月付け政府税制調査会「所得税法及び法人税法の整備に関する答申」は，「法人税法では，課税所得の計算において，税法上，法人の選択の余地を認められている事項についての法人の最終的な意思表示は，申告書によってではなく，確定した決算により行われるべきである。」とする（同答申71頁）。また，同答申は「確定した決算を基礎に課税所得を計算する現行税法の基本的建前は，課税所得の計算上企業の意思を確定決算に求めるという点において税法上の立場からは妥当であると考えられ，他面税務が複雑化することを防ぐ意味においても，これを継続すべきものと考える。」とするが（同答申71頁），果たして，そのような考え方が今日的にも常に妥当するのであろうか。

そもそも，通説の解する確定申告の法的性質，すなわち通知行為説とは相容れない法人の意思の確定およびその表明というルートを通じて意思表示説の考え方に近い見地から構成されているのが損金経理要件であると思われるが，法人の意思の確定は単に申告時の租税法手続の選択の問題であるとして，申告調整主義への移行と解せば理論的にわかりやすいのではなかろうか[16]。アメリカでは，Form 1120 Schedule M－1 において，財務会計上の利益と課税所得の金額の調整を１段階で行っている。

特に，時価の修正などの問題については，原則として法人意思とは無関係の問題であると解され，損金経理要件の射程は及ばないといった解釈の余地があるのではないかという関心もくすぶるのである。

●注

(1) Internal Revenue Cord（IRC）446（a）は，General rule として課税所得は納税者が正式に財務会計利益を算出する際に用いている企業会計の基準に従って算出される（Taxable income shall be computed under the method of accounting on the basis of which the taxpayer regularly computes his income in keeping his books.）と規定しながらも，例外（(b) Exceptions.）として，納税者によって標準的な処理がなされていない場合や採用されている会計処理の基準が所得を反映していないことが明確な場合には，財務長官による方法に従って処理がなされる旨規定している（If no method of accounting has been regularly used by the taxpayer, or if the method used does not clearly reflect income, the computation of taxable income shall be made under such method as, in the opinion of the Secretary, does clearly reflect income.）。

(2) 裁判例をみると，例えば，法人税法31条によれば，法人が当該事業年度においてその償却費として損金経理をしたことが減価償却費と認められるための要件とされていることから，この要件を満たさないことが明らかな被告人（納税者）主張の金額を損金と認めることはできないとした岡山地裁昭和61年12月18日判決（税資202号166頁）およびその控訴審広島高裁岡山支部平成６年１月26日判決（税資202号30頁），建物の増築工事部分を簿外資産とし，その減価償却費の損金経理をしていないときは，法人の所得金額の認定にあたってその損金算入は認められないとした差戻第一審大阪地裁昭和60年３月25日判決（税資156号1800頁）およびその差戻控訴審大阪高裁昭和61年９月19日判決（税資156号1756頁）など枚挙に暇がない。

(3) なお，租税特別措置法が法人税法22条の「別段の定め」に該当するとする見解として，酒井克彦「租税特別措置法は法人税法22条にいう『別段の定め』か」中央ロー・ジャーナル12巻２号153頁（2015年）を参照。損金経理と別段の定めを関連付ける見解として，岡村・法人税法39頁。

(4) 水野忠恒教授は，「対外的に実現した損益については，会計処理によって左右できないことから，確定決算主義は課されていない」とされる（水野・大系440頁）。

(5) 同通達は，「法人の有する金銭債権につき，その債権者の資産状況，支払能力等からみてその全額が回収できないことが明らかになった場合には，その明らかになった事業年度において貸倒れとして損金処理をすることができる。」とする。

(6) 同通達は，「債務者について次に掲げる事実が発生した場合には，その債務者に対して有する売掛債権…について法人が当該売掛債権の額から備忘価額を控除した残額を貸倒れとして損金処理したときは，これを認める。」として，①債務者との取引を停止した時…以後１年以上経過した場合，②法人が同一地域の債務者について有する当該売掛債権の総額がその取立てをするために要する旅費その他の費用に満たない場合において，当該債務者に対し支払を督促したにもかかわらず弁済がないとき，を通達する。

(7) これは，第一審東京地裁平成６年11月29日判決（税資206号449頁）において原告の主張が排斥されたため，原告から控訴されたものである。同判決の判例評釈として，松下正人・税務事例27巻9号25頁（1995年）参照。

(8) 判例評釈として，中里実・租税27号176頁（1999年），品川芳宜・税研84号87頁（1999年），高橋祐介・税法541号137頁（1999年），成川洋司・平成10年度主要民事判例解説〔判タ臨増〕273頁（1999年），丸山慶一郎・租税判例百選〔第4版〕110頁（2005年）など参照。

(9) 損金経理において要求される処理を画一的に決定付けることは難しいとの見解もあり得よう。

(10) 判例評釈として，渡部吉隆・曹時16巻12号161頁（1964年），杉村章三郎・シュト39号1頁（1965年），清永敬次・民商52巻5号112頁（1965年），林修三・時法523号57頁（1965年），田中真次・判評77号17頁（1965年），玉國文敏・戦後重要租税判例の再検証43頁（2003年），荒秀・ジュリ248号242頁（1965年），雄川一郎・租税判例百選158頁（1968年），可部恒雄・租税判例百選〔第2版〕150頁（1983年），藤浦照生・租税判例百選〔第3版〕150頁（1992年），碓井光明・行政判例百選Ⅰ〔第5版〕262頁（2006年），伊藤剛志・租税判例百選〔第4版〕194頁（2005年），田部井彩・行政判例百選Ⅰ〔第7版〕252頁（2017年），酒井克彦・租税判例百選〔第6版〕198頁（2016年）など参照。

(11) この判決を扱ったものとして，清永敬次・シュト52号23頁（1996年）など参照。

(12) この判断は，控訴審名古屋高裁昭和42年10月9日判決（税資48号495頁）においても維持されている。

(13) この事件を扱った論稿として，古矢文子・税務事例41巻3号19頁（2009年），酒井克彦・会社法務A2Z84号58頁（2014年）など参照。

(14) この事件では，資産の評価損の損金算入の是非も争点とされたが，福岡地裁は，「法33条1項は，原則として，資産の評価損の損金算入を認めておらず，同条2項において例外的に損金算入を認めているが，同条2項によって例外的に損金算入が認められている場合であっても，その評価損は，その資産の評価換えをした日に属する事業年度の損金に算入されることになる。」

「そうすると，前記前提事実によれば，原告は，本件各事業年度末までに有価証券の評価換えをしていないのであるから，有価証券評価損を本件各事業年度の損金に算入することはできないというべきである。」

「なお，原告は，その後，有価証券評価損を損金に計上した新決算報告書を作成し，社員総会の承認を得ているが，そのような決算報告書を作成し，社員総会の承認を得たとしても，本件各事業年度中に有価証券の評価換えがなされなかったという事実が変わることはないから，上記認定は左右されない。」

「したがって，有価証券評価損は本件各事業年度の損金の額に算入する事はできず，本件各更正処分には法33条2項に反する違法はない。」として，損金経理要件ではなく，実質的な観点から損金算入を否定した。

(15) この事件は控訴されたが，控訴審福岡高裁平成19年6月19日判決（訟月53巻9号2728頁）においても原審の判断は維持された。判例評釈として，渡邉幸則・ジュリ1367号140頁（2008年），岩﨑政明・税研148号91頁（2009年），吉村政穂・租税判例百選〔第5版〕110頁・北村導人・租税判例百選〔第6版〕112頁など参照。

(16) 申告調整主義への移行に反対の論者として，吉牟田勲『法人税法詳説〔昭和63年版〕』450頁（中央経済社・1988年），賛成の論者として，前原真一「法人税法の損金経理要件について」税大論叢48号113頁（2005年），宮本治雄「確定決算主義―申告調整主義に移行すべきか―」企業法学3号219頁（1994年）など参照。

通達上の損金経理の要請

はじめに

憲法84条は，課税が法律または法律の定める条件によることを要請する（租税法律主義）。この憲法上の要請は，租税実体法領域のみならず租税手続法領域においてもきわめて重要な要請である。しかしながら，企業会計準拠主義を採用している法人税法においては，しばしば慣行的処理が優先されることから，かかる憲法上の要請に抵触をきたすのではないかという問題が惹起される。

いわゆる興銀事件控訴審東京高裁平成14年３月14日判決（民集58巻９号2768頁）[(1)]は，「通達の内容も，その意味で法人税法22条《各事業年度の所得の金額の計算》４項にいう会計処理の基準を補完し，その内容の一部を構成するものと解することができる。」とする。このように，通達の取扱いに従った会計処理が，法人税法22条４項にいう「一般に公正妥当と認められる会計処理の基準」（以下「公正処理基準」ともいう。）を構成するといい得てしまうと，事実上，通達に法律と同様の地位を与えることになりはしまいか。これは，租税法律主義を脅かしかねない大きな問題である。もっとも，上記のような判断を採るものは同判決に限ったものではない。仮に，通達上の処理が通達の外部的効果によって（逆基準性によって），一般に公正妥当と認められる会計処理の基準になり得るという点を肯定し得たとしても，果たして，通達が示す手続的要請（例えば，通達が示す損金経理の要請や書類添付の要請）に従った処理が公正処理基準となるのであろうか。すなわち，通達の示す会計処理方法が，事実上，課税要件であるかのように機能するにとどまらず，それ以上に，通達が示す手続的要請までもが，事実上課税要件化されることになり得るのであろうか。このような疑問を惹起させる事案として，後述する東京地裁平成27年２月26日判決（後掲）がある。

本章では，通達が示す損金経理要件のような手続的要請について，これに法規範性を付与するような解釈が妥当なものといえるか否かについて考えてみる。

問題関心

1　法人税基本通達９－２－28

法人税基本通達９－２－28（以下「本件通達」という。）は，次のように，通達において損金経理要件を求めるような記載をしている。

> **法人税基本通達９－２－28《役員に対する退職給与の損金算入の時期》**
> 退職した役員に対する退職給与の額の損金算入の時期は，株主総会の決議等によりその額が具体的に確定した日の属する事業年度とする。ただし，法人がその退職給与の額を支払った日の属する事業年度においてその支払った額につき損金経理をした場合には，これを認める。

本件通達は，役員退職金の損金算入の時期を，原則的には株主総会の決議等によりその額が具体的に確定した日の属する事業年度とするとしながらも，ただし書に従えば，その役員退職金を支払った日の属する事業年度において「損金経理をした場合」には，当該事業年度の損金算入を認めるというのである。

国税当局の担当者による『法人税基本通達逐条解説』によれば，原則的取扱いに従うと，期中に病気または死亡等により役員が退職したことを理由に取締役会等で内定した退職給与を支払うような場合において，その退職給与に関する株主総会の決議等が翌期になるときは，その支払った退職給与の額について当期の損金算入ができないことになるため，その例外を設けたものと説明されている（佐藤友一郎『法人税基本通達逐条解説〔９訂版〕』859頁（税務研究会・2019年））。すなわち，例えば，役員退職給与規程等の内規を有する法人が，取締役会等の決議により当該規程等に基づいて退職給与を支払いこれを費用計上しているような場合についてまで，原則的な取扱いにより支払時の損金算入を認めないとすることは，役員に対する退職給与の支給実態からみてあまりにも頑なであるという点が考慮されているようである（佐藤・前掲書859頁）。かような思考が本件通達のただし書設定の根底にあるのであろう。他方，当該退職給与の支払時に所得税の源泉徴収またはみなし相続財産としての相続税課税がされているにもかかわらず，株主総会の決議等を経ていないということのみをもって，法人税法上，支払時の損金算入を認めないことについては，会社法上はともかくとして，税務上は必ずしも実態に即していないという点や，株主総会の決議等により退職給与の額を定めた場合においても，役員であるという理由で，短期的な資金繰りがつくまでは実際の支払をしないということも，法人の実態として十分にあり得るという点が考慮されているのである（佐藤・前掲書859頁）。

上記の逐条解説を読むと，あたかも通達において損金経理要件を付したかのような記述ぶりであるが，かように通達において手続要件を付することは憲法違反のおそれが強いのではなかろうか。この点，本件通達ただし書の解釈については，２つの途があると思われる。すなわち，第一には本件通達ただし書が憲法違反であるとする考え方，第二にこの取扱いは通達により損金経理要件を課すものではないと解釈して解決を図る考え方である。

2　素材とする事案（退職慰労金事件）

（1）　事案の概要

ここで，検討の素材として，東京地裁平成27年２月26日判決（税資265号順号12613）[(2)]の事例を確認することとしたい。

株式会社である原告は，原告の創業者である乙（以下「本件役員」という。）が平成19年８月31日に原告の代表取締役を辞任して非常勤取締役となったこと（以下「本件分掌変更」という。）に伴い，本件役員に対する退職慰労金として２億5,000万円（以下「本件退職慰労金」という。）を支給することを決定し，平成20年８月29日，その一部である１億2,500万円（以下「本件第二金員」という。）を本件役員に支払い，平成19年９月１日から平成20年８月31日までの事業年度（以下「平成20年８月期」といい，他の事業年度についても，その終期により同様に表記することとする。）に係る法人税について，本件第二金員が退職給与に該当することを前提として本件第二金員を損金の額に算入し，また，原告が源泉所得税を納付するに際し，本件第二金員が退職所得（所法30①）に該当することを前提として計算した源泉所得税額を納付した。これに対し，処分行政庁は，本件第二金員は退職給与に該当せず損金の額に算入することはできないとして，法人税更正処分を行い，また，本件第二金員は退職所得に該当しないとして，本件第二金員が賞与であることを前提に計算される源泉所得税額と原告の納付額との差額について納税の告知処分を行った。本件は，原告が，被告国を相手取り，これらの処分の取消しを求めた事案である。

本件において，原告は，本件退職慰労金の損金経理について，本件通達ただし書に依拠して実際に分割支給した金額を当該支給日の属する事業年度における損金に算入することとして，本件第二金員を平成20年8月期の損金の額に算入していたものであるが，かかる通達に従った処理の妥当性が争点となった。換言すれば，本件の争点は，通達の取扱いにつき公正処理基準該当性を認め得るか否かにある。

（2）　判決の要旨

東京地裁は，本件第二金員を平成20年8月期の損金の額に算入することができるか否かについて，以下のように判示している。

> 「イ（ア）本件通達は，役員に対する退職給与の損金算入の時期につき，その本文において，株主総会の決議等によりその額が具体的に確定した日の属する事業年度とした上で，そのただし書において，退職給与の額を支払った日の属する事業年度においてその支払った額につき損金経理をした場合には，これを認める旨を定めている。本件通達ただし書は，昭和55年の法人税基本通達の改正により設けられたものであるが，その趣旨は，〈1〉事業年度の中途において，役員が病気や死亡等により退職したため，取締役会等で内定した退職給与の額を実際に支給するものの，当該退職給与に係る株主総会等の決議が翌事業年度に実施されるという場合において，原則的な取扱いにより支給時の損金算入を認めないとすることは，役員に対する退職給与の支給の実態から見て相当ではなく，また，〈2〉株主総会の決議等により退職給与の額を定めた場合においても，役員であるという理由で，短期的な資金繰りがつくまでは実際の支払をしないということも，企業の実態として十分あり得ることであり，このような場合においても，原則的な取扱いにより支給時の損金算入を認めないとするのは，企業の実情に反することから，法人が，役員に対する退職給与の額につき，これを実際に支払った日の属する事業年度で損金経理することとした場合には，税務上もこれを認めることとしたものであると解される。」

このように論じたうえで，同地裁は，次のように通達の趣旨を説示する。

「(イ) …〈1〉企業においては，資金繰りの観点から，役員退職給与を複数年度にわたって分割支給することもあること，〈2〉役員退職給与を分割支給する場合において，その額が確定した事業年度において全額を未払金に計上して損金経理するのではなく，本件通達ただし書に依拠して，分割支給をする都度，その金額を当該事業年度における退職給与として損金経理するという取扱い（以下，このような取扱いを『支給年度損金経理』という。）をしている中小企業も少なくないこと，〈3〉複数の文献が，本件通達ただし書に依拠して，役員退職給与を分割支給する場合に支給年度損金経理が可能である旨を紹介しており，多数の税理士や公認会計士が，自らのウェブサイトにおいて，同様の会計処理を紹介していることが認められる。この点，本件通達ただし書は，役員退職給与を分割支給する場合について直接言及したものではないものの，退職給与を複数年度にわたり分割支給した場合において，その都度，分割支給した金額を損金経理する方法についても，その適用を排除するものではないと解される。」

このように論じ，本件通達ただし書の取扱いを所与のものとして，同取扱いは，分割支給した金額をその都度損金経理する方法を認めるものである旨説示している。

原告は，本件通達ただし書に依拠して，本件第二金員をその支給日の属する平成20年８月期の損金の額に算入しているところ，被告は，本件通達について，役員が法人を完全に退職した場合につき，例外的に支給年度損金経理を認めたものであり，本件役員が原告を退職していない本件において，本件通達ただし書に基づき支給年度損金経理をすることは許されないという趣旨の主張をした。

この被告の主張に対し同地裁は次のように論じる。

「しかしながら，…法人税法34条１項にいう『退職給与』とは，役員が会社その他の法人を退職したことによって初めて支給され，かつ，役員としての在任期間中における継続的な職務執行に対する対価の一部の後払いとしての性質を有する給与であると解すべきであり，役員としての地位又は職務の内容が激変し，実質的には退職したと同様の事情にあると認められる場合に退職給与として支給される給与も，上記『退職給与』に含まれるものと解すべきである。そうである以上，本件通達における『退職した役員』，『退職給与』といった文言についても，実質的には退職したと同様の事情にあると認められる場合をも含むものと解すべきであることは明らかである。そして，本件役員が実質的に原告を退職したと同様の事情にあることは，前記検討のとおりであるから…，被告の上記主張を採用することはできない。」

さらに，被告は，本件退職慰労金の分割支給について，原告が利益調整を意図して行ったものであり，本件通達ただし書の趣旨に反する旨主張した。

これに対して同地裁は，次のように説示している。

「しかしながら，本件通達ただし書は，…短期的な資金繰りがつくまでは，役員退職給与の支払をしないということもあり得るという企業の実態を前提として設けられたものであり，企業が資金繰りに支障を来さないように役員退職給与を分割支給すること自体は，企業経営上の判断として，合理的なものであるということができる。そして、原告は，…本件退職慰労金を一括で支払う資金的余裕がなく，経常収支が赤字とならない範囲で支給するという目的から，本件退職慰労金を３年以内に分割支給することとしたのであり…，原告の平成19年８月期の損益計算書及びその期末における貸借対照表の記載内容…に照らしても，本件退職慰労金を３年以内に分割支給することとしたことが不合理であるということはできない。」

被告は，原告が，本件取締役会決議において，本件退職慰労金の支給を決議したならば，その時点において，本件退職慰労金に係る債務は確定したのであるから，本件退職慰労金に係る債務は，本件取締役会の開催日の属する平成19年８月期における損金の額に算入すべきである旨も主張した。

これに対して，同地裁は，法人税法22条３項につき概説を加えたうえで，次のように論じている。

「法人が役員に対して支給する退職給与は，上記〔筆者注：法人税法22条３項２号の〕『販売費，一般管理費その他の費用』に含まれるところ，法人税法22条３項２号が『償却費以外の費用で当該事業年度終了の日までに債務の確定しないもの』を損金に算入すべき費用の範囲から除外した趣旨は，債務として確定していない費用は，その発生の見込みとその金額が明確でないため，これを費用に算入することを認めると，所得金額の計算が不正確になり，所得の金額が不当に減少させられるおそれがあることによるものであると解されるから，役員退職給与に係る債務が確定していない場合には，これを損金に算入することはできないが，その費用をどの事業年度に計上すべきかについては，公正処理基準（同条４項）に従うべきこととなる。そして，公正処理基準とは，一般社会通念に照らして公正で妥当であると評価され得る会計処理の基準を意味すると解すべきであり，例えば，企業会計原則は，企業会計の実務において発達具体化したものを要約したものとして，公正処理基準の一つの源泉となるものではあるが，公正処理基準は，明文化された特定の会計基準自体を指すものではなく，確立した会計慣行をも広く含むものと解すべきである。なお，企業会計原則等の会計基準は，全ての企業活動について網羅的に定められたものではなく，原理的・基本的な事項に限られているのが通常であるから，ある会計処理が公正処理基準に従ったものであるかどうかについては，当該会計処理の根拠とされた会計基準や会計慣行が一般社会通念に照らして公正で妥当であると評価され得るものであるかどうかを個別具体的に判断すべきものである。」

すなわち，同地裁は，公正処理基準該当性については，①確立した会計慣行といえるか（慣行該当性アプローチ），②かかる処理が公正妥当なものといえるか（基準内容アプローチ）の両面からの検討が必要であるとしているのである（二重の基準テストについては41頁参照）。

そのうえで，次のように述べている。

> 「そこで検討するに，原告は，本件通達ただし書に依拠して，本件第二金員を平成20年８月期の損金に算入するという本件会計処理を行っているところ，…支給年度損金経理は，企業が役員退職給与を分割支給した場合に採用することのある会計処理の一つであり（前記イ（イ）〈２〉），多数の税理士等が，本件通達ただし書を根拠として、支給年度損金経理を紹介しているのであって（前記イ（イ）〈３〉），本件通達ただし書が昭和55年の法人税基本通達の改正により設けられたものであり，これに依拠して支給年度損金経理を行うという会計処理は，相当期間にわたり，相当数の企業によって採用されていたものと推認できることとをも併せ考えれば，支給年度損金経理は，役員退職給与を分割支給する場合における会計処理の一つの方法として確立した会計慣行であるということができる。
>
> そして，支給年度損金経理が公正妥当なものといえるかどうかについてみるに，上述のとおり，支給年度損金経理は，本件通達ただし書に依拠した会計処理であり，現実に退職給与が支給された場合において，当該支給金額を損金経理することにより，企業会計（税務会計）上，退職給与が支給された事実を明確にするというものにすぎず，当該事業年度における所得金額を不当に軽減するものではない。また，本件通達本文によれば，退職給与の額を確定した年度において，現実に当該退職給与を支給しない場合には，これを未払金として損金経理することになるところ，個人企業や同族会社が法人の相当数を占めているという我が国の現状を前提とした場合，実際に支給する予定のない退職金相当額を未払金として損金計上することにより，租税負担を軽減するおそれがあることも否定できないのであって，本件通達ただし書に依拠した支給年度損金経理が，本件通達本文による会計処理との対比において，所得金額を不当に軽減するおそれのあるものであるということもできない。」

加えて，被告は，役員退職給与を現実の支給時に費用として計上することを許容する会計処理の基準や確立した会計慣行はなく，多数の税理士等が支給年度損金経理を紹介しているのは，本件通達ただし書に依拠した課税実務上の取扱いを紹介しているものにすぎないとして，本件会計処理は公正処理基準に従ったものとはいえない旨主張した。

これに対して，同地裁は，次のように述べてかかる主張を排斥した。

> 「（a）確かに，役員退職給与を現実の支給時に費用として計上すべきことを規定した会計基準は見当たらず，例えば，企業会計原則…や中小企業の会計に関する指針…は，原則として，収益については実現主義により，費用については発生主義により認識することとしている。しかしながら，前記検討のとおり，公正処理基準は，企業会計原則のような特定の会計基準それ自体を指すものではなく，本件会計処理が特定の会計基準に依拠していないからといって，当然に公正処理基準に従ったものということができないわけではない。
>
> （b）また，本件通達ただし書は，飽くまでも現実に支給した退職給与を損金経理した場合において，当該退職給与を損金に算入するという課税上の取扱い（税務会計）を許容したものにすぎず，いわゆる企業会計の在り方やその当否について規定したものではない。しかしながら，本件通達ただし書は，退職給与の額が確定した年度において，当該退職給与を損金経理せず，現実

に退職給与を支給した年度において，当該支給額を損金経理するという会計処理を前提としていることは，その文言上，明らかである。そうである以上，本件通達ただし書は，そのような会計処理を行う企業があるという実態を前提として規定されたものであると解されるし（前記イ（ア）・（イ）参照），ある企業が本件通達ただし書に基づく税務処理をしようとした場合には，税務会計の基底となる企業会計の段階において，支給年度損金経理をすることが前提となっているということもできる。

（ｃ）もとより，法人税基本通達は，課税庁における法人税法の解釈基準や運用方針を明らかにするものであり，行政組織の内部において拘束力を持つものにすぎず，法令としての効力を有するものではない。しかしながら，租税行政が法人税基本通達に依拠して行われているという実情を勘案すれば，企業が，法人税基本通達をもしんしゃくして，企業における会計処理の方法を検討することは，それ自体至極自然なことであるということができる。さらに，金融商品取引法が適用されない中小企業においては，企業会計原則を初めとする会計基準よりも，法人税法上の計算処理（税務会計）に依拠して企業会計を行っている場合が多いという実態があるものと認められるところ…，少なくともそのような中小企業との関係においては，本件通達ただし書に依拠した支給年度損金経理は，一般に公正妥当な会計慣行の一つであるというべきである。…

以上によれば，本件第二金員を平成20年８月期の損金に算入することができるというべきである。」

3　検討事項

このように，本件において東京地裁は，通達に従った処理が通達の外部性ゆえに企業会計に影響を与え，そのことが企業会計における会計慣行の形成に寄与するとの観点から，通達に従った処理が法人税法22条４項にいう公正処理基準に該当する旨を説示しているのである。

しかしながら，そもそも，通達には法源性が認められないと解されており（金子・租税法116頁）[(3)]，この点を否定する見解もない中にあって（清永・税法21頁），それでも，通達に従った処理に法規範性を認めるとするのであれば，その法的根拠については十分な検証が必要であると思われる。この点，金子宏教授が，「法令が要求している以上の義務を通達によって納税者に課すことがあってはならないと同時に，法令上の根拠なしに通達限りで納税義務を免除したり軽減することも許されない。」とされるとおりである（金子・租税法116頁）。

本件判決においては，通達に従った処理が会計慣行を形成し，それが確立した会計慣行となって法人税法22条４項にいう公正処理基準となり得ることが肯定されているが，果たして通達が，会計慣行を形成する可能性はあるのであろうか。そこで次に，通達の要請する損金経理要件なるものが慣行となり得るのかについて検討を進めることとする。

公正処理基準に影響を与える通達の外部性

1　通達の外部効果―逆基準性

いかに通達が行政庁内部の上意下達の命令手段にすぎず，あくまでも内部拘束力を有するにすぎないと解するとしても，通達の外部性を軽視することはできず（酒井・アクセス44頁），通達が有する実質的影響力を念頭に考える必要がある。なぜなら，とりわけここで問題としているように，通達に従った処理が企業会計における慣行的取扱いになる可能性があり得るからである。慣行的取扱いとは，すなわちその根源が法律ではないことを前提としているところ，たとえ法律でないものに企業会計が依拠していたとしても，その依拠するルールに，「一般に公正妥当と認められる会計処理の基準」としての性質を見出すことさえできれば，通達の取扱いが企業会計上の慣行的取扱いとなり，ひいては法人税法に影響を及ぼす途も否定し得ない。

課税庁は，法人の選択した会計処理が課税上適切でないと判断した場合には，その他の会計処理の中から法人税法上適切なものを選択し課税処分を行う。そうした現状を念頭に置いたとき，法人が課税庁から否認されない会計処理方法をあらかじめ採用する行動に出ることは容易に想定されよう。とりわけ，我が国の法人の大半を占める中小企業にあっては，納税者は課税庁との摩擦を避けるため，企業会計においても法人税法上の会計処理や基準をそのまま取り入れることが多い（岡村・法人税法39頁）。このように，法人税法の観点から会計処理が取捨選択されることにより，同法がリードする形で会計慣行が形成されることがあり得る。これは企業会計準拠主義とは逆に，租税法的思考が企業会計に影響を及ぼし得ることを意味する。

また，「別段の定め」による会計処理とその強制も，企業会計や会計慣行を大きく左右している。そして，その「別段の定め」については各種の通達が発遣されており，企業会計や会計慣行に影響を与えている。このようなことから，企業は通達に従った会計処理をとる傾向にある。こうした租税法による企業会計の実質的な支配を「逆基準性」と呼ぶ（岡村・法人税法39頁，酒井・アクセス28頁）。

金子宏教授は，①一定の支出または損失の損金算入については損金経理が要件とされているため，租税会計が法人会計に影響を及ぼすことが少なくないこと，②企業会計の基準の明確でない問題について，租税の世界で形成された基準が企業会計に影響を及ぼす例が少なくないこと，の２つの理由から，逆基準性が生ずることが少なくないとされる（金子・租税法349頁）。

金子教授の見解に従えば，企業会計原則は多くの重要な事項について定めているが，その内容は，どちらかといえば原理的・基本的な事項に限られ，また，確立した会計慣行の範囲もそれほど広くはない。むしろ，法人税法の解釈・適用上，収益・費用等の意義と範囲ならびにそれらの年度帰属をめぐって生ずる問題については，企業会計原則には定めがなく，また，確立した会計慣行が存在していない場合も非常に多い。さらに，仮に企業会計原則に何らかの定めがある場合でも，その内容が明確ではないことが少なくない。その意味では，企業会計の網の目はきわめて粗いといわなければならない。しかも，企業経営における法人税の重要性の増大と租税争訟の増加に伴って，新しい問題が次々と生じているのである。結局，これらの場合に，何が公正妥当な会計処理の基準であるかを判定するのは，国税庁や国税不服審判所の任務であり，最終的には裁判所の任務である。したがって，この点に関する通達・裁決例・裁判例等は，企業会計の内容を補充する機能を果たしており，租税会計が逆に企業会計に影響を与えているとされるのである（金子・租税法350頁）。

このように逆基準性が認められる背景には，通達の有する実質的支配力があるというべきであろう(4)。通達は，法規としての外部効果を持つものではないが，関係する私人に対しても実際上の効果を有するし，その効果の存在は行政法の通説も認めるところである(5)。租税法の学説も，実際には，日々の租税行政が通達に依拠して行われ，納税者の側で争わない限り租税法の解釈・適用に関する大多数の問題が通達に即して解決されることになるという点から，現実的問題として，通達の機能には法源と同様のものがあるとする（金子・租税法116頁）(6)。

2　企業会計準拠主義・三層構造

法人税法は確定決算主義を採用しており，そこには企業会計準拠主義を看取することができる。また，同法は22条４項においても公正処理基準を通じて企業会計準拠主義によることを宣明しているといってよかろう。そして，同条項は，企業において慣行として確立した会計処理の方法に依拠して処理されることを想定している。具体的には，会計の三層構造[7]のもと，実務的な慣行が商法ないし会社法を経由して，法人税法上の処理として承認されるのである。すなわち，商法19条や会社法431条は公正妥当な会計処理の慣行に従うこととしており，この私法上のスクリーンを経た企業会計ルールが，法人税法に取り込まれるという整理である。

そうであるとすれば，上記に論じたとおり，税務通達が一般に周知されている中にあって，企業会計において，税務通達の処理方法が長らく定着し，これが慣行として醸成されていくことは十分にあり得るというべきであろう（酒井・ファローアップ180頁）。通達の逆基準性を前提として三層構造を考えると，当然に，租税法上の取扱いが企業における会計処理の慣行形成に一定の影響を及ぼし得ることが肯定されよう。

ところで，租税法上の基準に則った処理が，会社法領域においても，すなわち同法431条にいう「一般に公正妥当と認められる会計処理の慣行」に従った処理といえるか否かが争点とされることもある。

この点につき，いわゆる長銀配当損害賠償事件第一審東京地裁平成17年５月19日判決（判時1900号３頁）[8]は，次のように判示している[9]。

「税法基準は，不良債権償却証明制度の運用において，銀行の経営の健全性及び適切性を維持するため，銀行を指導・監督・規制する権限を有していた大蔵省の担当者によって実際に行われていた指導・監督権限に基づき，銀行の資産内容の健全性と決算業務の適切性を図る見地から，無税償却・引当が可能な貸出金すなわちⅣ分類〔筆者注：回収不可能又は無価値と判定される資産〕と査定された貸出金の償却・引当を義務づけていたものであり，当時において，『公正なる会計慣行』であったと評価できるというべきである。また，銀行が，関連ノンバンクに対する支援を継続して，関連ノンバンクの再建を図ることは，関連ノンバンクの破綻を防ぐだけでなく，ひいては金融システム全体の破綻を回避することに資するものであり，再建期間中における銀行の関連ノンバンク向け貸出金に対する償却・引当をしないという会計慣行もまた，大蔵省の担当者による実際の監督・規制権限の行使を前提として，銀行会計の健全性を確保しようとするものであり，当時の大蔵省による事前指導・監督・規制を前提とする銀行に対する保護的な金融行政のもとでは，十分に合理性を有するもので，これが『公正なる会計慣行』であったと評価できるというべきである。」

3　二重の基準テスト

過去の裁判例等を分析すると，会計基準が法人税法22条４項にいう公正処理基準に該当するか否かを判断するメルクマールとしては，①（新設された）その会計基準が慣行として醸成されているか否かという観点から検討するアプローチ（以下「慣行該当性アプローチ」という。）と，②会計基準の内容が法人税法の趣旨や同法22条の要請に合致するか否かという観点から検討するアプローチ（以下「基準内容アプローチ」という。）の２つがあると思われる(10)。かような２つの基準によって，公正処理基準の形成が許容されているといえよう（**図表２－１**）。

この２つの基準は，別の見方をすると，それぞれ形式基準と実質基準という性質を有しているともいえる。すなわち，**図表２－２**が示すように，慣行該当性アプローチは，いわば第一の基準として形式基準的位置付けとなり，基準内容アプローチは，第二基準として実質基準としての役割を果たしているのである。

図表２－１　慣行該当性アプローチと基準内容アプローチ

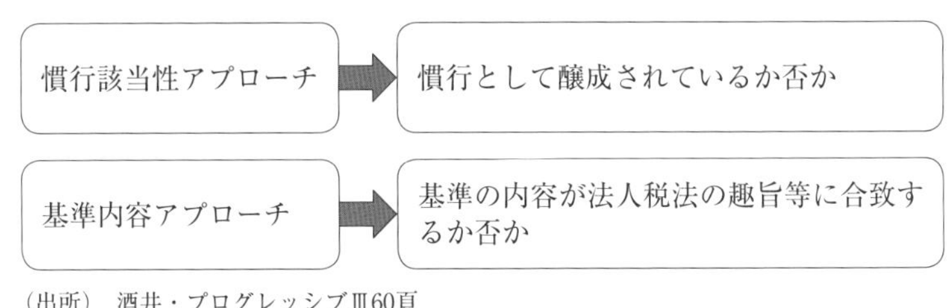

（出所）　酒井・プログレッシブⅢ60頁

図表２－２　第一基準と第二基準

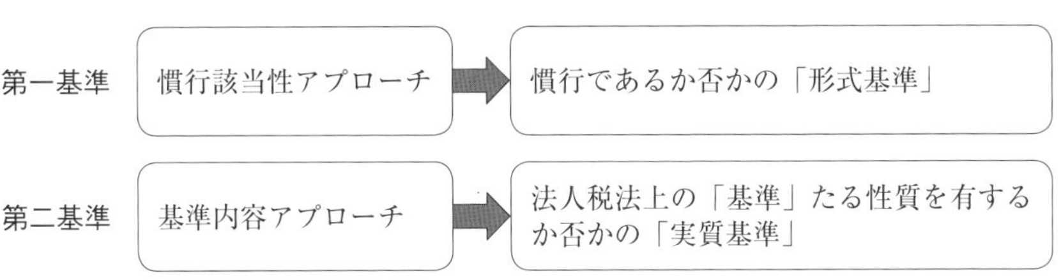

（出所）　酒井・プログレッシブⅢ75頁

本件事案は，まさに筆者が主張するこの２つの基準をベースに法人税法22条４項にいう公正処理基準該当性を判断しているといってよかろう。すなわち，本件において，東京地裁は，「公正処理基準とは，一般社会通念に照らして公正で妥当であると評価され得る会計処理の基準を意味すると解すべきであり，例えば，企業会計原則は，企業会計の実務において発達具体化したものを要約したものとして，公正処理基準の一つの源泉となるもの」とする。

そこで同地裁は，「支給年度損金経理は，企業が役員退職給与を分割支給した場合に採用することのある会計処理の一つであり…，多数の税理士等が，本件通達ただし書を根拠として，支給年度損金経理を紹介しているのであって…，本件通達ただし書が昭和55年の法人税基本通達の改正により設けられたものであり，これに依拠して支給年度損金経理を行うという会計処理は，相当期間にわたり，相当数の企業によって採用されていたものと推認できる」として，「支給年度損金経理は，役員退職給与を分割支給する場合における会計処理の一つの方法として確立した会計慣行である」と結論付けているのである。

これは，第一基準たる慣行該当性アプローチを採用した判断といえよう。

もっとも，同地裁は，慣行該当性のみをもってして公正処理基準該当性を充足しているとはしておらず，次に，「ある会計処理が公正処理基準に従ったものであるかどうかについては，当該会計処理の根拠とされた会計基準や会計慣行が一般社会通念に照らして公正で妥当であると評価され得るものであるかどうかを個別具体的に判断すべき」としたうえで，「支給年度損金経理が公正妥当なものといえるかどうかについてみるに，…支給年度損金経理は，本件通達ただし書に依拠した会計処理であり，現実に退職給与が支給された場合において，当該支給金額を損金経理することにより，企業会計（税務会計）上，退職給与が支給された事実を明確にするというものにすぎず，当該事業年度における所得金額を不当に軽減するものではない。また，本件通達本文によれば，退職給与の額を確定した年度において，現実に当該退職給与を支給しない場合には，これを未払金として損金経理することになるところ，個人企業や同族会社が法人の相当数を占めているという我が国の現状を前提とした場合，実際に支給する予定のない退職金相当額を未払金として損金計上することにより，租税負担を軽減するおそれがあることも否定できないのであって，本件通達ただし書に依拠した支給年度損金経理が，本件通達本文による会計処理との対比において，所得金額を不当に軽減するおそれのあるものであるということもできない。」と判示する。

このロジックは，第二基準としての基準内容アプローチを採用した判断とみるべきであろう。

東京地裁は，通達に従った処理（本件においては，法人税基本通達９－２－28が通達する「ただし書」の内容）である損金経理処理が，上記にみた二重の基準テストを踏んだものである以上，法人税法22条４項にいう公正処理基準に該当するといい得るとしているのである。

このように考えると，本件において東京地裁が通達に従った処理について，公正処理基準に該当するとした判断には一応の合理性が認められるように思われる。

4　類似事例―通達の処理を公正処理基準と認めた判決

本件事案のような考え方は，はじめに触れたいわゆる興銀事件東京高裁平成14年３月14日判決においてもみられる。

> 「同条〔筆者注：法人税法22条〕４項は，当該事業年度の収益の額及び損金の額に算入すべき金額は，一般に公正妥当と認められる会計処理の基準に従って計算されるものとする旨を定めている。これは，法人所得の計算が原則として企業利益の算定技術である企業会計に準拠して行われるべきことを意味するものであるが，企業会計の中心をなす企業会計原則（昭和24年７月９日経済安定本部企業会計制度調査会中間報告）や確立した会計慣行は，網羅的とはいえないため，国税庁は，適正な企業会計慣行を尊重しつつ個別的事情に即した弾力的な課税処分を行うための基準として，基本通達（昭和44年５月１日直審（法）25（例規））を定めており，企業会計上も同通達の内容を念頭に置きつつ会計処理がされていることも否定できないところであるから，同通達の内容も，その意味で法人税法22条４項にいう会計処理の基準を補完し，その内容の一部を構成するものと解することができる。」

東京高裁は，このように説示して法人税法22条４項にいう「一般に公正妥当と認められる会計処理の基準」が通達によって形成される可能性を示している。同規定にいう「一般に公正妥当と認められる会計処理の基準」とは必ずしも会計学上の処理基準のみを指すものではないと解されているが，そうであるからといって，通達が果たして，「一般に公正妥当と認められる会計処理の基準」

としての適格性を有するものと解するべきか否かについては議論のあるところである。

東京高裁は上記のように説示したうえで，金銭債権について，貸倒れによる損金算入の時期を人為的に操作し，租税負担を免れるといった利益操作の具に用いられる可能性を防ぐためにも，全額回収不能の事実が債務者の資産状況や支払能力等から客観的に認知し得た時点の事業年度において損金の額に算入すべきとすることが，一般に公正妥当と認められる会計処理の基準に適合するというべきであり，以下に示す法人税基本通達９－６－２《回収不能の金銭債権の貸倒れ》も，このことを定めたものということができるとして通達の取扱いを妥当とする。すなわち，法人税基本通達９－６－２は，「法人の有する金銭債権につき，その債務者の資産状況，支払能力等からみてその全額が回収できないことが明らかになった場合には，その明らかになった事業年度において貸倒れとして損金経理をすることができる。この場合において，当該貸金等について担保物があるときは，その担保物を処分した後でなければ貸倒れとして損金経理をすることはできないものとする。」と通達している。

また，以下に示す法人税基本通達９－６－１《金銭債権の全部又は一部の切捨てをした場合の貸倒れ》⑷等についても妥当としたうえで，「その場合の損金算入時期についても，これを恣意的に早め，あるいはこれを遅らせるなどして，課税を回避するための道具として利用することは，法人税法の企図する公平な所得計算の要請に反し，一般に公正妥当と認められる会計処理の基準に適合するとはいえないのであってその許されないことは当然である。」とする。

法人税基本通達９－６－１は，「法人の有する売掛金，貸付金その他の債権（以下この節において『貸金等』という。）について次に掲げる事実が発生した場合には，その貸金等の額のうち次に掲げる金額は，その事実の発生した日の属する事業年度において貸倒れとして損金の額に算入する。」とし，同通達⑷において「債務者の債務超過の状態が相当期間継続し，その貸金等の弁済を受けることができないと認められる場合において，その債務者に対し書面により明らかにされた債務免除額」とするのである（法人税基本通達９－６－１および９－６－２については，酒井克彦「金銭債権に係る貸倒損失（上）（中）―金銭債権に係る部分貸倒損失の損金算入の可否を中心として―」税務事例52巻４号123頁（2020年），同5号83頁（2020年）参照）。

もっとも，この東京高裁の判断は，上告審最高裁平成16年12月24日第二小法廷判決（民集58巻9号2637頁）において維持されていない。同最高裁は上記のような説示を行っていないため，同様の見解を最高裁が採用しているとはいえないが，東京高裁の説示のインパクトは大きく，通達をめぐる議論が湧出することになった。

5　私　見

私見としては，上記の二重の基準テストによるスクリーニングをしたうえで，公正処理基準該当性を判断すべきとする立場にあるが，上記のとおり，東京高裁はこの判断ルールを肯定する事例ではあるものの，その判断の内容については躊躇を覚えるところでもある。

かかる躊躇とは，すなわち，上記のように二重の基準テストを経たすべての会計処理基準に公正処理基準としての地位を与え得ると考えると，通達が示す損金経理要件が事実上，手続要件と化すことになるわけであるが，果たして，通達が示す手続について，これに法規範性を付与するような解釈が租税法律主義のもとで許容されるのであろうかという点である。租税法律主義の見地から疑義はないのかという素朴な疑問である。

このことは，換言すれば，上記興銀事件東京高裁判決と本件退職慰労金事件のような事例を一括りにすることができるのかという問題関心に接続する。

4　租税法律主義と損金経理要件を求める通達

1　損金経理要件自体を通達が求めることの問題

租税法律主義のもと，課税要件は法定されなければならないとされており（課税要件法定主義），かかる課税要件は明確に規定されなければならない（課税要件明確主義）。ところで，これらの課税要件法定主義および課税要件明確主義は，単に課税要件についてのみの要請であるわけではなく，手続要件についても同様に要請されると解されている（金子・租税法83頁）。

本件通達ただし書につき，これを役員退職金を損金に算入するために損金経理が要件とされていると解釈するとすれば，それは，損金経理要件たる課税要件の一部の構成を意味するのであって，当然ながら法定事項であるべきはずのものである。

しかしながら，本件通達のように，何らかの手続を要請する通達の取扱いはしばしば散見されるところであるが，租税法律主義との抵触問題は生じないのであろうか。

2　他の領域における類似事例

このように通達において手続的要請がなされることがあるが，本章で検討素材としている役員退職給与をめぐる論点のほかにも，例えば外国子会社合算税制に関わる租税特別措置法関係通達66の６－20《法人税法等の規定の例に準じて計算する場合の取扱い》がある。

租税特別措置法関係通達66の６－20《法人税法等の規定の例に準じて計算する場合の取扱い》

措置法令第39条の15第１項第１号の規定により同項の外国関係会社の適用対象金額につき法及び措置法の規定の例に準じて計算する場合には，次に定めるものは，次によるものとする。

(1)　…

(2)　減価償却費，評価損，圧縮記帳，引当金の繰入額，準備金の積立額等の損金算入又はリース譲渡に係る延払基準による収益及び費用の計上等確定した決算における経理を要件として適用することとされている規定については，当該外国関係会社がその決算において行った経理のほか，内国法人が措置法第66条の６の規定の適用に当たり当該外国関係会社の決算を修正して作成した当該外国関係会社に係る損益計算書等において行った経理をもって当該要件を満たすものとして取り扱う。この場合には，決算の修正の過程を明らかにする書類を当該損益計算書等に添付するものとする。

…

(3)　内国法人が措置法第66条の６の規定の適用に当たり採用した棚卸資産の評価方法，減価償却資産の償却方法，有価証券の一単位当たりの帳簿価額の算出方法等は，同条を適用して最初に提出する確定申告書に添付する当該外国関係会社に係る損益計算書等に付記するものとし，一旦採用したこれらの方法は，特別の事情がない限り，継続して適用するものとする。

以下略

租税特別措置法関係通達66の６－20はこのように示して[11]，通達において書類添付要件を定めている。

☑　その他，例えば，手続通達としては次のようなものが挙げられよう（詳しくは，酒井・アクセス117頁）。

①法人税基本通達13－１－17，連結納税基本通達16－１－17，法人税基本通達13－１－18，連結

納税基本通達16－１－18，②所得税基本通達36・37共－13の２，法人税基本通達２－１－39，連結納税基本通達２－１－42，③所得税基本通達51－23，法人税基本通達９－６－７，連結納税基本通達８－６－７，④所得税基本通達36・37共－７の４，法人税基本通達９－１－10，連結納税基本通達８－１－15，⑤法人税基本通達９－１－６の４，連結納税基本通達８－１－９など参照。

かような書類添付を要求するような通達が果たして租税法律主義に反しないのかという点については，議論のあるところであろう。

3　解釈通達の限界

法人税基本通達９－２－28や上記租税特別措置法関係通達66の６－20を法令解釈通達として考えた場合，かような損金経理要件や書類添付要件を条文解釈から導出し得るかという疑問が惹起される。例えば，法人税法34条《役員給与の損金不算入》もしくは同法36条《過大な使用人給与の損金不算入》の解釈から，法人税基本通達９－２－28の損金経理要件を導出することが可能なのであろうか。

このことを検討するにあたっては，平成18年の法人税法改正により，現行の法人税法36条が「過大な役員退職給与の損金不算入」から「過大な使用人給与の損金不算入」に改められ，その結果，役員退職金を費用計上するためには法人税法上不可欠とされていた損金経理要件が廃止されたことに思いを致さなければなるまい。すなわち，現行法人税法36条は，「内国法人がその役員と政令で定める特殊の関係のある使用人に対して支給する給与（債務の免除による利益その他の経済的な利益を含む。）の額のうち不相当に高額な部分の金額として政令で定める金額は，その内国法人の各事業年度の所得の金額の計算上，損金の額に算入しない。」と規定しており，損金経理を要件とはしていないのである。そうであるにもかかわらず，通達が損金経理を要件とするかのごとく示達することが許されるのであろうか。この通達が租税法律主義に反しないと理解するための解釈上の道筋としては，かかる通達が法令解釈を示した通達ではなく，あくまでも単に行政執行上の事実認定の観点からこれを示したものと解するほかはあるまい。すなわち，ここでは，損金経理が要件とされているのではなく，あくまでも行政執行上の留意事項として，損金として経理されている場合には，適正な内部統制的手続に担保された役員退職金であると解されるから，少なくとも，法人の意思として，かかる支出を役員退職金として認める方向で認定すべしとするという意味を付与しているにすぎず，その限りにおいては，法令解釈通達というよりも，事務運営指針であると解する方が妥当であろう。この構成であれば，法令の根拠なくあたかも損金経理要件を付しているかのようにみえたとしても，その実際の要請するところは，通達が名宛人とするところの下級行政庁職員に対する事務運営上の指針を示達したものにすぎないとの一応の整理付けが可能であろう。したがって，必ずしも，損金経理がなされていなければ損金算入を認めないとする趣旨の通達ではなく，損金経理がなされている場合に，法人の意思確認を容易に認定し得る点が確認されているにすぎないものと解すべきであるといえる。

この点は，上記の租税特別措置法関係通達66の６－20についても同様である。あたかも通達によって確定申告書に必要書類の添付がなければならないなどと要件化するとすれば，それは租税法律主義に抵触することにもなりかねないのであるから，課税執行上の確認容易性担保のための事務運営指針にすぎないと位置付けられるべきことになるのである。したがって，確定申告書に添付書類があることを手続要件と理解することは妥当ではなかろう。

次に，通達によって損金経理が要請される処理が公正処理基準たり得るかについて考えてみたい。ここでは，大きく２つの観点から論じることとしたい。第一に法人税法22条の文理解釈の観点からの検討であり，第二に課税要件法定主義および課税要件明確主義の観点からの検討である。

通達による損金経理の要請と公正処理基準形成の可能性

1　法人税法22条４項の文理解釈

まず，法人税法22条の文理上の問題から検証したい。すなわち，同条４項は，「第２項に規定する当該事業年度の収益の額及び前項各号に掲げる額は，別段の定めがあるものを除き，一般に公正妥当と認められる会計処理の基準に従って計算されるものとする。」と規定しており，ここでは，同条２項に規定する「収益の額」および前項，すなわち３項に規定する「原価の額」，「費用の額」および「損失の額」が，一般に公正妥当と認められる会計処理の基準に従って計算されるとしているにすぎないのであって，果たして，手続要件をこの条文から読み取ることができるのであろうか。

少なくとも，法人税法22条２項ないし３項は，課税要件のうち，課税物件の金額たる「課税標準」を規定する条項であるから，そこで規定されているのは，いかなる「金額」ないし「額」かという点である。換言すれば，同条は金額算定ルールを明定するものであって，計算規定にすぎないのである。そうであるとすれば，同条４項が手続要件についてまで含めた規定であると理解することは困難であるといわざるを得ない。仮に，損金経理のような特別の手続要件が求められる必要があるというのであれば，前述のとおり，それは法解釈から導出し得ないのであるから，「別段の定め」において法定されるべきものであり，実際，旧法人税法36条が損金経理要件を付していたことは既述のとおりである。

このことを看過することは，法人税法22条４項の解釈論において致命的な誤りであるといっても過言ではあるまい。

2　租税法律主義と手続的保障

手続的保障原則とは，納税者救済のための手続が保障されているべきである旨を論じた考え方であると思われるが，「憲法が規定する各種類の手続的保障原則を，租税の分野において適用されるべきことを要求する原則である。」とも説明されている（齊藤稔『租税法律主義入門』93頁（中央経済社・1992年），金子・租税法83頁，谷口・税法24頁）。通説に従えば，租税の賦課・徴収は公権力の行使であるから，それは適正な手続により行われなければならず，またそれに対する争訟は公正な手続により解決されなければならないと解されている（金子・租税法88頁）。これを一般に，「手続的保障原則」というが，法人税法関係領域においても当然に妥当する基本的考え方である。特に最近は，租税手続についても適正手続の要請ないし手続的保障原則をもっと重視すべきであるという意見が強くなってきている点が指摘されている（金子・租税法909頁）。

さて，このような手続的保障原則は，一般には納税者の権利救済の場面において問題とされ，例えば，訴訟手続の問題や理由附記の要請の議論で強調される原則であるといってもよかろう。このような手続的保障原則がこの領域において要請されるのは，更正処分といった公権力の行使や税務調査が権威ある租税行政庁によるものであって，権力を有する租税行政庁から適正な手続のもとで，適正な権利救済の途を確保することによって，納税者の権利保護を担保しようとする趣旨に出たものであるといえよう。

租税法律関係につき，権力関係説にあっては特に租税手続法の領域における課税処分や強制徴収という税務官庁の一方的行為の存在が重視されて，国または地方公共団体に優越的地位を認める権力関係が支配するとするのに対し，債務関係説にあっては基本的に租税法律関係を租税債権債務の関係とし，そこにあっては優越的な官庁の行為が入る余地はなく，租税手続法における関係は租税債権債務関係に対し従たる地位を占めるにすぎない，とする見解が大宗を占めていると考えられる。この点については，「この両説と関連させて租税法律関係の基本的性質をどうみるかについて論じられているが，租税実体法の領域では，租税法律関係の中心をなす租税納付義務の関係は，一定の要件…の充足によって法律上当然に発生し，そこには優越的な官庁の行為が介入する余地がないために，租税債務関係説の考え方が妥当するとされ，しかし租税手続法の領域では課税処分や強制徴収をなす権限あるいは税務調査権等が税務官庁に与えられ，そこでは税務官庁の優越的地位が否定できないため，権力関係説の考え方があてはまる」とされている（清永・税法58頁）[12]。このうち，手続法領域における納税者の権利保護に働くのが租税法律主義における手続的保障原則であるとみてよいように思われる。

主体となって行政権力が発動される局面という点で，より納税者の権利が保護されるべきであるから[13]，手続的保障原則が重要な意義を有すると考えられるのに対して，債務関係説が妥当する租税実体法領域では，基本的手続のすべてが法定されており，その主体性が租税行政庁ではなく，申告納税制度における手続を経ることによって納税者の側にある点からすれば，必ずしも手続的保障原則が強調される必要はないということになるのかもしれない。

しかしながら，ここで論じている問題は，租税実体法領域の議論でありながらも，手続に関わる問題である。すなわち，租税実体法内部にも当然ながら，多くの手続が伏在する。法人税法に関していえば，その代表が，確定決算主義であり，損金経理要件であり，各種の確定申告要件である。

もっとも，これら各種手続については，主体が納税者であり，権力関係の問題ではないから，手続的保障原則が働くところではなく，それに代わるかたちで，課税要件が法定化されているという点が重要となる。すなわち，租税実体法領域，とりわけ法人税法のような課税局面においては，①課税要件法定主義ないし課税要件明確主義が実質的な手続面における納税者の法的保護を意味するうえに，②申告納税制度のもとにおいては，主体性とそれに付着するかたちでの義務が納税者に帰属すると解されるのである。課税の作用は国民の財産権の侵害であるから，課税要件のすべてと租税の賦課・徴収の手続は国民の代表議会の定める法律によって規定されなければならないことを要請する課税要件法定主義が重要であることは多言を要しない。また，これを充足するために，課税要件明確主義が担保されなければならないことも自明である。加えて，申告納税制度のもとでは，上記法定された諸手続を納税者が主体的に行うことが想定されているところ，法定された手続を履践することも主体的立場にある納税義務者（主体的納税者）に期待されているのである。この文脈において課税上の諸手続が国民の代表議会の定める法律に規定された手続を指していることはいうまでもない。

このことは，いわば，租税手続法領域における手続的保障原則の担保が要請されるのに対をなすかたちで，租税実体法領域における課税要件法定主義および課税要件明確主義の担保が要請されることを意味しているといえよう。すなわち，実体法領域の手続的要請が法定されるべき要件である限り，通達においてこれを明定することはできないのである。

租税実体法領域における課税要件法定主義および課税要件明確主義はきわめて重要な意義を有する。そうであるがゆえに，実体法領域における手続的要請は当然ながら，法定されたもののみに根拠を認めるべきである。そのような視角から考えると，通達による手続的要請に問題はないかという議論に重要な関心を寄せる必要があるという帰結が待っている。

加えて，上意下達の命令手段である通達の名宛人はあくまでも行政庁内部の下級機関職員であって，国民ではない。通達を国民が知り得るのは，単に，そのような情報として，国税庁内部の命令内容を覗いているだけであるといっても過言ではない（酒井克彦「通達を文理解釈することの意義（上）（中）（下）」税務事例51巻7号1頁（2019年），8号1頁（2019年），9号1頁（2019年）参照）。さ

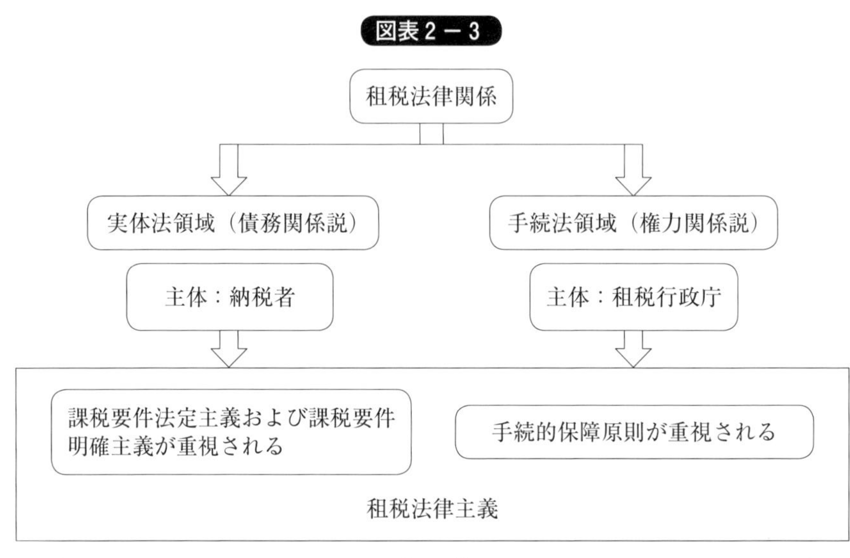

例：損金算入という法益保護の一部は損金経理要件の充足によって担保される。

例：課税当局の課税処分の違法性を訴えるルートは訴訟要件の充足によって担保される。

すれば，名宛人ではない納税者に対して[14]，損金経理を要請すること自体がそもそもあり得ないはずである。

6　小　括

通達には，実質的に外部効果があるといっても，通達の要請する手続までをも公正処理基準に該当するとして，これを認めることができるのかという点については疑問を禁じ得ない。少なくとも，租税法律主義の見地から俯瞰して眺めた場合，すなわち，租税実体法領域においては課税要件法定主義および課税要件明確主義の担保が強く要請されることにかんがみれば，手続的要請として，損金経理という処理まで法人税法22条４項による公正処理基準として解釈することには消極に解さざるを得ないとの差し当たりの結論を示しておきたい。

注

(1) 判例評釈として，木村弘之亮・税理45巻８号７頁（2002年），大淵博義・税務事例34巻９号１頁（2002年），10号９頁（2002年），同・税通61巻12号36頁（2006年），13号47頁（2006年），14号53頁（2006年），品川芳宣・TKC 税研情報11巻５号27頁（2002年），浦野広明・判時1803号174頁（2003年），岩倉正和・ジュリ1245号110頁（2003年），森冨義明・平成14年度主要民事判例解説〔判タ臨増〕242頁（2003年）など参照。

(2) この事例を取り扱ったものとして，酒井克彦「会計慣行の成立と税務通達（上）（中）（下）―東京地裁平成27年２月26日判決（判例集未登載）を素材として―」税務事例47巻11号１頁（2015年），47巻12号１頁（2015年），48巻２号１頁（2015年），酒井・裁判例〔法人税法〕481頁参照。

(3) 最高裁昭和38年12月24日第三小法廷判決（訟月10巻２号381頁）は，「国税庁長官の基本通達は，下級行政機関の権限の行使についての指揮であって，国民に対し効力を有する法令ではないとした判断は，正当である。」として，原審福岡高裁昭和37年４月19日判決（税資36号473頁）の判断を肯定している（判例評釈として，山田二郎・租税判例百選110頁（1968年），有川哲夫・シュト４号45頁（1962年），福岡右武・租税判例百選〔第３版〕108頁（1992年））。東京高裁平成21年４月15日判決（判例集未登載）なども参照。

(4) 最高裁平成27年６月12日第二小法廷判決（民集69巻４号1121頁）は，「少なくとも平成17年通達改正により課税庁の公的見解が変更されるまでの間は，納税者において，旧通達に従って，匿名組合契約に基づき匿名組合員が営業者から受ける利益の分配につき，これが貸金の利子と同視し得るものでない限りその所得区分の判断は営業者の営む事業の内容に従ってされるべきものと解して所得税の申告をしたとしても，それは当時の課税庁の公的見解に依拠した申告であるということができ，それをもって納税者の主観的な事情に基づく単なる法律解釈の誤りにすぎないものということはできない。」と判示したうえで，課税庁の行った通達改正前の処理に従った申告に係る過少申告加算税を旧国税通則法65条《過少申告加算税》４項〔現行65条４項１号〕にいう「正当な理由」があったとして免除している。これは，納税者が通達に依拠して申告を行うことを前提とした判断であるとみることができよう。なお，原審東京高裁平成24年７月19日判決（税資262号順号12004）は，「正当な理由」に当たらないとしていた。

(5) 塩野宏『行政法Ｉ行政法総論〔第６版〕』117頁（有斐閣・2015年）。通達の外部効果に関する論文として，岩﨑政明「租税行政規則の外部効果―特に法解釈・事実認定に関する税務通達の拘束力について」横浜国際経済法学４巻２号25頁（1996年）参照。米国における司法敬譲に関して，渕圭吾「アメリカ法における先例拘束性と Chevron 敬譲の優先劣後― United States v. Home Concrete & Supply, LLC, 132S. Ct. 1836 (2012) をめぐって」論ジュリ９号192頁（2019年），泉絢也「米国財務省・IRS による暫定規則の利用と告知コメント手続の回避―租税法領域におけるパブリック・コメント制度の活用―」国士舘法研論集15号21頁（2019年）など参照。

(6) この点については，疑問も残る。

(7) 金子・租税法349頁。酒井・プログレッシブⅢ54頁。

(8) 判例評釈として，太田剛彦・平成17年度主要民事判例解説〔判タ臨増〕1215号178頁（2006年），片木晴彦・平成17年度重要判例解説〔ジュリ臨増〕1313号104頁（2006年），得津晶・ジュリ1369号114頁（2008年），弥永真生・会計・監査ジャーナル29巻１号16頁（2017年）など参照。

(9) この判決と公正処理基準との関係については，酒井・フォローアップ47頁参照。

(10) この点については，酒井克彦「法人税法22条４項にいう『公正処理基準』該当性に係る判断アプローチ―東京高裁平成25年７月19日判決を素材として―」商学論纂57巻１＝２号79頁（2015年）（酒井・プログレッシブⅢ59頁に所収）において詳述した。名古屋地裁平成13年７月16日判決（訟月48巻９号2322頁）なども参照。

(11) なお，同通達は，注書きにおいて，「当該確定申告書の提出前において，既に措置法第68条の90の規定の適用を受けて最初に提出した連結確定申告書があり，かつ，当該連結確定申告書に添付した当該特定外国子会社等に係る損益計算書等に評価方法等を付記している場合には，新たに当該確定申告書に添付する損益計算書等への付記を要しないものとする。」としている。

(12)　なお，清永敬次教授は，租税法律関係の特徴は基本的にはこのように考えてよいと思われるが，しかし，特に我が国におけるような申告納税制度のもとでは，成立した納税義務の確定および履行の第一次的責任は納税義務者に委ねられているのであって，納税義務の確定および履行という租税手続法の領域でも，納税義務者が主たる役割を演ずることが期待されており，税務官庁の権力的行為は第二次的・補充的地位を占めるにすぎないものであることに注意しておく必要があるとされる（清永・税法59頁）。

(13)　谷口勢津夫教授は，手続的保障原則を実現するうえでは，納税者と税務官庁との手続法上の関係を「対称的な権利義務の関係（法律関係）」として構成することが特に重要であるとされる（谷口・税法24頁）。

(14)　通達の名宛人は，下級行政庁職員である（国家行政組織法14②）。

第3章

収益認識基準の影響

1 はじめに

令和元年10月１日の消費税率引上げに伴い，需要平準化対策として，キャッシュレス・消費者還元事業が展開されている。これは，キャッシュレス対応による生産性向上や消費者の利便性向上の観点も含め，消費税率引上げ後の一定期間に限り，中小・小規模事業者によるキャッシュレス手段を使ったポイント還元を支援するためのものであると説明されている。経済産業省は，かかる事業の実施により，中小・小規模事業者における消費喚起を後押しするとともに，事業者・消費者双方におけるキャッシュレス化を推進しているが，令和２年５月現在，キャッシュレス・ポイント還元事業における登録加盟店数は約114万件にも届くほどとなっている。

☑ 令和２年５月時点のキャッシュレス・ポイント還元事業における登録加盟店数は約114万店となっている（経済産業省「キャッシュレス・ポイント還元事業に関する直近の状況」（令和２年５月11日発表）（https://www.meti.go.jp/press/2020/05/20200511002/20200511002.html〔令和２年５月11日訪問〕）

令和２年度の当初予算でみると，ポイント還元事業の原資として2,000億円，システム改修を含む事務経費として458億円が計上されており[1]，政府がこのポイント還元事業に力を入れていることが判然とする。

さて，このポイントを付与する法人側の会計処理に関して，企業会計基準委員会が発表した企業会計基準第29号「収益認識に関する会計基準」（以下「収益認識基準」という。）はこれまでのポイント引当金による処理とは異なる処理を求めており，かかる処理方法の変更は，法人税法上の処理にもダイレクトにインパクトを与え，課税実務における処理も変更されている。

本章では，見積費用の発生に係る引当金計上と，ポイント等を付与した場合の収益の計上処理の連関について，債務確定基準の観点から問題点を検証することとしたい。

2　債務発生の合理的見積り

1　引当金計上に対する制限的規範たる債務確定基準

法人税法は，損金経理要件を条件として貸倒引当金および返品調整引当金のみを「別段の定め」として法定しているが，それ以外の引当金，例えば，ポイント引当金のような引当金の計上を認めているのであろうか。

☑　返品調整引当金については，平成30年度税制改正において廃止されることとなった。もっとも，この廃止には経過措置の適用があるため，現在も同引当金は残っている。

この点については議論のあるところであるが，法人税法22条3項2号が，損金算入されるべき費用の額については，「当該事業年度の販売費，一般管理費その他の費用（償却費以外の費用で当該事業年度終了の日までに債務の確定しないものを除く。）の額」とし，かっこ書きにおいて，いわゆる債務確定基準を規定していることから，これを根拠に否定的に捉える見解が有力であるといえよう。

具体的に債務確定基準の適用については，例えば，課税実務は，法人税基本通達2－2－12《債務の確定の判定》において，❶当該事業年度終了の日までに当該費用に係る債務が成立していること（債務成立要件），❷当該事業年度終了の日までに当該債務に基づいて具体的な給付をすべき原因となる事実が発生していること（具体的給付原因事実発生要件），❸当該事業年度終了の日までにその金額を合理的に算定することができるものであること（合理的算定可能要件）という3つの要件のすべての充足が必要と通達している(2)。

一般的に，債務成立要件(3)は，例えば，売買契約を念頭に置くと，①財産物を相手方に引き渡すことの約束と，②それにかかる支払を約束することによって成立するが（民555），上記❷や❸は要件とはされていない。例えば，商品の買主の側に立って債務確定を考えるとすると，①の売買契約が成立し，相手方に売買代金請求権が発生したとしても，商品の引渡しを受けていない限り，同時履行の抗弁権の発動をすることによって，売買代金請求権の主張に対し抗弁権（☞**抗弁権**とは）を主張し得る。同時履行の抗弁権（民533）は，権利消滅規定ではなく権利阻止規定であるから（酒井・課税要件44頁），売買代金請求権の成立に消長を来たすものではないものの，相手方への抗弁権の主張がある限り具体的に発生した債務を履行しなければならないものでもないことになる。

☞**抗弁権**とは，相手方の請求権の行使に対し，その請求権の効力の発生を阻止し請求を拒絶することのできる他方当事者の地位をいう（高橋和之ほか『法律学小辞典〔第５版〕』395頁（有斐閣・2016年））。同時履行の抗弁権，催告の抗弁権などがある。

かような意味では，商品の引渡しを❷の具体的給付原因事実発生要件の充足とみることは可能であるし，上記のような考え方は，商品の売手側における権利確定主義の適用場面における同時履行の抗弁権とも平仄が合うことになって，法人税法上の課税標準の計算領域における体系的な座りの良さも認められよう。他方，❸の合理的算定可能要件については，後述するとおり，認識可能性論にも通じるところであると思われる。この点は，学説においても支持されている。

もっとも，金額の合理的算定が要求されるのは，債務の「確定」とは異なるところにあるようにも思われる。法人税法22条が課税標準の規定であることから，いずれにしても，同条３項は「費用の額」を求めなければならないところ，かかる「額」というからには金額の算定が当然に要求される。そこで，かかる金額の確定が明確である必要があるし，その算出が恣意的なものであってよいはずはないから，「額」の認定にあたって，合理的算定可能要件が要請されているとみることもできなくはない。そもそも，法人税法22条３項２号は，「当該事業年度の販売費，一般管理費その他の費用（償却費以外の費用で当該事業年度終了の日までに債務の確定しないものを除く。）の額」と規定しており，かっこ書きに示す債務確定基準がかっこの直前の「費用」の説明であるとすれば，すなわち，費用には，債務の確定されていないものは含まれないことになろう。このように文理解釈するのであれば，かかる債務確定基準のあとに初めて「額」が規定されているのであるから，合理的算定可能要件を債務確定基準の一要件とみるべきではなく，むしろ，債務確定基準によって画された「費用」の「額」が合理的に算定可能なものでなければならないと解釈することもできなくはない。むしろ，合理的算定可能性は法人税法22条３項２号にいう「額」についてのみ認められるべきものではなく，例えば，文理上債務確定基準の要請が働かない１号の「原価の額」についても，同じく，同基準の射程が及ばない３号の「損失の額」についても同様に，合理的算定可能なものであるべきなのはいうまでもないところである。かように考えると，ことさらに，債務確定基準の３要件の１つとして，合理的算定可能要件を論じる必要はないようにも思われる。

しかしながら，かかる通達にいう債務確定基準の３要件は，これまで多くの裁判例においても承認されてきたところである(4)。

この債務確定基準を法定引当金以外の計上を否定する根拠とする学説が有力であるばかりでなく（金子・租税法420頁），裁判例もその態度を示してきたといってよかろう。例えば，大阪地裁昭和48年８月27日判決（税資70号940頁）は，以下のように説示する。

> 「法人税においては，課税所得金額の計算上損金に算入される費用は，当該事業年度終了の日までに債務の確定しているものでなければならず，債務の確定したものといいうるためには，当該事業年度終了の日までに，当該費用にかかる債務が成立し，その債務に基づいて具体的な給付をすべき原因となる事実が発生し，その金額を合理的に算定しうるものであることが必要であり（法人税基本通達２－１－５〔筆者注：現行法人税基本通達２－２－12〕参照），単に将来生ずることが見越される費用は，他に特別の規定がないかぎり損金に算入されない。」
>
> 「原告のいう退職給与未払金〔筆者注：同判決においては，『実質的には退職給与引当金』と認定されている。〕は，前述のように，具体的な給付をすべき原因となる退職という事実が未発生であり，したがってまた退職金の額を左右する諸条件も未定で，金額を合理的に算定することができないものである…から，当期の損金に算入すべき費用にあたらないことは，明白である。」

☑　もっとも，退職金には賃金の後払たる性格があり，その支給の原因は従業員の勤務する間毎事業年度ごとに発生しているものということができ，退職給与規定が定められている場合には，支給されるべき退職金の総額を一応算定し，あるいは当該事業年度中の労働の提供の対価として同年度中の収益をもって賄われるべき部分を想定することも可能であるという点からすれば，債務確定基準を充足しているのではないかとの疑義も起こり得るが，この点については，退職給与引当金計上の段階においては，各従業員の退職の時期・事由等が明らかでない以上，実際に支給すべき退職金の額は具体的に定まっておらず，いわば引当金の計上は抽象的な推算の域を出ないという点からすれば，退職の事実の発生前においては，退職金支払債務は現実化していないとの評価を受けることになるわけである（控訴審大阪高裁昭和50年４月16日判決・税資81号205頁）。

このように有力説は，法人税法22条３項２号にいう債務確定基準を根拠として引当金の計上を認めないという態度を採用してきたところである[5]。

2　資産除去債務に関する租税法の態度

上記のように，有力説は，仮に企業が引当金の計上をしていたとしても，債務確定基準を前提として法人税法に法定された2つの引当金以外の引当金について消極的な態度をとってきた。

ところで，企業会計基準委員会は平成20年3月31日に企業会計基準第18号「資産除去債務に関する会計基準」を発表し，同基準は平成22年4月1日以後に開始する事業年度から適用されている。すなわち，資産除去債務に対応する除去費用は，資産除去債務を負債として計上した時に，当該負債の計上額と同額を関連する有形固定資産の帳簿価額に加え，資産計上された資産除去債務に対応する除去費用は，減価償却を通じて当該有形固定資産の残存耐用年数にわたり各期に費用配分することとされている（資産除去債務基準7）。ここに，「資産除去債務」とは，有形固定資産の取得，建設，開発または通常の使用によって生じ，当該有形固定資産の除去に関して法令または契約で要求される法律上の義務およびそれに準ずるものをいい，この場合の法律上の義務およびそれに準ずるものには，有形固定資産を除去する義務のほか，有形固定資産の除去そのものは義務でなくとも，有形固定資産を除去する際に当該有形固定資産に使用されている有害物質等を法律等の要求による特別の方法で除去するという義務も含まれる（資産除去債務基準3(1)）。

しかしながら，各法人が会計処理において適用しているこの処理に関して，法人税法はまったく対応をしていない。すなわち，債務確定基準を前提とすると，有形固定資産の除去前に発生する債務は計上が制限されることになるため，「別段の定め」を設けない限り，かかる債務計上に伴う費用配分は損金算入されないことになるのである。このように，企業会計と法人税法との間に径庭がみられる状況にある。

☑　ここにいう有形固定資産の「除去」とは，有形固定資産を用役提供から除外することをいう（一時的に除外する場合を除く。）。除去の具体的な態様としては，売却，廃棄，リサイクルその他の方法による処分等が含まれるが，転用や用途変更は含まれない。また，当該有形固定資産が遊休状態になる場合は除去に該当しないとされている（資産除去債務基準3(2)）。

かように，引当金に限らず，法人税法が債務確定基準を採用し，これを厳格に適用するがゆえに，同法と会計との間に取扱い上の差異が生じているのが現状なのである。

 租税法上の「確定」概念

1　「確定」概念に頼る法的構造

なぜ，法人税法はかくも厳格に債務の「確定」にこだわるのであろうか(6)。次に，この点について簡単に確認しておきたい。

債務確定基準における「確定」が求められる根拠は，恣意性・操作性の排除に基礎を置く考え方と，金額の明確性や認識の確実性に基礎を置く考え方に分説され得る。ここでは，便宜的に前者を「恣意性排除論」と呼び，後者を「認識確実性論」と呼ぶことにしよう。

（1）　恣意性排除論

法人税法１条《趣旨》は，同法の趣旨について，「この法律は，法人税について，納税義務者，課税所得等の範囲，税額の計算の方法，申告，納付及び還付の手続並びにその納税義務の適正な履行を確保するため必要な事項を定めるものとする。」と規定する。この規定からすれば，同法は，納税義務の適正な履行を目的としていると解釈することもできそうである。

☑　実はこのような解釈には疑問も惹起し得る。法人税法１条を文理解釈すれば，「課税標準等の範囲」についての規定である法人税法22条は，「納税義務の適正な履行を確保するため必要な事項」とは読めないことになる。かかる疑問については，酒井・プログレッシブⅢ18頁参照。

金子宏教授は，費用収益対応の原則（☞**費用収益対応の原則**とは）から引当金勘定を設定し，そこへの繰入額を当年度の費用または損失として計上するためには，①将来におけるその費用または損失の発生が確実に予想されること，②その費用または損失の金額が相当に正確に予測できること，③その費用または損失が当年度の収益と対応関係に立っていることの３つの要件を満たさなければならないとされる（金子・租税法415頁）。そのうえで，「これらの要件をみたさないにもかかわらず引当金の計上を認めると，利益留保の実質をもつ引当金

を認めることとなり，期間損益の計算が恣意的となり，ひいては所得金額が不当に減少することとなるからである。」とされる（金子・租税法415頁）[7]。

> ☞**費用収益対応の原則**とは，実現主義により認識された収益に，発生主義によって認識された費用をひも付けする基準をいう。これにより，当期の収益に対応しないと判断された費用は，翌期以降の収益と対応すべきであるとして繰り越されることになる。

（2） 認識確実性論

上記の恣意性排除論とは別に，費用の認識には確実性が要請されるとする見解が散見されるところである（小林裕明「資産の下向的評価損失を巡る会計と税務の対立と交錯―債務（損失）確定主義と公正価値会計との相克―」岡山大学経済学会雑誌43巻3号133頁（2011年））。

法人税法が法定引当金を2つに限定している理由としては，課税ベースの拡大と法人税率の引下げを基調として，①見積りの適正さに問題があること，②賞与引当金や退職給与引当金は巨額であり，企業ごとの利用状況にも格差があるため，租税負担の格差を生み出しているおそれがあること，③製品保証等引当金および特別修繕引当金は，特定業種に限られていることが挙げられてきた（平成12年11月付け政府税制調査会・法人課税小委員会報告）。

かかる理由のうち，とりわけ①は，認識確実性の見地からの問題意識であるといえよう。見積りの適正さには，もちろん，恣意性排除論の観点も包含されているかもしれないが，適正課税というよりも，見積りそのものの適正性が論じられているように思われる。

そもそも，法人税基本通達2－2－12にいう❸合理的算定可能要件にみる費用発生額に係る算定の合理性という論点は，このような認識確実性論に基礎を置いたものであるともいえよう。

いずれにしても，恣意性排除論と認識確実性論のいずれによるかという問題ではなく，その両者の視角から，債務確定基準にいうような「確実」性が論じられるべきところである。

2　債務確定基準と権利確定主義にみる「確定」

費用概念を確定基準によって判定しようとする規範が債務確定基準であるの

に対して，収益概念を確定基準によって判定しようとするのが権利確定主義である。前者が法人税法にみる実定法上の要件であるのに対して，後者は判例法上の概念である。

いわゆる大竹貿易事件上告審最高裁平成5年11月25日第一小法廷判決（民集47巻9号5278頁）[(8)]は，次のとおり収益の認識基準を法律上の権利の確定に求めている。

> 「ある収益をどの事業年度に計上すべきかは，一般に公正妥当と認められる会計処理の基準に従うべきであり，これによれば，収益は，その実現があった時，すなわち，その収入すべき権利が確定したときの属する年度の益金に計上すべきものと考えられる。」

ここにいう確定について，有力説は，無条件請求権説（☞**無条件請求権説**とは）に立つ。権利の発生ではなく，権利の確定というからには，例えば，同時履行の抗弁権の主張が尽きたところ，すなわち，すでに抗弁権の主張を先方からなされないところまで売買代金請求権の行使の条件が整ったところで収益認識の基準とみるべきという見解が論じられてきたのである。

> ☞**無条件請求権説**とは，請求権に権利阻止規定が付着している場合には，その権利は条件付きでしか行使ができないことから，そのような付着のない権利を，無条件に行使できるに至った段階で収入の実現を捉えようとする考え方である。管理支配基準とあわせて，広義の権利確定主義を構成するものといってもよい。

☑　権利確定主義によれば，権利の確定した年度において収益計上が求められるはずであるが，例外として，支払を受けるのが長期にわたる場合には，納税の問題や貨幣価値の変動などがあり得ることから，一定の要件を満たす賦払金ごとに，収益の計上を年度に分割することを法人税法は認めてきたところであるが，平成30年度税制改正によって，一定のリース譲渡に係るものを除き，割賦基準が廃止されている（旧法法63①，旧法令127）。また，長期大規模工事（工事期間が1年以上で，請負金額が10億円以上である工事をいう。）に係る工事進行基準については，本来の完成基準の例外として，収益が確実に見込まれるものについては，工事進行基準が採用されている（法法64，法令129）。これは，工事完成基準の採用による課税の繰延べを避けるためであるといわれている（水野・大系401頁）。

そして，具体的に，かかる無条件請求権説に最も接近した収益認識の基準は商品売買を例にとれば，引渡基準が適当であろう。引渡しの段階になれば，すでに，同時履行の抗弁権を主張される余地がなくなるからである。なお，平成30年度税制改正において法人税法22条の2が創設されたが，同条1項において引渡基準が明文化されるに至っている。このことは，前述の債務確定基準の要件のところでも論じたように，❶債務成立要件だけでは足りず，❷具体的給付原因事実発生要件が要求されるとする議論とパラレルなものとみてもよいかもしれない。

一般に権利確定主義の議論においては，債務確定基準にみたような，❸当該事業年度終了の日までにその金額を合理的に算定することができるものであること（合理的算定可能要件）といった要件が論じられることはない。

しかしながら，前述のとおり，合理的算定可能要件は債務確定基準に限定される議論ではなく，当然ながら，収益の認識においても重要な視角であると思われるから，これは，権利確定主義の部面においても妥当するというべきなのではなかろうか。かように考えると，権利確定主義と債務確定基準とは相当部分においてその要件に関する共通項を有しているといえよう。もっとも，かといって，権利確定主義が収益認識の全般に適用されるべき基準であるのに対して，同じ「確定」概念による債務確定基準はあくまでも「費用」についての計上基準であることに留意が必要である。

☑　費用概念は多様であるが，ここでは，法人税法22条3項2号にいう狭義の意味での「費用」概念を指している。

権利確定主義については，収入実現の蓋然性が高くないと実際問題として担税力課税の実現が画餅に帰することとなるところ，権利の裏付けがあり，かかる権利行使に障壁がないというレベルの段階に達しているのであれば，いわば現金流入に接近した現金等価物ないし現実的な経済的価値の流入を観念できるといえよう。したがって，現金換価価値を有する経済的価値を期待し得る実際的な権利の確定をみて，課税のタイミングを考えるという思想がその背景にある。これに対して，債務確定基準については権利確定主義が確定を求めるのとはその本質を異にし，担税力の指標としての具体的な経済的価値の流入の代替としての権利の確定ではなく，恣意性の排除や認識確定性という視角から債務の確定を費用計上のタイミングのメルクマールとするという考えがその背景にある。

3　「確定」概念のグラデーション

上記のとおり，権利確定主義における確定性とは，いわば収入実現の蓋然性が高いことまでその範囲を広げており，必ずしも厳格な意味における「確定」ではないように思われる。これに対して，学説上の争いはあるものの，課税実務が採用し，多くの裁判例がこれを承認するところの債務確定基準における「確定」は厳格なものが要請されているように思われる。

かように考えると，「確定」といっても，租税法に一律に画された明確な基準であるともいいづらい。債務確定主義においては，恣意性排除説が要請する程度に確実であれば十分であるように思われるのである。すなわち，恣意性が排除される程度に「確定」していることが要請されているとする理解がそこに判然とするのである。

4　ポイント引当金と収益認識基準

1　収益認識基準が法人税法に及ぼした影響

旧来，三位一体とかトライアングル体制などと長らくいわれてきた法人税法，企業会計，商法（会社法）の三者の協調関係が崩壊したといわれて久しいが，平成30年度税制改正における法人税法改正ないしこれを受けた国税庁の発遣した法人税基本通達は，法人税法が会計との調和をまた新たに模索し始めたようにさえ思えるほど，企業会計における収益認識基準の影響が如実に課税実務に取り込まれることとなった。

そもそも，法人税法22条の２において，例えば，その５項が，「前項の引渡しの時における価額又は通常得べき対価の額は，同項の資産の販売等につき次に掲げる事実が生ずる可能性がある場合においても，その可能性がないものとした場合における価額とする。」と規定するのは，収益認識基準の影響が大きいことの証左であるといってもよいように思われる。すなわち，収益認識基準が採用する変動対価（☞**変動対価**とは）の扱いが，法人税法に強く影響を与えることを前提として，①当該資産の販売等の対価の額に係る金銭債権の貸倒れや，②当該資産の販売等（資産の販売または譲渡に限る。）に係る資産の買戻しにあっては，変動対価に係る会計が採用する収益認識基準の適用を排除しようとしているのである。

☞**変動対価**とは，「顧客と約束した対価のうち変動する可能性のある部分」をいい，「契約において，顧客と約束した対価に変動対価が含まれる場合，財又はサービスの顧客への移転と交換に企業が権利を得ることとなる対価の額を見積もる」こととされている（収益認識基準50）。収益認識基準は，変動対価について，原則的にIFRS第15号の考え方に沿った会計処理を規定している。

法人税基本通達が採用する収益認識基準と同様ないし近接した処理を網羅的に紹介することは差し控えるが，次にみるようないくつかの取扱いにも大きな影響を与えている(9)。

2　キャッシュバック等の処理

収益認識基準は，相手方に支払われるキャッシュバック等の対価は，相手方から受領する別個の財またはサービスと交換に支払われるものである場合を除き，取引価格から減額することとしている。すなわち，①財またはサービスの移転に対する収益を認識する日と，②企業が対価を支払う日のいずれか遅い日の時点で，収益を減額することとしている（収益認識基準63，64）。相手方に支払われるキャッシュバック等の対価を販売費として処理をしてきたとしても，新しい基準では，費用計上をするのではなく，直接収益から減額する処理を行うことが要請されている。例えば，収益100，販売費10という処理については，収益認識基準は収益を90（100－10）として計上することを求めているのである。

かような企業会計処理の変更に対して，法人税法上の処理はこれと同様の取扱いとすることとしている。すなわち，法人税基本通達2－1－1の16は次のように示達している。

法人税基本通達2－1－1の16《相手方に支払われる対価》

資産の販売等に係る契約において，いわゆるキャッシュバックのように相手方に対価が支払われることが条件となっている場合（損金不算入費用等に該当しない場合に限る。）には，次に掲げる日のうちいずれか遅い日の属する事業年度においてその対価の額に相当する金額を当該事業年度の収益の額から減額する。

(1)　その支払う対価に関連する資産の販売等に係る法第22条の2第1項《収益の額》に規定する日又は同条第2項に規定する近接する日

(2)　その対価を支払う日又はその支払を約する日

もっとも，抽選券付販売および金品引換券付販売の対象から上記のキャッシュバック等に該当する取引を除くこととし，キャッシュバック等以外のこれらの販売については，従来どおり，販売費，一般管理費等として費用処理する取扱いが今後も継続されることになる。さすれば，かかるキャッシュバック等以外のものについては，法人税法22条3項2号にいう「費用」となるため，債務確定基準の適用を受けるものの，上記キャッシュバック等については，債務確定基準の適用から外れて，収益の直接の減額項目となるのである。なお，経過的取扱いとして，従来どおり，キャッシュバック等を支払った日の費用処理も認めることとしており（経過的取扱い(3)），経過期間が過ぎるまでは，債務確定基準の適用を受けるものの，その後は債務確定基準の適用を受けることがなくなるということになる。

さて，かような処理については，上記に論じてきた確定概念による恣意性排除論や認識確実性論の立場からいかに考えるべきなのであろうか。この点，キャッシュバック等という費用がその支払により認識された日か，あるいは，先にかかるキャッシュバック等の支払がなされている場合として，財またはサービスの移転があった日に処理するのか，いずれにしても，キャッシュバック等の支払が行われている必要がある。そのように考えると，債務確定基準にいう債務の確定は認められるであろうから，恣意的な処理がなされる余地は少ないし，支払額は確定されているから認識確実性論の立場からも問題はないというべきであろう。費用勘定の計上を経由せずに収益からダイレクトに減額することとしているとしても，債務確定基準が要請するような確定テストを経たときと同様の適正性は担保されているとみるべきであろう。

3　発行ポイントに関する法人税基本通達の取扱い

企業会計基準委員会が発表した企業会計基準適用指針第30号「収益認識に関する会計基準の適用指針」の48項「追加の財又はサービスを取得するオプションの付与」は，「顧客との契約において，既存の契約に加えて追加の財又はサービスを取得するオプションを顧客に付与する場合には，そのオプションが，当該契約を締結しなければ顧客が受け取れない重要な権利を顧客に提供するときにのみ，当該オプションから履行義務が生じる。」とし，「この場合には，将来の財又はサービスが移転する時，あるいは当該オプションが消滅する時に収益を認識する。」としている。ここに「重要な権利を顧客に提供する場合」とは，「例えば，追加の財又はサービスを取得するオプションにより，顧客が属する地域や市場における通常の値引きの範囲を超える値引きを顧客に提供する場合」をいう。

かかる処理は，これまで次のようなポイント引当金繰入処理に係る会計処理をしていた点について，新たな処理を要請するものである。

例えば，商品10,000の売上に対して，自社で利用されるポイント1,000を付与したとしよう（ここでは消化率を100％とする。）。

【これまでの会計処理】

（借）	現　　　金	10,000	（貸）	収　　　益	10,000
（借）	ポイント引当金繰入額	1,000	（貸）	ポイント引当金	1,000

収益認識基準は，かような処理を次のように処理すべきとするのである。

【収益認識基準による会計処理】

（借）	現　　　金	10,000	（貸）	収　　　益	(※1)9,090
			（貸）	契 約 負 債	(※2)910

（※1）10,000×10,000/（10,000＋1,000）
（※2）10,000×1,000/（10,000＋1,000）

さて，法人税法に係る課税実務上の取扱いはいかなるものであろうか。

法人税基本通達2－1－1の7《ポイント等を付与した場合の収益の計上の単位》

法人が資産の販売等に伴いいわゆるポイント又はクーポンその他これらに類するもの（以下…「ポイント等」という。）で，将来の資産の販売等に際して，相手方からの呈示があった場合には，その呈示のあった単位数等と交換に，その将来の資産の販売等に係る資産又は役務について，値引きして，又は無償により，販売若しくは譲渡又は提供をすることとなるもの（当該法人以外の者が運営するものを除く。以下…「自己発行ポイント等」という。）を相手方に付与する場合（不特定多数の者に付与する場合に限る。）において，次に掲げる要件の全てに該当するときは，継続適用を条件として，当該自己発行ポイント等について当初の資産の販売等（以下…「当初資産の販売等」という。）とは別の取引に係る収入の一部又は全部の前受けとすることができる。
(1)　その付与した自己発行ポイント等が当初資産の販売等の契約を締結しなければ相手方が受け取れない重要な権利を与えるものであること。
(2)　その付与した自己発行ポイント等が発行年度ごとに区分して管理されていること。
以下略

4　債務確定基準とポイント処理

法人税基本通達2－1－1の7の処理は，一定の条件のもとで収益認識基準に基づく会計上の処理と同様のものとするという態度であるとみることができよう。ポイント引当金繰入額を計上する処理たる費用計上処理に代えて，直接，収益から減額しようとする収益認識基準の考え方になぞらえた法人税法上の処理であるが，そもそも，法人税法は，前述のとおり，法定引当金以外の引当金の繰入れを認めておらず，債務確定基準に従って，かかる繰入額については費用として認識することを否定してきたのである。そうであるにもかかわらず，今回，収益認識基準に従った会計処理に法人税法上の処理を合わせようとすることにいかなる意味があるのであろうか。すなわち，ポイント引当金についてはその繰入額として本来会計上は「費用」としての性質を有しているにもかかわらず，債務確定基準の観点から繰入額の損金算入が許容されていなかったところであるが，一定の要件を充足した場合には，収益から減額することとされたのである。これを債務確定基準のテストを受けることなく実質的な意味において，費用計上と同様の取扱いが許容されたものと理解すべきであろうかという疑問が惹起される。

そこで，同通達の示す一定の要件についての考察が求められるところ，同要件は以下のすべてを充足することが要請されているのである。

①　その付与した自己発行ポイント等が当初資産の販売等の契約を締結しなければ相手方が受け取れない重要な権利を与えるものであること。
②　その付与した自己発行ポイント等が発行年度ごとに区分して管理されていること。
③　法人がその付与した自己発行ポイント等に関する権利につきその有効期限を経過したこと，規約その他の契約で定める違反事項に相手方が抵触したことその他の当該法人の責に帰さないやむを得ない事情があること以外の理由により

一方的に失わせることができないことが規約その他の契約において明らかにされていること。

④　次のいずれかの要件を満たすこと。

イ　その付与した自己発行ポイント等の呈示があった場合に値引き等をする金額（以下…「ポイント等相当額」という。）が明らかにされており，かつ，将来の資産の販売等に際して，たとえ1ポイントまたは1枚のクーポンの呈示があっても値引き等をすることとされていること。

ロ　その付与した自己発行ポイント等が当該法人以外の者が運営するポイント等または自ら運営する他の自己発行ポイント等で，イに該当するものと所定の交換比率により交換できることとされていること。

☑　一定単位数等に達しないと値引き等の対象にならないもの，割引券（将来の資産の販売等の対価の額の一定割合を割り引くことを約する証票をいう。）およびいわゆるスタンプカードのようなものは上記イの要件を満たす自己発行ポイント等には該当しない。

☑　当該自己発行ポイント等の付与について別の取引に係る収入の一部または全部の前受けとする場合には，当初資産の販売等に際して支払を受ける対価の額を，当初資産の販売等に係る引渡し時の価額等（その販売もしくは譲渡をした資産の引渡しの時における価額またはその提供をした役務につき通常得べき対価の額に相当する金額をいう。）と，当該自己発行ポイント等に係るポイント等相当額とに合理的に割り振る。

これら①ないし④の要件を概観すると，これらはいずれも自己発行ポイントの発行が取引相手方に対する「重要な権利」の付与を意味するという点で注目すべき要件であると思われる。もっとも，通達において法律要件を設けることは租税法律主義に明らかに反することから，これらが課税要件ではないのは当然であり，あくまでも，法人税法22条4項ないし22条の2の規定の解釈問題であるが，仮に，収益認識基準がこれらの条項にいう「一般に公正妥当と認められる会計処理の基準」であるとするならば，ここに示されている①ないし④はいかなる意味を有するのであろうか。①ないし④は，収益認識基準に示されたポイント等を付与した場合の会計処理の条件なのであろうか。そうではないはずである。されば，①ないし④の示すところの意味が必ずしも判然としないように思われる。

そのような疑問は残るが，①ないし④の事項はいずれも，「収益認識に関する会計基準の適用指針」にいう「重要な権利」であることの事実認定上の判断要素であると位置付けることができそうである。すなわち，これらの要素を充足するようなものが，かかる適用指針にいう「重要な権利」を意味するものの判断基準として意義を有するのであるとすれば，これらが示すところは，付与したポイントに係る債務が消滅したり，あるいは不履行となったりする可能性を排除する項目であるとみることが可能であろう。これらのいずれの要件をも充足するということは，実質的にみて債務が履行されるであろうことを，換言すればその蓋然性を基礎付ける事情となり得よう。

このように考えると，法人税基本通達２－１－１の７が示す「要件」をすべて充足するようなポイント制度に基づき付与されたポイントについては，相当の確度で権利行使されるといい得ることからすれば，法人税法が依拠する「確実」性を担保することができるものと整理することができそうである。

これは見方を変えれば，債務確定基準が要請する債務確定といわば同程度の蓋然性を通達が示す事実認定論において充足しようとするものであって，不安定な引当金の計上と同様の意味を収益認識基準の導入とともになし崩し的に認めようとするような，不安定なものではないと評価することができるのではなかろうか。

もっとも，各論において，上記①ないし④で，債務確定基準に匹敵するような「重要な債権」（発行体からみれば「重要な債務」）につき，確定概念と同様の意味を付与することが本当に妥当であるか否かについては，今後の実務上の検証などを経て深慮ある検討がなされるべきであって，この段階において，かかる通達の示す①ないし④で十分であるかどうかについての評価をするにはいささか実証的視角からの素材が乏しいといわざるを得ないが，差し当たり上記のような性格付けを国税庁が企図したのではないかと読み取れるように思われるのである。

5　小　括

ここでは，法人税法が採用する債務確定基準における「確定」テストにつき，これまで同法が採用してこなかったポイント引当金等を素材に検討を加えた。

収益認識基準の影響を受けた今日の法人税法は，債務確定基準とは別のかたちでの「確定」テストを解釈論たる通達内部に持ち込んでいるように思われる。そこでは「確定」テストが個々の解釈論の中に潜水してしまって，「確定」テストの「見えない化」が展開され始めていることを看取することができるのである。

収益認識基準の法人税法への影響にはさまざまなものがあるが，かような新たな「確定」テストの持ち込みという意味での影響もあったという点を指摘しておきたい。

●注

(1) 令和元年12月12日付け日本経済新聞「マイナンバー，ポイント付与に2458億円20年度予算案」参照。

(2) この点について，泉絢也「法人税法における債務確定主義（債務確定基準）—債務確定の判断基準を中心として—」国士舘法研論集16号51頁（2015年）も参照。

(3) 武田隆二教授は，債務の成立は，債権の成立と表裏一体の関係にあると考えられるが，その要件としては，第一に給付が適法かつ社会的に妥当なものであること，第二に給付が実現可能なものであること，第三に給付の内容が確定し得べきものであることを要するとされる（武田『法人税法精説〔平成15年版〕』103頁（森山書店・2003年））。

(4) 例えば，後述の大阪地裁昭和48年8月27日判決のほか，秋田地裁昭和61年5月23日判決（税資152号169頁），横浜地裁平成5年7月12日判決（税資198号125頁），東京高裁平成6年3月24日判決（税資200号1121頁），最高裁平成7年6月20日第三小法廷判決（税資209号1048頁）なども参照。

(5) 私見としては，引当金が制限されていることの根拠は，法人税法22条3項にいう「別段の定め」に求めるべきであると考えている。すなわち，法人税法52条および53条が貸倒引当金および返品調整引当金についてのみ「別段の定め」を設けていると解するのではなく，同法は，「別段の定め」として引当金制度を設けていると解する立場である。すなわち，法人税法が「別段の定め」として，企業会計とは異なる引当金制度を独自に設けており，その引当金制度において，貸倒引当金と返品調整引当金のみを認めていると考えるのである。したがって，同法52条ないし53条以外の引当金が，同法22条3項において改めて損金算入されるべきか否かについて考えるまでもなく，そのようなルートは存在しないと考えるのである。

この点はすでに酒井・プログレッシブⅡ193頁において示したところでもあるため，返品調整引当金について，既述の論脈とは異なる点から述べてみよう。同引当金は，原価に関する引当金である。この点，返品が合理的に見積もられる出版業などにおいて，これまでは，国税庁ホームページに従えば，例えば，次のような仕訳がなされてきた。

【返品権付き販売の仕訳例（現行）】

（貸）	現　　　金	20,000	（借）	収　　　益	20,000
	売 上 原 価	12,000		商　　　品	12,000
	返品調整引当金繰入	160		返品調整引当金	160

上記のような処理がなされてきたところであるが，ここで判然とするとおり，返品調整引当金とは，売上原価に関する引当金として国税庁では整理してきたのである。すなわち，法人税法に従えば，同法22条3項1号の「原価の額」に係る引当金だということになる。

さて，有力説は，引当金について，債務確定基準が働くとしているのであるが，売上原価に対応する引当金については，同基準が法人税法22条3項2号の「費用」についての規定であることからすれば，かかる基準が「原価」にも及ぶのか疑問を挟む余地もあろう。もっとも，債務確定基準が法人税法22条3項2号に規定されていることにこだわらず，原価や損失についても適用される基準であるとの立論も成り立ち得るかもしれないが，この点については疑問である。文理解釈からもこれまでの過去の裁判例や課税実務上の取扱いからみても，債務確定基準は費用についてのみ適用されると解するべきであるから，上記の原価性引当金や損失性引当金については債務確定基準によって排除されているとみるべきではないのである（課税実務においては，売上原価の見積計上を認めており（法基通2－2－1），債務確定基準は，費用についてのみ適用されると解される。最高裁平成16年10月29日第二小法廷判決（刑集58巻7号697頁）は，当期終了の日において，被告会社が近い将来に費用を支出することが相当程度の確実性をもって見込まれており，かつ，同日の現況によりその金額を適正に見積もることが可能であったとみることができるような事情にある場合には，当該事業年度終了の日までに当該費用に係る債務が確定していないときであっても，見積金額を法人税法22条3項1号にいう「当該事業年度の収益に係る売上原価」の額として，当該事業年度の損金の額に算入することができると解するのが相当であるとしている。また，損失に債務確定基準が適用されることに対しては否定的な見解が多い。例えば，中里実「貸倒損失―時価主義の下の資産評価」税研104号45頁（2002年），谷口・税法395頁）。

もっとも，本章において，この点についての私見を前面的に主張することはしない。あくまでも，ここでは有力説に立つとした場合の論理展開に終始したものである。

(6)　もっとも，有力説においても，柔軟な態度を示すものもある。例えば，金子宏教授は，「債務として確定していない費用は，その発生の見込みとその金額が明確でないため，これを費用に算入することを認めると，所得金額の計算が不正確になり，また所得の金額が不当に減少するおそれがある」という債務確定基準の趣旨に反しない限り，「債務の確定」の意義は，いくらかゆるやかに解釈しても差し支えないと考えるべきと論じられる（金子・租税法368頁）。

(7)　岡村忠生教授も課税の公平の立場から説明される（岡村・法人税法183頁）。

(8)　判例評釈として，綿引万里子・平成5年度最高裁判所判例解説〔民事篇〕〔下〕991頁（1996年），清永敬次・民商111巻1号145頁（1994年），酒巻俊雄・平成5年度重要判例解説〔ジュリ臨増〕104頁（1994年），石倉文雄・ジュリ1054号121頁（1994年），川端康之・判時1512号216頁（1995年），野田博・租税判例百選〔第4版〕126頁（2005年），小塚真啓・租税判例百選〔第5版〕120頁（2011年），神山弘行・租税判例百選〔第6版〕122頁（2016年），弥永真生・会計・監査ジャーナル29巻8号63頁（2017年），酒井克彦・税務事例45巻7号64頁，8号63頁（2013年）など参照。

(9)　収益認識基準が法人税法上の解釈に与える影響については，酒井・プログレッシブⅢ167頁からの130頁にわたる議論を参照されたい。

損金経理要件と株式評価

はじめに

近年，いわゆる事業承継税制（☞**事業承継税制**とは）の要件緩和等にみられるように，我が国の中小企業の存続をめぐる動きが著しい。平成28年時点において，我が国の企業約359万社のうち中小企業は99.7％を占めており（中小企業庁「中小企業白書〔2019年度版〕」33頁），その業種等もきわめて多様である中，次の世代へと事業承継を試みる企業もあれば，M&Aなどを通じて生き残りを模索する企業も多いであろう。

☞**事業承継税制**とは，一定の要件を満たした事業承継について，贈与税・相続税の納税を猶予あるいは免除する制度をいう（措法70の７の５，70の７の６など）。要件として，中小企業における経営の承継の円滑化に関する法律（円滑化法）に規定する認定を受けることのほか，特例経営承継受贈者（後継者）について，年齢が20歳以上であること，当該承継会社の代表権を有していること，当該承継会社の総議決権の100分の50を超える株式を有することなどが求められ，そのほかにも特例贈与者（先代経営者）についての要件や，当該承継会社において事業実態が認められることなどの要件がある。

それらの局面で，株式評価（企業評価）は最も重要な事項の１つといえよう。他方で，そうであるにもかかわらず，多くの場合，中小企業の株式については市場における取引が存在しないことから（取引相場のない株式），適正な評価額の算定が困難なケースが多い。そのような背景のもと，我が国においては，国税庁の発遣する財産評価基本通達に示される株式評価の方法に準じて株式の価額を算定することが一般的であると思われる（事業承継等をめぐる租税法上の論点については，酒井・事業承継税制２～４章参照)。

さて，株式評価にあたっては，かかる会社の決算書類（財務諸表）が基礎となるところ，有価証券報告書の提出が義務付けられているような大規模な会社は別として，我が国の中小企業の多くは，いわゆる税法ベースで決算書類を作成していることがほとんどであるといってもよい。これは，第２章でも触れたとおり，税務当局との軋轢を避けるため，いくつかの会計処理が存在する場面において，通達に示された取扱いを採用する会社が多いことや（これがいわゆる通達の「逆基準性」の問題を生み出していることはすでに第２章で指摘したとおりである。)，ディスクロージャー（☞**ディスクロージャーとは**）の観点よりも，確定申告を前提とした決算書類を用意することの方が実務的であるといったことに起因するものであろう。

> ☞**ディスクロージャーとは**，広義には情報開示のことを指すが，一般的には企業情報開示を求める会社法・金融商品取引法上の制度を指すことが多い。金融商品取引にあっては取引の対象となり得る多くの有価証券の中から投資対象を選択するために，情報開示が特別に重要な地位を占めている（高橋和之ほか『法律学小辞典〔第５版〕』946頁（有斐閣・2016年))。

本章では，かような税法ベースで作られた決算書類を基礎として，株式評価をすることの是非を考えてみたい。すでに確認してきたとおり，法人税法は多くの局面で損金経理要件を設けているところであるが，損金経理をしているか否かということが，果たして株式評価にいかなる影響を及ぼすのであろうか。あるいは，法人税法において認められていない引当金の存在が，株式評価に影響を与えることはあり得るのであろうか。かような問題点は，いわば法人税法と相続税法が絡み合ったところに生まれる疑問であるともいえるが，本章では，相続税法の視角から，このあたりのことを論じることとしたい。

2　議論の前提と問題関心

1　相続税法上における「時価」

相続税法上の資産の価格は同法上に「特別の定め」のない限り「時価」によることとされている（相法22)。この「時価」とは，客観的交換価値と解されている（金子・租税法714頁)。

最高裁平成22年7月16日第二小法廷判決（集民234号263頁）[(1)]は，「相続税法22条は，贈与等により取得した財産の価額を当該財産の取得の時における時価によるとするが，ここにいう時価とは当該財産の客観的な交換価値をいうものと解され，本件法人の出資についても，この観点からその価額が評価されるべきである。」とする。このような判断は，多くの裁判例が採用するところである[(2)]。

では，ここにいう「客観的な交換価値」とはいかなるものを指すのであろうか。この点，例えば，東京地裁平成7年7月20日判決（行集46巻6号701頁）[(3)]は，「相続税法22条は，相続，遺贈又は贈与に因り取得した財産の価額は，特別に定める場合を除き，当該財産の取得の時における時価による旨を規定している。ところで，同条に規定される時価とは，課税時期において，それぞれの財産の現況に応じ，不特定多数の当事者間で自由な取引が行われた場合に通常成立する価額をいうものと解するのが相当である」とし，同法22条の時価について，「財産の現況に応じ，不特定多数の当事者間で自由な取引が行われた場合に通常成立する価額」と判示している。ここにいう「財産の現況に応じ，不特定多数の当事者間で自由な取引が行われた場合に通常成立する価額」は上記の客観的交換価値を指すものと理解されているのであろうか。

この点，例えば，東京地裁昭和53年4月17日判決（行集29巻4号538頁）は，「右規定〔筆者注：相続税法22条〕にいう時価とは，当該財産の客観的交換価値，すなわちそれぞれの財産の現況に応じ，不特定多数の当事者間で自由な取引が行なわれる場合に通常成立すると認められる価額（評価通達1⑵参照）をいうものと解するのが相当である。」としている[(4)]。このように，客観的交換価値をそれぞれの財産の現況に応じ，不特定多数の当事者間で自由な取引が行われた場合に通常成立する価額とする考えは，学説の採用するところでもある（金子・租税法714頁）。

また，財産評価基本通達1⑵《時価の意義》が「財産の価額は，時価によるものとし，時価とは，課税時期…において，それぞれの財産の現況に応じ，不特定多数の当事者間で自由な取引が行われる場合に通常成立すると認められる価額をいい，その価額は，この通達の定めによって評価した価額による。」とするとおり，実務においても同様の考え方が採用されている。

さて，例えば，株式の評価額を考えるにあたって，公開されている株式であればその評価はそれほど難しいものではなさそうであるが，取引相場のない非公開の株式については，その価額を確定することが難しいことが多い。そこで，財産評価基本通達は，取引相場のない株式の評価について，会社の規模に応じた評価方法を定めており，実務的には同通達を踏まえた評価がなされている。

本書は評価に関する専門書ではないので，この辺りについて誤解を恐れずにおおざっぱに説明すると，規模の大きい会社の株式については，同業他社の株式評価との比較で評価額を算出しようとする「類似業種比準方式」が採用されており，規模の小さい会社については，その会社の資産や負債を時価で算定して評価額を算出する「純資産価額方式」が採用される。もっとも，多くの例外があるが，その例外的取扱いや細かい取決めについては割愛するとしよう。

さて，小規模な会社の株式評価をめぐっては，対象株式について市場における取引が見当たらないことが多く，客観的交換価値を探ることには一定の困難が伴うことから，財産評価基本通達は純資産価額方式の採用をうたっているところであるが，かような評価方法には合理性があるのであろうか。

この点，大阪地裁昭和40年3月20日判決（行集16巻3号378頁）[(5)]は，次のように述べてその合理性を肯定している。

「株式の価値形式の本質的要因を会社の持つ収益力と資産価値に求めるならばそれは配当率と純資産価格とから割出して考える方向に向わなければならなくなる。そして一般的にいって，上場株式の売買，譲渡等は，単純にその株式の持つ有価証券性に重きを置いてなされる（そのことがまた，前記株式価値の本質的決定要因を離れて一般情勢を価格形式要因に抱き込む原因ともなり，またその様にして価格が形成されることが有価証券としての流通性を促進していることにもなるが）のに対し，非上場株式のそれらは，とくに小会社となればなる程，株式の会社資産についての持分としての性格の面に重きを置き，その持分の譲渡という色彩が強くなってくる（株式譲渡の当事者にその様な意識が濃くなる）とみることができるのであろう。そのようにみてくると，前記本件評価通達186項但書が規模の低い評価会社の株式については純資産価格をもって評価の基準としていることにも相当の理由があると考えられ〔る。〕」

このように，同地裁は，評価の基準として純資産価額方式を用いることにつき「相当の理由」があるとしている[(6)]。

さらに踏み込んで，名古屋地裁昭和51年5月19日判決（行集27巻5号682頁）[(7)]は，次のように述べて，同方式には「合理性」があるとしている。

> 「個人企業と実質においてほとんど変りない小会社の株式は会社の資産に対する持分的性格が濃く，その評価は，これを相続財産として評価する場合，個人の事業主について相続開始があった場合にその有していた一切の事業財産が相続税課税評価の対象となることとの権衡も考慮して，相続開始時における一株当りの純資産価額によって評価するいわゆる純資産価額方式によって評価することは合理性を有するものであるということができる。」

もっとも，このように純資産価額方式による株式評価に一定の合理性が認められるとしても(8)，そこには多くの問題が山積していると思われる。その1つが，はじめに触れた引当金計上の問題である。すなわち，対象となる会社の株式評価にあたって，当該会社が計上している（あるいは計上していない）引当金を考慮する必要があるのかという問題である。そもそも，そこには，かかる引当金が法人税法上認められた引当金であるか否かが考慮の対象となるかという問題と，引当金に係る損金経理をめぐる問題がある。法人税法上認められた引当金であったとしても，引当金の計上にあたっては損金経理要件が付されていることから，経理処理において損金経理をしなかった場合には，いかに法人税法においてかかる引当金が認められていたとしても，その計上が許されないことになる。すなわち，法人税法上の損金経理をしたか，していなかったかの違いが，当該会社の評価に影響を及ぼすことになるのかどうかという問題に接続する。

2　問題関心

取引相場のない株式を評価するにあたって純資産価額方式を採用すべきケースにおいて，当該対象会社において未確定な退職給与金相当額を法人の債務として控除計算することの当否が争われた事例である第一審東京地裁昭和53年9月28日判決（行集29巻9号1813頁）(9)及び控訴審東京高裁昭和55年9月18日判決（行集31巻9号1902頁）(10)がある。

この事件では，X（原告・控訴人）ら相続人が取得した相続財産のうち，有限会社S社の出資の評価が争われた。S社の出資の評価は，相続開始時における総資産価額から同時期における負債額を控除した純資産価額をもって評価するいわゆる純資産価額方式を採用すべきものであるところ，会社が退職給与引当金として計上していなかった，将来従業員に支給されるべき退職金相当額を，控除すべき負債額とすべきか否かが主な争点である。なお，当時は，退職給与引当金についても損金経理等の一定の要件を充足すれば，かかる繰入額の損金算入が認められていた。

この事件において，東京高裁は次のように説示する。

「相続財産の価額から控除できる『確実と認められる債務』（相続税法14条１項）といい得るためには，法人の各事業年度の所得金額の計算に当り当該事業年度の損金の額に算入することのできる『確定した債務』（法人税法22条３項２号）についていわれているごとく，『当該事業年度終了の日までに，当該費用にかかる債務が成立し，その債務に基づいて具体的な給付をすべき原因となる事実が発生し，その金額を合理的に算定することができるものであることが必要である』（法人税基本通達－昭和44年５月１日付直審（法）25－２－１－５参照。）と解するのが相当である。しかるに，本件退職金相当額は，…具体的な給付をなすべき原因となる退職という事実が発生しておらず，したがってまた，退職金額算定の諸条件も未定であって，金額を合理的に算定することができないものであるから，S社の出資の価額から控除し得る債務ではないといわざるを得ない。」

「Xは，相続財産たる株式等の評価に関する負債金額の計算については，法人の各事業年度の所得金額の計算に関する法人税法の規定等を適用すべきでない旨主張するが，課税標準の計算に関する税法の規定は，租税公平負担の実現を期せんとする法意に出たものであること，Y主張のとおりであるから，相続税の課税標準の計算に関する相続税法の規定の解釈については，別段の定めがある場合を除き，法人税の課税標準の計算に関する法人税法の規定や公定解釈等を参酌し得ることは当然である。」

「『退職給与引当金』なるものは，退職金の将来の支出に引き当てることを目途とし，退職金支払義務が具体的に確定する以前の事業年度において算出された金額であるが，それが法人税法22条３項２号にいう『当該事業年度終了の日までに確定した債務』に該当しないことは明らかであるから，これを損金に算入することは，本来ならば許されないはずである（法人税法22条３項参照）。ところが，法人税法55条は，…退職金部分の特質にかんがみ，また，これを負債性引当金として費用計上すべきであるという企業会計理論をも斟酌して，…この各事業年度に対応する退職金部分を，法人所得の期間計算上，特に，『退職給与引当金』としてその負債性を認め，…当該法人が所定の退職給与規定（同法施行令105条参照。）を定め，かつ，その確定した決算において費用又は損金として経理するいわゆる損金経理によって退職給与引当金勘定を設けている場合に限り，…損金に算入することを許すこととしたのである。それ故，本条は，X主張のごとく，『退職給与引当金』が本来的に確定債務であることを承認したものではなく，むしろ，Y主張のごとく，『退職給与引当金』が本来確定した債務ではないが，前叙のごとき理由から，敢えて一定の条件と限度のもとにその損金算入を認めたものであつて，同法22条３項にいう『別段の定め』に該当するものというべきである。」

上記東京高裁の判示について注目すべきは，相続税法の解釈に，法人税法の規定が及ぼす影響についての考え方であると考える。

すなわち，同高裁は，相続税法14条１項のいう相続財産の価額から控除できる「確実と認められる債務」とは，法人税法における債務確定基準と同様の判断基準を採用するのが相当であるとし，本件退職金相当額は，債務が確定しているとはいえないことから，相続税法14条1項のいう「確実と認められる債務」には該当しないとしている。ここでは，債務確定基準の解釈として法人税基本通達の示す3つの判断基準（現行法人税基本通達2－2－12の❶債務成立要件，❷具体的給付原因事実発生要件，❸合理的算定可能要件について，第3章参照）を挙げているが，これは，相続税法14条1項の「確定」概念と，法人税法上の「確定」概念を同一，あるいは近しい概念として捉えているのであろう。東京高裁のかような姿勢は，同高裁が「相続税の課税標準の計算に関する相続税法の規定の解釈については，別段の定めがある場合を除き，法人税の課税標準の計算に関する法人税法の規定や公定解釈等を参酌し得ることは当然である。」としているところにも見て取れる。

また，退職給与引当金については，未確定の債務であるためその繰入額は原則として損金に算入することは許されない（法法22③）としつつも，損金経理等の一定の要件のもとで，退職給与引当金勘定を設けている場合に限り損金に算入することを許すこととして「別段の定め」を設けた法人税法の規定を確認しているが，これは，法人税法上のルールによって計上された引当金は，相続税法14条1項の「確実と認められる債務」に該当するとの理解につながっている。裏を返せば，本件退職金相当額のように，法人税法のルールに従って引当金を計上していないようなものは，相続税法において，相続財産の価額から控除できる「確実と認められる債務」には該当しないということを意味しよう。また，この文脈からすると，法人税法上認められていない引当金についても同様，仮にその引当金が計上されていたとしても，相続税法上の「確実と認められる債務」には該当しないという理解になるのであろう。

さて，このような東京高裁の判示について，果たして，疑問を挟む余地はないのであろうか。筆者はかつて，同判決に関し，法人税法上の引当金繰入れの問題とその発生が不確定な退職金債務を企業価値評価に影響させることとは本質的に異なる議論ではないかとの疑問を呈したことがある[11]。そもそも，相続税法の概念理解や解釈について，法人税法の解釈を参酌することを当然といい得るのかという大きな疑問もあるが，本章ではもう少し議論の焦点を絞り，法人税法上の引当金が相続税法上の評価にいかなる影響を及ぼすと解すべきかを検討してみたい。さらにいえば，引当金計上要件の1つである損金経理要件が相続税法上の評価に及ぼす影響といってもよい。

この事件においては，当時，法人税法において退職給与引当金の計上が認められていたにもかかわらずその計上がなされていなかったものであるが，仮に法のルールに則ってその計上がなされていたのであれば，結論はどうであったであろうか。上記東京高裁の説示を見るに，適切に計上されていたのであれば，相続税法においても控除の対象となっていたものと解される。すなわち，法人税法上の定めに拠っているか否かが，相続税法上の評価を左右するということになろう。

ところで，財産評価基本通達１《評価の原則》(3)は，「財産の評価」について，「財産の評価に当たっては，その財産の価額に影響を及ぼすべきすべての事情を考慮する。」とするが，「すべての事情を考慮する」としている点と，引当金計上，あるいはその前提としての損金経理の有無はどのような関係にあると考えるべきであろうか。以下，検討を続けよう。

3　財産評価に影響を及ぼすべきすべての事情

1　取引相場のない株式評価と相続税法14条

上記東京高裁は，相続税法14条１項を引用して，「控除すべき債務は，『確実と認められるもの』に限ることとなっている（同法14条１項参照）。」と判示している。同条は，同法13条《債務控除》１項の，「…当該相続又は遺贈により取得した財産については，課税価格に算入すべき価額は，当該財産の価額から次に掲げるものの金額のうちその者の負担に属する部分の金額を控除した金額による。」との規定を受けたものであって，あくまでも，「被相続人の債務で相続開始の際現に存するもの」（１号）や「被相続人に係る葬式費用」（２号）とするように，被相続人の債務等が「確実と認められるもの」でなければならないとする条項である。

それが，純資産価額方式における株式評価の場面においていかなる意味を有するのであろうか。株式という資産の評価にあたっては，前述のとおり，財産評価基本通達１(3)が「その財産の価額に影響を及ぼすべきすべての事情」を考慮すべきとするように，不確実な情報であっても，評価に織り込むべきなのではなかろうか（渋谷雅弘・租税判例百選〔第3版〕110頁（1992年））。

これに対して，そもそも，相続税法は被相続人の固有債務についてさえ，「確実と認められるもの」として制約条件を付しているのであって，積極財産の評価要素であるような引当金についてはいわんやなおさらであり，かかる債務は確定されているものと解するのは当然であるとしたうえで，個人事業者であっても，債務の確定したものしか控除されないこととの平仄を考えると，純資産価額方式は個人事業者的な評価を行うものであるから，小規模法人についても個人事業者と同様の取扱いがなされるべきとの主張もあるところである（小松芳明・ジュリ759号158頁（1982年）参照）。

すなわち，個人事業者において適用される相続税法14条1項の考え方は，小規模法人の株式の評価にも適用されるというのである。

しかしながら，この見解には無理があるといわざるを得ない。けだし，このように説明するのであれば，法定引当金として計上されていれば控除が許されるとの結論と齟齬を来たすうえ，そもそも，前述のとおり，評価の原則に反することになるし，株式評価ひいては法人評価と被相続人の債務控除は局面が異なることを看過したものといわざるを得ないからである。これについては，法定引当金として計上されていれば控除が許されるとの当時の通達上の取扱いは，いわば政策的な取扱いであるとの反論があり得るが，かような見解は，法令の規定によることなく通達によってのみ政策的な取扱いを認めるとする点で妥当ではなかろう。仮に，通達限りで政策的な取扱いを行うことが許容されるとするのであれば，租税法律主義違反との誹りも免れ得ない（渋谷・前掲稿111頁）。

また，法人税法上の処理の原則とされるものに従う必要性についても疑問なしとはしない。そもそも，なぜ，法人税法上の「別段の定め」のルールが相続財産である株式の評価に影響を及ぼすのか。また，法人税法上の債務確定基準が同法に特有のルールであるにもかかわらず，なぜ，相続財産の評価に影響を及ぼすのかという点が必ずしも判然としない。

2　類似事例の検討

類似事例として，取引相場のない会社の株式を相続財産として評価するためにかかる会社の純資産価額を算定する場合において，相続開始後の株主総会決議に基づき支給した被相続人に対する退職手当金は，同社の負債として取り扱うのが相当であるとされた事例がある。

名古屋地裁昭和60年２月25日判決（行集36巻２号237頁）[12]は，以下のように説示する。

> 「取引相場のない株式の一株当たりの純資産価額を算定するには，評価会社の純資産価額判定時期（すなわち課税時期）における総資産価額から同時期における各負債の合計額を控除した金額を発行済株式総数で除してこれを算出することは当然であり，また，右計算をなすに当たり評価会社が亡Ｂを被保険者とする生命保険契約に基づき，亡Ｂの死亡に伴い取得した生命保険金が評価会社の総資産価額の計算上資産となるものであることは明らかである…。」
>
> 「一方，役員の死亡に伴い株主総会の決議により支給が決定された退職手当金は，相続開始当時はその支給が未確定であるところから本来は相続開始時における被相続人の相続財産の範囲には含まれないのであるが，実質上，相続によって財産を取得したのと同視すべき関係にあるので，相続税法３条１項２号は，被相続人の死亡により相続人その他の者が当該被相続人に支給されるべきであった退職手当金等で被相続人の死亡後３年以内に支給が確定したものの支給を受けた場合においては，右退職手当金等は相続人が相続により取得したものとみなす旨定めている（いわゆる，みなす相続財産）。したがって，右退職手当金等は，相続財産として課税されるのであるが，他方，右退職手当金等を，課税時期に債務が確定していないという理由で，評価会社の純資産価額の計算上負債として取り扱わないとすれば，実質上の二重課税を生ずる結果となることなどから，右退職手当金等は，評価会社の一株当たりの純資産価額の計算上は負債として取扱うのが相当である（評価通達188の⑹の（注１）参照）。」

ここでは，退職手当金が負債として扱われたうえで，同社の株式の評価が判定されるべきとしているのである。

そのロジックの幹は，「実質上の二重課税を生ずる結果」を回避することにあるようにも思われる。しかしながら，そもそも，二重課税を生ずる結果となる場合，そのような事態を招来する原因となる処理が許容されないとする実定法上の根拠規定は存在するのであろうか。ここにいう排除されるべき「二重課税」，さらには「実質上の二重課税」の意味するところは必ずしも判然としないため，かかる「実質上の二重課税」の射程範囲は明らかでないが，タックス・オン・タックスは租税法律関係の多くの領域において現実に生じているし，立法論として排除されることが好ましいという議論はあり得ても，それを排除する規定がない限り，実定法の解釈適用上，その点を考慮する必要性については議論の余地があろう。例えば，二重処罰の禁止（憲39）のように憲法が要請するところであれば格別，そのような憲法上の要請もないのである。

☑　例えば，いわゆる年金二重課税訴訟において，最高裁平成22年７月６日第三小法廷判決（民集64巻５号1277頁）は，経済的二重課税を排除することが所得税法上の要請であるかのように論じているが，これは，同法９条《非課税所得》１項16号の規定の解釈の問題である。この点については，酒井克彦「みなし相続財産としての年金受給権に基づいて取得した年金への所得課税―最高裁平成22年７月６日第三小法廷判決を素材として―(上)(中)(下－１)(下－２)」税務事例42巻９号１頁，10号９頁，11号１頁，12号８頁（2010年）も参照。

☑　なお，財産評価に及ぼすすべての事項を考慮に入れたものであるから，実質的な二重課税の排除も考慮要素に当たるとする立論は，あまりにも不自然であるし，上記判決がそのような趣旨で論じているのではないであろうから，かような議論は検討から外すこととする。

その点は措くとしても，ここでは，「債務が確定」していることについて，上記の実質上の二重課税を排除するという観点に拘泥するあまり，十分な議論がなされていないように思われるのである。

4　客観的交換価値

1　具体的な価格決定方法

具体的な客観的交換価値をどのように認定すべきかという問題には必ずしも明確な解が用意されているわけではない。

株式価値の評価方法は，大別して，①インカム・アプローチ（収益方式），②マーケット・アプローチ（比準方式），③ネットアセット・アプローチ（純資産方式）の３つに分かれる[13]。

①インカム・アプローチとは，評価対象会社から期待される利益ないしキャッシュフローに基づいて株式価値を評価する方法であり，②マーケット・アプローチとは類似する会社，事業ないし取引事例と比較して相対的な株式価値を評価する方法であり，③ネットアセット・アプローチは主として貸借対照表上の純資産に着目して株式価値を評価する方法である。インカム・アプローチおよびマーケット・アプローチが継続企業を前提とした評価手法であるのに対し，ネットアセット・アプローチは継続企業の前提に疑義がある会社等の株式価値の評価に採用されることが一般的であり，特に成長企業の場合，これを採用すると評価対象会社の持つ将来の収益獲得能力を適正に評価できず，過小評価につながる可能性がある。

それぞれのアプローチの中にも，複数の具体的評価方法があり，インカム・

アプローチとしてDCF法（Discount Cash Flow 法）[14]，配当還元法等が，マーケット・アプローチとして類似会社比準法，取引事例法，市場株価法等が存在する。

インカム・アプローチの配当還元法は，受取配当金のみを果実とする少数株主間の株式売買で用いられることがあるが，各企業独自の配当政策の影響を受けてしまうため，一般的には利用されない。マーケット・アプローチのうち，取引事例法は適当な過去の取引がある場合に限られ，市場株価法は上場会社に限られるため，類似会社比準法が一般的に利用されることが多い。

DCF法とは，将来の各事業年度の当該法人が生み出すフリーキャッシュフロー（FCF）を見積もり，各事業年度ごとに割り引いて求めた現在価値の総和を事業価値として求め，事業価値に非事業資産の価値を加算して企業価値を求め，企業価値から負債価値を控除して株式価値を算出する手法である。FCFの見積りは，通常，評価対象会社の事業計画をもとに行う。FCFは以下の式で算出される。

FCF＝みなし税引後営業利益＋減価償却費（損益計算書上は費用だがFCFにマイナスの影響はない。）－設備投資額（損益計算書上はマイナスの効果はないがFCFは減少する。）±運転資本（運転資本が増えればFCFは減り，運転資本が減ればFCFが増える。）

また，割引率としては，株主資本コスト（同様のリスクを持つ株式に投資したときに得られると期待されるリターン）と負債コストを，それぞれ株主資本価値と負債価値で加重平均した加重平均資本コスト（Weighted Average Cost of Capital：WACC）を用いる。ここで，株主資本コストは資本評価モデル（Capital Asset Pricing Model：CAPM）を用いて算出することが多い。DCF法は評価対象会社のFCFおよび要求される資本コストに基づき計算される点で本源的評価法であるとされているが，他方で評価結果が将来FCFの見通しにほぼ依存しており，評価結果の精緻さが将来FCFの見通しの精緻さに依存するという問題がある。そのため，例えば非上場会社では，財務諸表の信頼性が低く，事業計画もないことが多いことから，DCF法を適用するには，FCFの見積りにかなりの不確実性を伴うこともある。一般に非上場会社においては適用できる評価法が限定されるという場合も生ずる。

マーケット・アプローチのうち類似会社比準法は，事業内容，企業規模，収益状況などを参考に評価対象会社との比較に適当な上場会社を複数選択し，その純資産価額，純利益金額等の指標とこれらの上場会社の株式の市場価格との倍率（株価純資産倍率（Price Book-value Ratio：PBR）[15]，株価収益率（Price Earnings Ratio：PER）[16]等）を，評価対象会社の指標に乗じて，評価対象会社の株式価値を算出する方法であり，倍率法（マルチプル法）とも呼ばれる。

他方で，中小企業のM＆Aなどの企業価値算定実務においては，専門家等による評価を利用するとコスト倒れになることが多いことから，簡便な手法で企業価値を算定することがある。これは「企業評価額（株式時価総額）＝時価純資産額＋営業権」として算出する手法であり，企業の財政状態と収益性の両方を反映させた企業評価が可能となるといわれている。「営業権」の算出は，業種やビジネスモデルにより異なるが，およその目安として，役員報酬や交際費の過大分・過小分等修正後の税引後利益の３ないし５年分とする「年買法」と呼ばれる考え方がある。なお，何年分とするかは永続性や成長性を斟酌して決せられる。

いずれにしても，これらは，法人の客観的交換価値がいかなるものかを算定するための指標としての意味を市場に提供しているといえよう。もっとも，当該法人の評価として妥当とされるであろう算定方法が個々の事例ごとに検討される必要があることはいうまでもない。当然ながら，法人がいくらで売買されるかは，当該法人の個別の事情も斟酌されるであろうから，客観的交換価値を考えるにあたっては，当該法人が有する事情が考慮されることになる。市場における資産価値は，需要と供給の均衡点において決定されることになるから，買手側の法人価値に関する見立てと売手側のそれに対する見立てとが合致したところに価格は収斂されよう。

2　想定し得る個別事情の評価への影響

そこで，例えば，従業員の多くが定年間近の高齢者ばかりである法人についての評価を考えてみよう。当該法人の買手からすれば，かかる法人を購入したとたんに，多くの退職者に対して退職給与の支給をしなければならないことが予想されるところであるが，かような法人を購入する際に，高齢者ばかりで構成される法人であるという点が考慮されないはずはなかろう。

通常，取引されると想定され得る価額は，当該法人の積極財産としての価値と消極財産としての価値が織り込まれて決定されることになるはずであるが，そこに法人税法上の処理如何という問題が介在するのであろうか。上記の例であれば，高齢者ばかりで構成されている法人を購入する買手側からすれば，退職給与に係る内在的な消極財産の存在を無視することは決してできないと思われる。想定され得る近い将来の大量の退職者を抱えた法人の評価をするにあたって，退職給与引当金が法人税法上の損金に算入されるか否かが考慮されるのではなく，退職給与が発生するであろう点が考慮されるのであるから，法人税法上，退職給与引当金繰入額が損金算入されるか否かは，少なくとも法人（株式）の評価においては，参考以上の意味をなさないというべきではなかろうか。

このことは，法人税法が法定している引当金の範囲を縮小している点からも論じることができる。例えば，従来は退職給与引当金が認められていたが，これが認められないこととなった場合において，かかる税制改正前後で，法人自体には何らの業績の変動などがなかったとしても，法人税法改正による引当金の取扱いに変更があったというだけで，当該法人の発行する株式の評価額に変動が生じるものであろうか。

具体的にいえば，例えば，平成30年の法人税法改正において，返品調整引当金繰入額の損金算入が認められなくなったことは，仮に段階を経ながら廃止の措置が取られているとはいっても，出版業にとってはきわめて大きな痛手であろう。そのような意味では，同引当金が廃止されたことにより法人にとっては不利な状況になることから，そのことが株式評価にも悪い影響を与えて，株価が下がることも考えられよう。

ところが，法人税法上の取扱いを株式評価に影響させようとすると，自ずと実態から乖離するという矛盾が生ずる。なぜなら，法人税法上の引当金が計上されなくなるということは，逆に，同引当金の計上が認められなくなることを意味するから，法人株式の評価が上がってしまうことになるのである。これは実態から乖離した評価となることを意味するのであって，財産評価基本通達による評価方法が実態から乖離することを意味し，そこには，財産評価基本通達6《この通達の定めにより難い場合の評価》の議論が待ち構えているであろう（いわゆる総則6項（☞**総則6項**とは）。同通達をめぐる議論として，酒井克彦『通達のチェックポイント―相続税裁判事例精選20―』3頁（第一法規・2019年）参照）。

> ☞**総則6項**とは，財産評価基本通達6の呼称である。財産評価基本通達は画一的な評価方法を定めているわけであるが，評価対象資産の個々の事情によっては，かかる画一的な評価方法によって算定された評価額が，本来の客観的交換価値（時価）と大きく乖離することもあり得る。そこで，総則6項は，「この通達の定めによって評価することが著しく不適当と認められる財産の価額は，国税庁長官の指示を受けて評価する。」として，かような乖離が生じた場合の取扱いを定めているのである。

このように考えると，法人税法上認められた引当金の計上が法人の評価にいかなる影響を及ぼすのかという点については，同法上の処理を絶対的なものとみて法人の発行する株式の評価を行うべきとの考え方には疑問の余地もあるといわざるを得ないのである。

5　小　　括

財産評価基本通達が法人税法に規定されたルールに基づく貸借対照表等を基礎として純資産の評価等をルール化しているのは，それが便宜的であるがゆえのものであって，法人税法上の処理を絶対的な前提としているわけではないのであるから（そもそも，絶対的な評価方法は確立されていない。），法定引当金に係る処理がなされているかどうかに拘泥しなければならない理論的な根拠は乏しいのではなかろうか。

注

⑴　判例評釈として，平川雄士・ジュリ1413号58頁（2010年），品川芳宣・税研155号76頁（2011年），佐藤香織・税通66巻4号191頁（2011年），高橋祐介・民商144巻2号95頁（2011年），宮本十至子・速報判例解説10号〔法セ増刊〕203頁（2012年），長島弘・租税訴訟5号106頁（2012年），林隆一・税法575号307頁（2016年）など参照。

⑵　例えば，東京高裁平成27年12月17日判決（訟月62巻8号1404頁）。

⑶　この事件を扱った論稿として，水野忠恒・租税25号158頁（1997年），長谷川貢一・税務事例28巻7号22頁（1996年），池本征男＝酒井克彦『裁判例からみる相続税・贈与税〔3訂版〕』282頁（大蔵財務協会・2013年）など参照。

⑷　神戸地裁昭和53年12月13日判決（訟月25巻4号1148頁），名古屋地裁昭和63年4月25日判決（税資164号227頁）およびその控訴審名古屋高裁平成元年1月31日判決（税資169号219頁），山口地裁平成27年4月15日判決（税資265号順号12648）など参照。

⑸　判例評釈として，武田昌輔・税務事例8巻5号20頁（1976年），泉水一・税務事例7巻6号21頁（1975年），清永敬次・シュト53号2頁（1966年）など参照。

⑹　株券の奪取を原因とする損害額の算出に関する事例ではあるが，東京地裁昭和39年5月15日判決（下民集15巻5号1078頁）は，これと同様の考え方を採用している（前掲の大阪地裁昭和40年3月20日判決もその点を参考にしている（判例評釈として，三戸岡道志・ジュリ366号146頁（1967年），境一郎・判評73号18頁（1964年），福岡博之・証券・商品取引判例百選206頁（1968年）参照））。

⑺　控訴審名古屋高裁昭和53年12月21日判決（訟月25巻4号1188頁）においてもかかる説示が採用されている。

⑻　なお，ここでは，純資産価額方式がセカンドベストとして位置付けられていることに注意をしておきたい。

⑼　判例評釈として，高梨克彦・シュト206号1頁（1979年）など参照。

⑽　判例評釈として，武田昌輔・税弘30巻1号122頁（1982年），渋谷雅弘・租税判例百選〔第3版〕110頁（1992年），小松芳明・ジュリ759号157頁（1982年）など参照。

⑾　酒井克彦「取引相場のない株式評価と引当金計上」税務事例50巻4号13頁（2019年）参照。なお，そこでは，上場株式の例にみるような市場における客観的交換価値の形成過程を参酌して，取引相場のない株式についても同様の評価手法を採り入れようとし，かかる評価手法に一定の合理性が認められるとの判断のうえでの構成と理解することもできる旨も論じた。すなわち，事案としては，退職給与引当金が計上されてはいなかったものの，仮に引当金を計上していたとすれば，かかる引当金が貸借対照表価額に反映され，その貸借対照表価額による評価をもって企業評価とみる投資家の判断が市場を支配し，かかる判断によって，市場における企業価値が形成されるとすれば，それは客観的交換価値を評価したことになり得るとした。

そのように考えるとすれば，かような構成は，「財産の評価に当たっては，その財産の価額に影響を及ぼすべきすべての事情を考慮する。」とする財産評価基本通達1⑶にいう財産の評価の考え方に親和的であるともいえなくはない。やや不自然であることを承知のうえでも，このように考えないと，平成14年改正法人税法附則8条《退職給与引当金に関する経過措置》2項および3項の適用後の退職給与引当金勘定の金額に相当する金額については，対象会社の株式を評価する際の負債に算入してよいこととする財産評価基本通達186の説明がつかないように思えるのである。

財産評価基本通達186《純資産価額計算上の負債》

前項の課税時期における1株当たりの純資産価額（相続税評価額によって計算した金額）の計算を行う場合には，貸倒引当金，退職給与引当金（平成14年改正法人税法附則第8条《退職給与引当金に関する経過措置》第2項及び第3項の適用後の退職給与引当金勘定の金額に相当する金額を除く。），納税引当金その他の引当金及び準備金に相当する金額は負債に含まれないものとし，次に掲げる金額は負債に含まれることに留意する（次項及び186-3《評価会社が有する株式等の純資産価額の計算》において同じ。）。

⑴　課税時期の属する事業年度に係る法人税額，消費税額，事業税額，道府県民税額及び市町村民税額のうち，その事業年度開始の日から課税時期までの期間に対応する金額（課税時期において未払いのものに限る。）

⑵　課税時期以前に賦課期日のあった固定資産税の税額のうち，課税時期において未払いの金額

⑶　被相続人の死亡により，相続人その他の者に支給することが確定した退職手当金，功労金その他これらに準ずる給与の金額

迂遠であるか否かは措くとして，下記図表のような評価手法に合理性が認められれば，いわば―ある意味での諦念を念頭に置いたセカンドベストのものではあるが―客観的交換価値を模索しづら

い取引相場のない株式特有の評価手法として，一応の説明はつきそうである。

⑿　判例評釈として，武田昌輔・ジュリ882号128頁（1987年）など参照。

⒀　ここでの説明は，東京地裁平成28年８月３日判決（判例集未登載）による説明を参考にしている。

⒁　DCF 法による企業価値は，次の式で算出される

企業価値＝企業が生み出すフリーキャッシュフロー（FCF）の期待値を加重平均資本コスト（WACC）で割り引いた現在価値

⒂　PBR は次の式で算出される。

$$\text{PBR（株価純資産倍率）（倍）} = \frac{\text{株価}}{\text{1株当たり純資産（BPS）}}$$

⒃　PER は次の式で算出される。

$$\text{PER（株価収益率）} = \frac{\text{株価÷1株当たり当期純利益}}{\text{（株価×発行済株式数）÷（1株当たり当期純利益×発行済株式数）}}$$

これは，「時価総額÷当期純利益」を表したものでもある。

第2部

帳簿要件［記帳・保存］

損金経理要件と正規の簿記の原則

はじめに

法人税法は，いわゆる企業会計準拠主義を採用し，同法22条４項等において，「一般に公正妥当と認められる会計処理の基準」（以下「公正処理基準」という。）に従った，収益の額，原価の額，費用の額，損失の額の計算を行うこととしている。

ところで，ここにいう公正処理基準とは，いわゆる三層構造の理解のもと，商法ないし会社法を経由して，一般的には企業会計諸規則を指していると解されている。そこには，重要性の原則が包摂されていると思われるが，かかる原則が果たして法人税法上の課税標準を確定するための基準の１つといえるか否かについては議論のあるところである。私見としては，この点については消極的な立場を採っているものの（酒井・プログレッシブⅠ118頁），課税実務では，しばしば重要性の原則を公正処理基準の一部と解するかのような処理を，例えば法人税基本通達などにおいて示してきているのも事実である。

その１つの例に，いわゆる短期の前払費用の取扱いを示す法人税基本通達２－２－14がある（本章で素材とする事案にいう「本件通達(1)」である。以下「本件通達(1)」ともいう。）。

法人税基本通達２－２－14《短期の前払費用》
前払費用（一定の契約に基づき継続的に役務の提供を受けるために支出した費用のうち当該

事業年度終了の時においてまだ提供を受けていない役務に対応するものをいう。以下２－２－14において同じ。）の額は，当該事業年度の損金の額に算入されないのであるが，法人が，前払費用の額でその支払った日から１年以内に提供を受ける役務に係るものを支払った場合において，その支払った額に相当する金額を継続してその支払った日の属する事業年度の損金の額に算入しているときは，これを認める。

（注）例えば借入金を預金，有価証券等に運用する場合のその借入金に係る支払利子のように，収益の計上と対応させる必要があるものについては，後段の取扱いの適用はないものとする。

そこで，本章においては，重要性の原則が法人税法22条４項にいう公正処理基準に該当するか否かを論じるにあたって注目すべき事案である長崎地裁平成12年１月25日判決（税資246号192頁）を素材に，再検討を加えることとしたい。

2　素材とする事案

本件は，Ｘ（原告・控訴人・上告人）がした法人税の確定申告に対し，税務署長Ｙ（被告・被控訴人・被上告人）が更正および過少申告加算税の賦課決定をしたところ，Ｘがその取消しを求めた事案である。

1　事案の概要

Ｘは，浚渫（しゅんせつ）業（港湾・河川・運河などの底面を浚（さら）って土砂などを取り去る事業）を営む有限会社である。

Ｘは，平成８年６月１日，Ｏ建設株式会社との間で，傭船（ようせん）期間を同日から平成９年５月31日まで，傭船料（以下「本件傭船料」という。）を5,000万円（消費税を除く。）として，３艘の船舶（第一つしま号，第二あそう号，第三あそう号。まとめて「本件船舶」という。）を借り受ける裸傭船契約（船員の乗り組まない船のみを一定期間貸借する傭船契約（☞**傭船契約**とは）。以下「本件傭船契約」という。）を締結し，同８年６月17日，同契約に基づき，同社に対し，手形で5,000万円を支払った。

☞**傭船契約**とは，海上運送人である船主等が船腹の全部または一部を貸し切って，貨物や旅客を運送することを約し，船の借主（傭船者）がこれに報酬（傭船料）を支払うことを約する海上運送契約をいう。

Xは，平成8年8月28日，同7年7月1日から同8年6月30日までの事業年度（以下「平成7事業年度」という。）の法人税について，本件傭船料として支払った5,000万円全額を工事原価として損金の額に算入して確定申告をした。これに対し，Yはその5,000万円のうち416万6,667円のみを平成7事業年度の損金の額に算入することを認め，その余の4,583万3,333円を所得金額に加算するなどして更正するとともに，過少申告加算税の賦課決定をした。

2　争　　点

Xが本件傭船料として支払った5,000万円の全額を平成7事業年度の損金の額に算入することができるか否か。

3　当事者の主張

（1）　Yの主張

本件船舶のうち，第一つしま号は浚渫をするグラブ船（グラブバケットによって水底土砂をつかみ揚げ，泥倉または舷側の土運船に積載する浚渫船），第二あそう号および第三あそう号は浚渫した土砂類を運搬する土運船であって，いずれもXの本業のための傭船であるから，その傭船料はXの売上原価を構成する。

法人税法は，内国法人の各事業年度の所得の金額の計算方法として，当該事業年度の損金の額に算入すべき金額を，〈1〉当該事業年度の収益に係る売上原価，完成工事原価その他これらに準ずる原価の額（法法22③一），〈2〉収益に係る債務の確定した当該事業年度の販売費，一般管理費その他の費用の額（法法22③二），〈3〉当該事業年度の損失の額で資本等取引以外の取引に係るもの（法法22③三）と定めたうえ，〈1〉ないし〈3〉の額については公正処理基準に従って計算されるべき旨を規定している（法法22④）。そして，公正処理基準には，企業会計原則が含まれるところ，同原則によれば，〈1〉の売上原価等については，それが収益と個別に対応するものであるから，原則として収益との個別対応の原則（いわゆる費用収益対応の原則）が妥当し，〈2〉の一般管理費等については，販売直接費のように収益と個別に対応するものを除いては個別対応の認定が困難であることから，原則として相対対応の原則（いわゆる期間対応の原則）が妥当するものとされている。したがって，法人税法は，損金の帰属する事業年度につき，〈1〉の売上原価等のように収益と個別に対応させることができるものについては，当該事業年度の収益と個別に対応するものだけを当該事業年度の損金の額に算入するものとしている。

そうすると，売上原価は，法人税法22条3項1号によって，当該事業年度の収益に対応させて計上すべきであり，平成8年6月17日に本件傭船料としてXが支払った5,000万円についても，その傭船期間1年のうち平成7事業年度に含まれる1か月分に係る416万6,667円だけが同年度の原価として損金の額に算入され，かかる金額を超える4,583万3,333円は同年度の損金の額には算入されない。

本件通達(1)は，短期の前払費用（一定の契約に基づき継続的に役務の提供を受けるために支出した費用のうち当該事業年度終了の時においてまだ提供を受けていない役務に対応するもの）について，前段で前払費用の額は当該事業年度の損金の額に算入されない旨定めたうえ，後段で前払費用の額でその支払った日から1年以内に提供を受ける役務に係るものを支払った場合において，その支払った額に相当する金額を継続してその支払った日の属する事業年度の損金の額に算入しているときはその算入を認める旨定めている。これは，前払費用についても原則として費用収益対応の原則が妥当することを確認したうえで，一定の前払費用については例外的に期間対応で計上することを認めることにしたものであるが，同通達は，法人の会計処理が一定の計算基準を継続して適用していること，およびその計算基準を適用することに相当の理由があると認められ，かつ，課税上さしたる弊害がないと認められることを要件として前払費用の当該事業年度の損金の額への算入を認めていた，旧通達（昭和42年9月30日付け国税庁長官通達「特定の期間損益事項にかかる法人税の取扱いについて」）を受け継いだものであって，本件通達(1)の後段に係る前払費用の損金の額への算入についても旧通達の上記要件の充足を必要とすると考えられる。

この点，傭船期間を1年とする本件傭船契約は，平成7事業年度の終わり近くになって急に締結されたものであって，以前から継続的に行われてきたものではなく，1年分の傭船料を全額損金の額に算入するという会計処理も以前から継続的に行われてきたものではないうえ，本件傭船料の支払は本件傭船契約上は毎月末日締切，翌月10日決済の手形で行うものと定められており，平成7

事業年度に役務の提供を受ける分の支払は別として，それ以外はあえて平成7事業年度に支払う必要のなかったものである。しかも，Xは，本件傭船料に比べてはるかに少額である家賃等については前払費用を損金の額に算入せず，資産の部に計上しているのであって，このような処理は，はなはだ整合性を欠く恣意的かつ不合理なものである。さらに，Xの会計処理を認めた場合に，Xが平成7事業年度の法人税として納付すべき金額と更正処分の結果，同法人税として納付すべきこととされる金額との差額は1,904万2,500円にもなり，課税上さしたる弊害がないというには多額すぎる。

また，本件通達(1)が規定する短期の前払費用の処理は，企業会計上の重要性の原則に基づくものであって，同通達の適用を受ける前払費用に当たるか否かについては，それが重要性に乏しい支出か否かによって判断されるべきであるが，Xの財務内容に照らし，また，傭船料は浚渫業者にとって重要度の高い原価であることから考えても，本件傭船料の支出は重要性の乏しいものとはいえない。

したがって，本件傭船料について本件通達(1)の後段は適用されない。

（2）　Xの主張

公正処理基準は，企業会計処理において用いられている基準ないし慣行のうち，一般に公正妥当と認められないもの，すなわち法的な「事実たる慣習」や「商慣習」として法規範性が認められないものだけを否認し，原則としては企業の会計処理を認めるという基本方針を示したものである。また，この点についての立証責任は課税庁が負うべきであり，租税法解釈の基本的姿勢としては，「疑わしきは納税者の利益に」判断しなければならない。

ところで，費用収益対応の原則は，収益（売上高等）と費用（売上原価，販売費および一般管理費等）は，期間的に対応したものでなければならないというものであり，法人所得の計算についても妥当する。そして，費用収益の実質対応は，具体的には費用と収益との間に因果関係が存在することを意味するが，原因と結果との結び付きの緊密性にはかなりの程度の差異が見られ，結果としての収益に対し，売上原価等の必要・不可避で金額も比例する関係として認識できるものと，販売費や一般管理費の大部分等が必要・不可避であるが金額は比例しない関係のものとに大別される。このうち，販売費および一般管理費の多くは，経常的に発生するものについては期間収益に対応する期間費用として一般に処理されているが，このような扱いは便宜的なものである。かように便宜的な取扱いである以上，本件における前払費用の扱いも，売上原価であるという理由のみで処理するのは不正確であり，次期以降の収益と対応する部分を調査分析した処理が必要である。

本件の場合，Xがする港湾の浚渫は請負工事であり，かつ，事前に作業船を準備することが工事の発注の要件となっていたため，Xは工事受注以前に必要と見込まれる船舶を傭船する必要があった。その場合，格安になる年間契約を結ぶことは経済活動として当然のことであり，また，Xは次年度以降も同様の傭船契約を締結しており，この年の支出経費について恣意的な操作を加えたわけでもない。平成9年4月以降，本件船舶に係る収益（受注）はなかったが，傭船料は発生しているのであって，これは工事（役務）の履行のために直接要した費用ではないが，収益（受注）のためには不可欠な費用であって，どちらかといえば販売費および一般管理費の大部分に準ずる性質のものであって，収入に比例して生ずる原価（変動費）ではなく，期間対応すべき費用（固定費）である。

以上の事情を考慮すれば，Xの会計処理が公正処理基準に反しているということはできず，Xが傭船料として支払った5,000万円全額を平成7事業年度の損金の額に算入することができる。

1年分前払いの家賃は，本件通達(1)により，支払った事業年度の費用として処理することが認められているが，建物を賃借して商品を製造した場合の賃料支出と，浚渫のため船舶を賃借して事業活動に当たった場合の賃料支出は，経済的には同様の性質を有している。そして，本件傭船料の前払いは，期間が1年以内の短期であり，かつ，継続適用が担保されているから，重要性の原則の適用があるとしても前払分全額を平成7事業年度の損金の額に算入することが同原則を逸脱するものではない。

そもそも，重要性の原則が客観的な法的規範性を持つためには明確な適用基準が必要であるが，本件通達(1)には適用基準は何ら明示されておらず，課税庁の都合により通達の文言に記載してある以上の意味内容を加味して解釈するのは租税法律主義（課税要件明確主義）に反することにもなる。

したがって，本件については，本件通達(1)が適用されるべきであり，同通達の適用を否定することは公平負担の原則にも反する。

☑　本筋からは逸れるが，納税者は，租税法解釈の基本的姿勢として「疑わしきは納税者の利益に」判断すべしと主張している。刑事法の分野における「疑わしきは被告人の利益に」との法諺を，租税法解釈の場合において「疑わしきは納税者の利益に」との命題として置き換えることができるかについては議論がある。租税訴訟において，しばしば納税者側が主張するところであるが，通説は，租税法解釈の命題としては成り立ち得ないとする。この点，金子宏教授は，「意味内容が不分明で見解が分かれている規定がある場合に，その意味内容を明らかにすることこそ，法の解釈の作用であり，法を適用する者の任務であって，規定の意味内容が不分明で疑わしい場合があるという理由で解釈を中止するのは，その義務を放棄することにほかならない。」とし，租税法の解釈原理としては成り立たないとされる（金子・租税法125頁）。もっとも，課税要件事実の認定場面においては，「疑わしきは納税者の利益に」との命題は成立し得ると解すべきであろう（金子・租税法125頁）。

判決の要旨

1　長崎地裁平成12年1月25日判決

第一審長崎地裁は次のように説示している。

「一1　Xは浚渫業を主たる業とする法人であるところ，本件船舶のうち，第一つしま号は浚渫をするグラブ船，第二あそう号及び第三あそう号は浚渫した土砂類を運搬する土砂船であって…，いずれもXの本業のための傭船であり，Xはこれは利用して収益をあげている…。したがって，本件傭船料は，法人税法22条3項1号の売上原価等にあたるものであって，同項2号の販売費・一般管理費等には該当しない。Xは，本件傭船料は販売費や一般管理費に準ずるものであると主張するが，Xの本業が傭船による浚渫業であることに照らし，採用できない。そして，企業会計上，右の売上原価等については，収益と個別的に対応させる，いわゆる費用収益対応の原則がとられ，右原則によって帰属事業年度が決定されている…。右のような会計処理は，公正処理基準にあたるものと解され，これを参酌すると，法人税法22条3項1号は，売上原価等については，当該事業年度の収益と個別に対応するものだけを当該事業年度の損金の額に算入することとしているものと解される。

2　これを本件に適用すると，本件傭船料は，…平成8年6月1日から同9年5月31日までの1年間の傭船に係る料金であるところ，そのうち，平成8年6月30日を年度末とする平成7事業年度の収益に対応する費用は，平成8年6月1日から同月30日までの1か月間の傭船に係る傭船料であることは明らかであり，同年7月1日以降の傭船に係る傭船料はこれに対応しない。そして，本件傭船料は，本件船舶の利用状況にかかわらず，本件傭船契約の契約期間（1年間）を基礎に定められているから，平成8年6月1日から同月30日までの傭船に係る傭船料も，12か月の月割計算で算定することが相当であり，その金額は，本件傭船料5000万円の12分の1の416万6667円であって，これが，平成7事業年度の損金の額に算入すべき金額となる。」

「二　本件通達⑴の後段の適用について

まず，本件通達⑴の後段は，前段で確認された前払費用への費用収益対応の原則の適用の例外をなすものであり，その例外を認める根拠は，税務においても重要性の原則（…企業会計原則注解1に規定され，『重要性の乏しいものについては，本来の厳密な会計処理によらないで他の簡便な方法によることも正規の簿記の原則に従った処理として認められる。』とするものである。なお，同原則は，税務処理上『課税上さしたる弊害がないと認められる。』と表現されている。）に基づく会計処理を認めたところにあるものと考えられる。したがって，同原則から逸脱しない限度でその適用が認められるべきところ，前払費用に係る税務処理が重要性の原則で認められた範囲を逸脱していないかどうかの判断にあたっては，前払費用の金額だけでなく，当該法人の財務内容に占める割合や影響等も含めて総合的に考慮する必要がある。このような重要性の原則は企業会計上明らかなことであって，本件通達⑴中にその判断基準が明示されていないからといって，課税要件明確主義に反するとはいえない。

本件において，本件傭船料中の前払費用相当分は4583万3333円（5000万円から前記損金算入分を控除した残額）と多額である上…，Xの財務内容に占める割合や影響も大であって，前払いした5000万円全額を平成7事業年度の費用として計上し，同年度の損金の額に算入することは，重要性の原則で認められる範囲から逸脱するものであり，許されない。」

「加えて，本件通達⑴の後段は，継続した同様の会計処理を要件としているが，Xは，平成7事業年度以前には，同年度のように傭船料を前払いしてこれを支出の日の属する事業年度の損金の額に算入する会計処理は行っていなかった…のであって，右継続性の要件も満たさない。

したがって，本件傭船料に本件通達⑴の後段を適用して全額を損金の額に算入することは認められない。」

2　福岡高裁平成12年12月15日判決

控訴審福岡高裁平成12年12月15日判決（税資249号1133頁）は次のように説示し，第一審の判断を維持している。

「この点について，Xは，浚渫業を営む大手業者の間では傭船料を一括前払いすることが頻繁に行われ，傭船料全額を支出した日の属する事業年度の損金として会計処理されており，また，傭船料は原価を構成するものとしても収益がなくても発生する固定費というべきものであり，これについては費用収益対応の原則は緩やかに解釈されるべきであるから，本件傭船料全額を平成7事業年度の損金の額に算入すべきである旨主張する。

しかし，X主張の浚渫業界における会計処理が直ちに公正処理基準に従ったものとはいえないのみならず，むしろ公正処理基準の中核をなすものと認められる企業会計原則…によれば，売上原価等は収益と個別に対応するものとされており，本件傭船料が売上原価等を構成する以上，費用と収益を個別に対応させるべきである。そして，本件傭船料については，一定期間の収益に対応する原価としてその額を明確に算出できるものであるところ，Xは収益を平成8年6月1日から同月30日までの1か月分しか計上していないのであるから，傭船料についてもそれに対応する1か月分を損金の額に算入するのは当然というべきである。

よって，Xの主張は採用できない。」

☑　なお，本件は，上記判断を不服としたXが上告したが，最高裁平成13年6月8日第二小法廷決定（税資250号順号8918）により上告棄却・不受理とされ確定している。

検　討

1　重要性の原則と公正処理基準

企業会計における重要性の原則が法人税法上の公正処理基準たり得るかについては見解が分かれるかもしれない。課税実務では，重要性の原則は公正処理基準の一部を構成していると解されているように思われる。

企業会計原則・注解

［注1］　重要性の原則の適用について（一般原則二，四及び貸借対照表原則一）

企業会計は，定められた会計処理の方法に従って正確な計算を行うべきものであるが，企業会計が目的とするところは，企業の財務内容を明らかにし，企業の状況に関する利害関係者の判断を誤らせないようにすることにあるから，重要性の乏しいものについては，本来の厳密な会計処理によらないで他の簡便な方法によることも正規の簿記の原則に従った処理として認められる。

重要性の原則は，財務諸表の表示に関しても適用される。

重要性の原則の適用例としては，次のようなものがある。

⑴　消耗品，消耗工具器具備品その他の貯蔵品等のうち，重要性の乏しいものについては，その買入時又は払出時に費用として処理する方法を採用することができる。

⑵　前払費用，未収収益，未払費用及び前受収益のうち，重要性の乏しいものについては，経過勘定項目として処理しないことができる。

⑶　引当金のうち，重要性の乏しいものについては，これを計上しないことができる。

⑷　たな卸資産の取得原価に含められる引取費用，関税，買入事務費，移管費，保管費等の付随費用のうち，重要性の乏しいものについては，取得原価に算入しないことができる。

⑸　分割返済の定めのある長期の債権又は債務のうち，期限が1年以内に到来するもので重要性の乏しいものについては，固定資産又は固定負債として表示することができる。

この点，武田昌輔教授は，「重要性の原則は，もともと実務上から自然発生的に生まれたものであるから，実践会計としては税務会計においては古くから存した」とされる（武田『新講税務会計通論〔最新版〕』37頁（森山書店・1995年））。

他方で，重要性の原則の考え方は法人税法の趣旨に合致するのかという問題がある。

法人税法をはじめとする所得課税法の場合，担税力のある所得に課税すべく法で課税要件を設け，当該課税要件を充足すれば，それをもって当然に課税効果としての納税義務が発生することになるが，租税法律主義の要請である合法性の原則により，法に定められた課税要件を充足する以上，課税庁は法の根拠なくしてかかる納税義務を免除したり軽減したりすることは許されない。租税法は厳密な納税額の算定に重きを置くことで，課税の公平を実現しているのであって，たとえその金額が少額であれ，課税庁が自由な裁量でそれを変更することは到底許されるべきではないといえよう。

もちろん，租税法においても一定の範囲で少額省略の考え方が用いられている場面がないわけではない。例えば，課税標準を計算する場合において1,000円未満の端数があるときはこれを切り捨てることとされているし（通法118①），国税の確定金額に100円未満の端数がある場合などもこれを切り捨てることとされている（通法119）。

確かに，このように租税法においても少額省略を採用する取扱いはあるが，これらはいずれも法定された取扱いであるということを見過ごしてはならない。すなわち，課税の公平を害さないと解される範囲で法が特別に認めた少額省略であって，自由裁量による重要性判断の結果で課税標準や税額を変更できるということでは決してない。したがって，いかに少額のものであっても，原則として租税法律主義のもとでその省略は許容されていないのである。

かように，租税法の解釈・適用に関する厳格性を考えれば，重要性の原則を法人税法22条4項にいう公正処理基準として認めてよいのか疑問を抱かざるを得ない。

なお，法人税法はあくまで商法・会社法に準拠するのであるから，そもそも，商法・会社法が，企業会計上の重要性の原則を「一般に公正妥当と認められる会計の慣行」（商19，会社431）として認めていないのであれば，法人税法も会計上のそれに準拠することはない。この点について，主として商法・会社法の目的は債権者保護であって，企業会計と大きくかけ離れた趣旨にあるわけではないから，いずれにせよ企業の利害関係者の保護を目的とするという観点に立てば，重要性の原則がその埒外にあるとは考え難いようにも思われる。

仮に，重要性の原則が商法・会社法上認められるとした場合，同原則はやはり法人税法22条4項の公正処理基準として認められることになるのであろうか。上記のとおり，租税法の本来の趣旨にかんがみると，重要性の原則が法人税法上の計算原理として働くことに強い不安を覚えるのである。すなわち，課税の公平を脅かすことになりはしないかという懸念である。

2　重要性の原則について論じられた事例

大阪地裁平成20年2月1日判決（税資258号10883）[(1)]の事例において，原告は，原告の行った経理処理が，企業会計原則上の重要性の原則により正規の簿記に従った処理と認められるべきである旨の主張をした。

これについて，同地裁は次のように論じた。

「いわゆる重要性の原則とは，『企業会計が目的とするところは，企業の財務内容を明らかにし，企業の状況に関する利害関係者の判断を誤らせないようにすることにあるから，重要性の乏しいものについては，本来の厳密な会計処理によらないで他の簡便な方法によることも正規の簿記の原則に従った処理として認められる。』というものであり，その例として，〈1〉消耗品その他の貯蔵品等のうち重要性の乏しいものについて，その買入時又は払出時に費用として処理すること，〈2〉前払費用，未収収益，未払費用及び前受収益のうち重要性の乏しいものは経過勘定項目として処理しないこと，〈3〉引当金のうち重要性の乏しいものは計上しないこと，〈4〉たな卸資産の取得原価に含められる引取費用，関税等の付随費用のうち重要性の乏しいものについて，取得原価に算入しないこと，並びに〈5〉分割返済の定めのある長期の債権又は債務のうち期限が1年以内に到来するもので重要性の乏しいものについて，固定資産又は固定負債として表示すること，が挙げられていること，重要性の原則の趣旨は，厳密な会計処理の原則及び手続並びに表示の方法を適用するための費用とその結果から得られる情報の便益とを比較して，前者が後者を上回る場合には，簡便な会計処理方法及び手続並びに表示の方法を採用してもよいとする点にあること，重要性が乏しいか否かは，当該企業の採用した会計方針が情報利用者の意思決定に影響を及ぼすか否かによって判断されるのが通常であり，金額及び表示の両面について意思決定に及ぼす影響が低いものについては重要性が乏しいと判断されること，が認められる。」

このように論じて，その論拠については必ずしも明確に論じていないものの，法人税法上の処理としての妥当性を肯定している。

その上で，次のように説示する。

「しかるところ，…本件見舞金未計上額は，…金額的に些少であったとまでは認められない。しかも，…事故見舞金が支給された競争馬を繁殖牝馬に転用する場合，事故見舞金を益金に算入し，繁殖時期である3月から6月に種付けをし，9月末日に獣医によって受胎確認がされた後に初めてこれを繁殖牝馬に用途変更した上，用途変更前は競争馬として，用途変更後は繁殖牝馬としてそれぞれ減価償却を行うというのが正規の経理処理であると認められるところ，いかに本社所在地（大阪府）と繁殖場所（北海道又は米国）とが物理的に離れているとはいえ，上記のような手順を踏むことによって増える事務量が具体的にいかほどのものかについては証拠上必ずしも明らかではなく，かえって，甲会長の供述によれば，同人は経理担当の丙から，多少手間でも上記のような正規の経理処理を行う方がよいのではないかとの旨の進言まで受けていたというのである（原告代表者）。そうであるとすれば，本件見舞金未計上額を益金に算入せず，競争馬の帳簿価額から直接減価することが上記のような意味で重要性に乏しかったものと解することは困難である。

> のみならず，前記のとおり，減価償却費の損金への算入については，内部取引について法人としての意思決定を明確にするとの観点から損金経理が要求されているところ，そもそも，損金経理のこのような趣旨からすれば，情報利用者の意思決定にとって重要ではないとの理由のみによってこれを省略することは認められないというべきである。
> したがって，本件経理処理について，これを重要性の原則に適合したものと解することもできない。」

このように論じて，本件経理処理につき重要性の原則の適用を認めるべきではないとして，納税者の採用した処理を排斥したのである(2)。もっとも，上記判決が，必ずしも重要性の原則の観点からのみ本件処理を否定しているかというと，そのようには見受けられない面もある。すなわち，大阪地裁は，「減価償却費の損金への算入については，内部取引について法人としての意思決定を明確にするとの観点から損金経理が要求されているところ，そもそも，損金経理のこのような趣旨からすれば，情報利用者の意思決定にとって重要ではないとの理由のみによってこれを省略することは認められないというべきである。」とも述べている。この点，損金経理要件を付すことで「内部取引について法人としての意思決定を明確にする」ことを法人税法上の要請とすれば，「利用者の意思決定」は企業会計上の要請ということになろう。上記判決はこれらを比較したところで，「情報利用者の意思決定にとって重要ではないとの理由のみによってこれを省略することは認められない」としていることからすると，企業会計的視角のみならず，法人税法固有の要請を加味して判断を下したものとも解される。

いずれにせよ，大阪地裁判決は，重要性の原則について上記のとおり詳細に触れているところであるが，その法的根拠は必ずしも明らかにはされていない。したがって，判決のロジックは明らかではないものの，法人税法22条４項にいう公正処理基準につき商法19条ないし会社法431条を経由して，企業会計原則等の会計諸規則が法規範として導入されるとするいわゆる三層構造の考え方がその理論構成の背後にあると考えるのが一般的であるように思われる。

3　法人税基本通達２－２－14の沿革

ところで，法人税基本通達２－２－14の沿革について，少し触れておくこととしよう。

法人税基本通達２－２－14では，前払費用のうち「その支払った日から１年以内に提供を受ける役務に係るもの」を，いわゆる短期の前払費用とし，これについては，その支払った時点で損金算入することを認めている。これは，前述の企業会計上の重要性の原則に基づく前払費用の簡便な経理処理を税務上も容認しようとするものであり，次にみるとおり，そもそもは昭和42年の旧期間損益通達の一項目として定められたのがそのルーツである。

法人税基本通達２－２－14の本文の部分は，昭和55年５月の法人税基本通達の第２次改正において新設された。ただし，それ以前においても，この種の取扱いがなかったわけではなく，すでに昭和42年９月30日付け調査４－９ほか個別通達「特定の期間損益事項に係る法人税の取扱いについて」（以下「旧期間損益通達」という。）の１の(2)において法人税基本通達２－２－14の本文後段と同旨のかたちで一定の前払費用に関する損金算入の取扱いが定められていた。これについては，いわば行政的にも安定した計算基準となっていたとする見解もある（渡辺淑夫「税法における短期の前払費用の取扱いをめぐる一考察」経理知識68号57頁（1989年））。

もっとも，旧期間損益通達では，この支出ベースによる短期の前払費用の処理について，その計算基準を認める条件として一種の確認手続（いわゆるアグリーメント方式）を要求していたため（これは，それ以外の特定の期間損益事項についても同様であったが），その手続をめぐってとかくトラブルが絶えなかったようである。そこで，昭和55年５月の通達改正において旧期間損益通達を廃止し，これに定められていた各種の取扱いに所要の整備を加えたうえで基本通達に吸収することとした際，短期の前払費用の処理についても法人税基本通達２－２－14が定められ，同時に確認手続を要しないこととされたのである（この辺りの沿革については，渡辺・前掲稿57頁以下に大幅に拠っている。）。

☑　なお，本件通達(1)の制定時には注書きがなかったが，近年における，いわゆる企業財テクの活発化に伴い，借入金による財務運用についてまで本件通達(1)の取扱いをそのまま適用する事例が散見されるようになり，課税上の弊害が目立ったので，昭和61年12月の通達改正に際して注書きが追加され，その適正化が図られた。その際，貸付金利子等の収益計上について，いわゆる利払期基準を認めている法人税基本通達２－１－24《貸付金利子等の帰属の時期》についても改正が加えられ，借入金による貸付金，預貯金，有価証券等の運用で，支払利子と収入利子とがひも付きの見合関係にあるものについては，収入利子の計上について利払期基準の適用を認めず，原則的な発生基準による収益計上を要求することがより鮮明にされた（同稿57頁）。

企業会計上，重要性の原則が適用される前払費用について，短期のものに限定されていないことを考えると，ここにみる法人税基本通達の取扱いの方が，同原則の適用については，「より厳格になっている」とする見解もあるが（渡辺・前掲稿57頁），そのことのゆえをもって，そもそも法人税法で適用されるべきではない重要性の原則の適用を肯定する論拠とはなり得ない。

しかしながら，例えば，武田昌輔教授が，「公正処理基準は，実践的なものであることが要請されるから，重要性の原則，特に計算経済性は十分に配慮されなければならない。」とされるように（武田「一般に公正妥当と認められる会計処理の基準」税大論叢3号171頁（1970年）），同原則が法人税法上の規範たり得るとする考え方は学説においても展開されており，実務的にも根強く定着しているのではなかろうか。

4　重要性の原則の課税実務における展開

これは，法人税基本通達のみならず，消費税法上の解釈論においても，所得税法上の解釈論においても顔を出している点からも論じ得る。

例えば，消費税法基本通達11－3－8は，次のように仕入税額控除該当性を認めている。

消費税法基本通達11－3－8《短期前払費用》

前払費用（一定の契約に基づき継続的に役務の提供を受けるために支出した課税仕入れに係る支払対価のうち当該課税期間の末日においていまだ提供を受けていない役務に対応するものをいう。）につき所基通37－30の2又は法基通2－2－14《短期前払費用》の取扱いの適用を受けている場合は，当該前払費用に係る課税仕入れは，その支出した日の属する課税期間において行ったものとして取り扱う。

また，所得税基本通達37－30の2は次のように通達している。

所得税基本通達37－30の2《短期の前払費用》

前払費用（一定の契約に基づき継続的に役務の提供を受けるために支出した費用のうちその年12月31日においてまだ提供を受けていない役務に対応するものをいう。以下この項において同じ。）の額はその年分の必要経費に算入されないのであるが，その者が，前払費用の額でその支払った日から1年以内に提供を受ける役務に係るものを支払った場合において，その支払った額に相当する金額を継続してその支払った日の属する年分の必要経費に算入しているときは，これを認める。

これらの通達の取扱いをみると，法人税法と同様，重要性の原則の取扱いが，消費税法や所得税法においても採り入れられているようである。

しかしながら，ここで素朴な疑問が惹起される。法人税基本通達2－2－14における取扱いが，仮に，法人税法22条4項を経由した重要性の原則の適用によるものであると説明し得たとしても，消費税法や所得税法には，法人税法22条4項のような「一般に公正妥当と認められる会計処理の基準」に従うべき旨を規定する実定法上の根拠規定がないのである。そうであるとすれば，仮に，法人税法においては公正処理基準に従った処理として同原則を許容し得たとしても，消費税法や所得税法における同様の取扱いをどのように説明し得るのかという点での疑問が浮上する。

これらの取扱いとの整合性をも念頭に置くと，法人税法22条4項を前提とした議論の妥当性につき不安も残る。そこで，ごく簡単にこの点についても触れておくこととしよう（詳細は，酒井・プログレッシブⅠ第5章参照）。

5　正規の簿記の原則による説明

（1）　東京地裁平成24年10月9日判決

法人税法22条4項が採用する公正処理基準には，企業会計上の「正規の簿記の原則」が含まれ得ると思われるところ，同原則を経由すれば重要性の原則が法人税法上の規範となり得る余地があろう（酒井・プログレッシブⅠ118頁）。重要性の原則の適用は，正規の簿記の原則の適用の文脈で肯定され得る余地があるという立論である。

それは，例えば，東京地裁平成24年10月9日判決（訟月59巻12号3182頁）[(3)]の次の説示に見て取れる。

> 「企業会計上の前払費用の取扱いについてみると，前払費用とは，一定の契約に従い，継続して役務の提供を受ける場合に，いまだ提供されていない役務に対し支払われた対価をいい，このような役務に対する対価は，時間の経過とともに次期以降の費用となるものであるから，これを当期の損益計算から除去するとともに貸借対照表の資産の部に計上しなければならないとされている（企業会計原則注解の［注5］経過勘定項目について（1））が，その一方で，企業会計が目的とするところは，企業の財務内容を明らかにし，企業の状況に関する利害関係者の判断を誤らせないようにすることにあるから，重要性の乏しいものについては，本来の厳密な会計処理によらないで他の簡便な方法によることも，正規の簿記の原則に従った処理として認められ（重要性の原則），この重要性の原則の適用例として，前払費用，未収収益，未払費用及

び前受収益のうち重要性の乏しいものについては，経過勘定項目として処理しないことができるとされている（企業会計原則注解の［注１］重要性の原則の適用について（２））のであって，企業会計上の取扱いでは，前払費用のうち重要性の乏しいものについては，その支払の日が属する会計年度の費用とすることが許されているということができる。」

このように，重要性の原則が正規の簿記の原則に従った処理であることからすれば，正規の簿記の原則さえ法人税法上の原則といい得るのであれば，重要性の原則も同法上の原則として肯定されることになると思われる。

この点，上記東京地裁は次のように説明する。

「税法上の前払費用の取扱いについてみると，法人税法22条３項２号の規定によれば，償却費以外の当該事業年度の販売費，一般管理費その他の費用で当該事業年度の終了の日までに債務の確定しないものの額は，当該事業年度の所得の金額の計算上，損金の額に算入されないが，その一方で，法人税基本通達２－２－14《短期の前払費用》…は，上記企業会計原則注解の［注１］と同様の立場から，前払費用（一定の契約に基づいて継続的に役務の提供を受けるために支出した費用のうち当該事業年度の終了の時においていまだ提供を受けていない役務に対応するものをいう。）の額は，当該事業年度の損金の額に算入されないものの，法人が，前払費用の額でその支払った日から１年以内に提供を受ける役務に係るものを支払った場合において，その支払った額に相当する金額を継続してその支払った日の属する事業年度の損金の額に算入しているときは，これを認めるとしているのであって，税法上の取扱いでは，短期の前払費用については，期間対応による繰延経理をすることなく，その支払の日が属する事業年度の所得の金額の計算上，損金の額に算入することが許されているということができる。」[(4)]

これは，法人税法22条４項の公正処理基準たる正規の簿記の原則を経由して，重要性の原則の適用が肯定されるという構成であると思われる。

（２）　所得税法上の重要性の原則

法人税法22条４項にいう公正処理基準から直接，重要性の原則を認めるという構成を採用するのではなく，いったん公正処理基準として正規の簿記の原則の適用を認め，そこから重要性の原則を肯定することにいかなる意味があるのであろうか。

それは，所得税法における重要性の原則の適否論に影響がある。

すなわち，所得税法施行規則57条は，次のように財務諸表の作成を規定している。

所得税法施行規則57条《取引の記録等》
青色申告者は，青色申告書を提出することができる年分の不動産所得の金額，事業所得の金額及び山林所得の金額が正確に計算できるように次の各号に掲げる資産，負債及び資本に影響を及ぼす一切の取引（以下この節において「取引」という。）を正規の簿記の原則に従い，整然と，かつ，明りょうに記録し，その記録に基づき，貸借対照表及び損益計算書を作成しなければならない。

このようにして，以下のものにつき「正規の簿記の原則」に従った記録が求められているのである。

①　不動産所得……その不動産所得を生ずべき所得税法26条《不動産所得》１項に規定する不動産等の貸付けに係る資産，負債及び資本（１号）
②　事業所得……その事業所得を生ずべき事業に係る資産，負債及び資本（２号）
③　山林所得……その山林所得を生ずべき業務に係る資産，負債及び資本（３号）

そして，かような記録を行うためには，「正規の簿記の原則」に従った会計処理の要請が前提と解されるため，青色申告における事業者等に関しては同原則が適用されることになる。

正規の簿記の原則に重要性の原則が内在するのであれば，重要性の原則の適用の余地が所得税においても認められることになるといってもよいと思われるのである。そうであるとすれば，所得税基本通達37－30の２の取扱いは，青色申告者に関しては解釈論上も肯定されることを意味するといえよう[5]。

そして，仮に，消費税法において，所得税法ないし法人税法上の帳簿組織を前提とした処理が要請されているとすれば[6]，消費税法基本通達11－３－８の取扱いについても合理性が認められることになると思われる。

また，法人税法施行規則53条《青色申告法人の決算》にいう「複式簿記の原則」という表現を，所得税法施行規則57条にいう「正規の簿記の原則」と同じものと理解することができるのであれば──この解釈には文理解釈論上のハードルがあるとは思われるが──，法人税法にいう青色申告法人においても，企業会計ルールによってという意味ではなく，同法のプロパーの要請として「正規の簿記の原則」が求められることになる。ここに重要性の原則は企業会計準拠主義によって説明するのではなく，青色申告に限るという制限はあるものの，所得税法や法人税法が独自に有する法的規範であると説明することが可能となるのである。

仮に，かような整理が可能となると，重要性の原則における「重要性」の意味内容は，純粋なる企業会計原則にみる重要性とは異なる，租税法の独自の視角から検討を要する重要性を意味するという議論にも接続することになる。

（３）　乗り越えるべき論点

実は，このような論理を展開するためにはいくつかの大きな乗り越えるべき問題がある。

その１つは，仮に，所得課税法に正規の簿記の原則が包蔵されているとしても，かかる原則内部に重要性の原則が含まれるとする論拠はどこにあるのかという点である。会計上の正規の簿記の原則を念頭に置けば，なるほど，重要性の原則は，企業会計原則注解（注１）において，「企業会計は，定められた会計処理の方法に従って正確な計算を行うべきものであるが，企業会計が目的とするところは，企業の財務内容を明らかにし，企業の状況に関する利害関係者の判断を誤らせないようにすることにあるから，重要性の乏しいものについては，本来の厳密な会計処理によらないで他の簡便な方法によることも正規の簿記の原則に従った処理として認められる。」とされていることからして，正規の簿記の原則に内在する処理原則であるといえよう。しかしながら，これはあくまでも企業会計原則にいう正規の簿記の原則と重要性の原則との関係であって，仮に，法人税法において正規の簿記の原則が求められているとしても，そこに重要性の原則が包蔵されていると解すべきと結論付けることには，若干の躊躇もある。

法人税法施行規則53条が明瞭性を求めているからといって，それだけで重要性の原則を法人税法が採用しているというのは次の３つの意味で早計であるように思われるのである。すなわち，第一に，同条は，青色申告法人についてのみの規定であることが挙げられる。第二に「明瞭」という表現のみから重要性のないものを除外するという意味を導き出すには論理の飛躍があるともいえ，このような点から，法人税法に重要性の原則が内包されているとの考えに消極的な見解も生じ得るように思われる。第三に，法人税法施行規則53条はあくまでも財務省令であって法律ではない。法人税法の考え方を省令の一条文から導出することが許されるのか，といった問題も内包しているのである。

２つ目に，そもそも，債務確定基準をどのようにオーバーライドすることができるのかという根本的な問題がある。法人税法22条３項２号にいう「費用」概念について，上記に論じた正規の簿記の原則によって計算されるものという意味を読み込み，かかる正規の簿記の原則に重要性の原則が包蔵されているとする理解が許容されるとする議論の前提には，同条項にいう「費用」概念が先決事項として成立している必要がある（この点，本章で素材とする事案は「原価」に対する問題であったため，同事案を前提とする限り，ここでの論点はクリアしているともいえる。）。他方で，「費用」とは，そもそも，債務確定基準を充足したもののみを指す法人税法上の概念であると解するのが文理に沿った理解であると思われるところ，ここでの議論の前提として，かかる考え方が妥当するとする暗黙の前提が所在する論拠が明確ではないという点を看過することはできない。

6　法人税基本通達２－２－14の適用問題

（1）「課税上弊害のない限り」という制約

法人税基本通達２－２－14にいう「重要性に乏しい」とはいかなる意味を有するのであろうか。この点，かつて筆者は，重要性に乏しいということを，「課税上弊害のない限り」と言い換えることが可能なのではないかと論じたことがある（酒井・プログレッシブⅠ126頁）。ある事例において，国税当局も，同通達について，課税上弊害が生じない範囲でその適用が認められるべきであると主張し，その根拠として，企業会計原則において前払費用に関し，重要性の原則が定められていることを指摘していたところである。

東京地裁平成17年１月13日判決（税資255号順号9891）の事例において，原告（納税者）はこのような考え方に対して，企業会計上で重要性の原則による簡便法が認められる場合（すなわち「重要性の乏しいもの」と判断される場合）とは，被告（課税庁）も指摘するように，財務諸表の利用者の経済上の意思決定に対する影響が零ないし無視し得る程度に軽微な場合とされているのであるが，これが税務処理上の意味となると，論理必然的に「課税上弊害が生じない場合」

と置き換えられることにはならないはずであると主張した。すなわち，重要性の原則による簡便的な処理方法が認められるか否かにあたっては，企業会計上の場合と同じく，財務諸表の利用者の経済上の意思決定に対する影響の程度が考慮されるにすぎないというべきであるとの主張である。これに対して，同地裁は，かかる主張を次のように排斥した。

「法人税法22条３項２号では，内国法人の所得の金額の計算上当該事業年度の損金の額に算入すべき金額として，販売費，一般管理費その他の費用の額が挙げられているが，当該事業年度終了の日までに債務の確定しないものは除くものとされている。そして，法人税基本通達２－２－12は，当該事業年度終了の日までに債務が確定したと判定するための要件の一つとして，当該事業年度終了の日までに当該債務に基づいて具体的な給付をすべき原因となる事実が発生していることを挙げているため，本件各費用のように翌期の役務提供に対して支払う費用は，この要件を欠くので，当該事業年度の費用にはならないこととなる。

他方で，法人税法22条４項は，同条３項各号に掲げる損金の額に算入すべき金額は，一般に公正妥当と認められる会計処理の基準に従って計算されるものとする旨規定しているところ，ここでいう一般に公正妥当と認められる会計処理の基準に当たると解される企業会計原則では，…重要性の原則の適用として，前払費用のうち重要性の乏しいものについては，経過勘定科目として処理しないことができるものとされている。そこで，本件通達〔筆者注：法人税基本通達２－２－14〕は，企業会計原則における上記のような考え方を受けて，その後段において，法人が，前払費用の額でその支払った日から１年以内に提供を受ける役務に係るものを支払った場合において，その支払った額に相当する金額を継続してその支払った日の属する事業年度の損金の額に算入しているときは，これを認める旨定めたものである。」

「本件通達が定められたのが上記…のような趣旨によるものであるとすれば，当該前払費用をその支払った日の属する事業年度の損金の額に算入することを認めると，課税上弊害が生じる場合には，当該前払費用は重要性が乏しいとはいえないので，本件通達後段は適用されないものと解するのが相当である。」

原告の上記主張に対しては，「課税上の弊害が生じるにもかかわらず本件通達後段の適用を認めるのは相当ではないから，失当といわざるを得ない。」としたのである[(7)]。そのうえで，同地裁は，本件各費用について法人税基本通達２－２－14を適用して損金に算入することができるか否かについて検討している。

☑ 東京地裁は，「本件各費用の額は合計２億1272万2356円であって，それ自体多額なものであるうえ，原告の平成９年３月期の当期利益2694万5593円の10倍近くにも上るものであり…，原告の財務内容に占める割合やその影響は大きいものと認められる。」とし，「なお，原告は，本件各費用の合計額は原告の平成９年３月期の販売費及び一般管理費（41億9154万7401円…）の約５パーセントと少なく，原告の財務内容に占める割合や影響が甚大であるということはできないし，本件各費用の合計額を当期利益と比較することは不適切である旨主張するが，本件通達が企業会計上の重要性の原則を受けたものであることに照らせば，本件各費用の合計額を当期利益と比較することは不適切であるとはいえないし，本件各費用の合計額が2億円を上回る多額なものであることを考慮すれば，たとえ本件各費用の合計額が販売費及び一般管理費の約5パーセントであったとしても，原告の財務内容に占める割合やその影響は大きいと評さざるを得ないから，上記主張は理由がない。」とした。控訴審東京高裁平成17年9月21日判決（税資255号順号10140）においても，重要性の原則の部分についての判断には変わりがない。控訴は棄却され，上告審最高裁平成18年11月24日第二小法廷決定（税資256号順号10581）は上告棄却・上告不受理とした。

ここでは，法人税法22条4項にいう公正処理基準を経由して重要性の原則を導出していながらも，そこでの重要性を租税法の視角から捉えようとしているが，かような構成で，なぜ〔「会計上の重要性」＝「法人税法の目線からみた重要性」〕と捉えることができるのかについては疑問が残るといわざるを得ないのではなかろうか。

（2）　重要性の原則にいう「重要性」の意義

高松地裁平成7年4月25日判決（後掲）も，重要性の原則について次のように論じている。

> 「重要性の原則から，重要性の乏しいものは本来の厳密な会計処理によらないで他の簡便な方法によることも正規の原則〔筆者注：正規の簿記の原則〕に従った処理であり，その適用例として，前払費用，未収収益等のうち重要性の乏しいものについては経過勘定項目として処理しないことができる（企業会計原則注解1，重要性の原則の適用について）。しかし，これは，企業の財務内容を判断するに当たり，重要な影響がないことを前提として適用される。したがって，右原則を適用して，貸借対照表，損益計算書上省略できるか否かは，貸借対照表，損益計算書上の金額と前払費用に計上すべき金額を対比し，その重要性（利益の額，総資産額等への影響）を個別的に判断して決するべきものである。」

この判決も，前述のとおり，正規の簿記の原則に重要性の原則が内包されていることを前提とした論理展開をしているが，重要性の判断は，利益の額，総資産額等への影響を個別的に判断すべきとしている点からすれば，課税上の弊害というよりは，会計上の視角から判断する態度を表明している。

法人税基本通達2－2－14の適用は，継続性の原則を満たすとともに，重要性の原則から逸脱しない限度で認められるべきであり，形式的には，同通達に明示された要件を満たす場合でも，両原則から逸脱する場合には，その準用は認められないというべきであるとした事例として，広島高裁松江支部平成15年5月30日判決（税資253号順号9358）[(8)]がある。同高裁は，「本件法人税法基本通達〔ママ〕については，その背景にある法人税法22条４項及び同項に定める『一般に公正妥当と認められる会計処理の基準』の中核をなすと考えられる企業会計原則の趣旨に照らして解釈，適用すべきである」として，原審判断を維持した。同事件の原審松江地裁平成13年10月24日判決（税資251号順号9010）をみておきたい。

この事件において，被告（課税庁）は，大要次のように主張していた。

すなわち，短期前払費用について，企業会計上，本来的には正規の簿記の原則（企業会計原則・第１の２）に基づき定められた会計処理の方法に従って正確な計算を行うべきであるが，企業会計の目的が企業の財務内容を明らかにし，企業の状況に関する利害関係者の判断を誤らせないようにすることにあることから，重要性の乏しいものについては，本来の厳密な会計処理によらないで（企業会計原則注解１），他の簡便な方法によることが許容されており，税務上の考えも同様の立場に立つものである。このような企業会計上の重要性の原則に基づく処理は，旧期間損益通達において，法人の会計処理が一定の計算基準を継続して適用していること，およびその計算基準を適用することに相当の理由があると認められ，かつ，「課税上さしたる弊害がないと認められる場合に限り」，前払費用の当該事業年度の損金への算入を認めていた取扱いにみられたものであるとする。この点はすでに述べたところと合致している。そして，法人税基本通達２－２－14は，法人税法22条４項に照らして，旧期間損益通達を受け継いだものであって，前払費用の損金の額への算入についても，同通達の上記要件の充足を必要とすると解すべきであるとする。ここでは，法人税法が採用し得る重要性の原則にいう「重要性」は，その淵源が旧期間損益通達にあることから，法人税法の目線からみた「重要性」として判断することができるとの整理のうえで，「課税上さしたる弊害がないと認められる場合に限り」というスクリーンを理論付けようとしているようである。

そして，松江地裁は，原告が，法人税基本通達２－２－14は，法令の解釈通達であり，通達の文言以上の意味内容を加味して解釈することは許されないと主張することに対して，通達は，上級行政庁がその内部的権限に基づき，下級行政庁等に対し発する行政組織内部の命令にすぎず，行政庁には，通達によって法令の解釈等を公定し得る権限はないから，その主張は失当であるとする。

そして，法人税基本通達２－２－14において，「相当の理由があること」や「さしたる課税上の弊害がないこと」の文言が置かれなかったのは，旧期間損益通達の廃止に伴い，アグリーメント方式（事前確認手続）が廃止されたにすぎないからであり，同通達の形式的な文理をもって，上記要件が必要でなくなったとはいえないとする。むしろ，法規である法人税法22条４項の趣旨に照らし，当然に上記要件の充足を要すると解釈すべきであるとしているのである。

このように，前述した通達の沿革から説き起こして，通達の適用範囲を旧期間損益通達の取扱いと整合性を持たせようとして，課税上の弊害を要件とした法人税基本通達２－２－14の適用を論じることも不可能ではないように思われるが，それこそ上記松江地裁および原審判断を維持した広島高裁松江支部判決がいうとおり，あくまでも通達は法源性を有しない行政庁内部における上意下達の命令手段にすぎないのであるから，同通達の沿革を持ち込んで，通達の適用云々を法解釈において展開することには躊躇を覚えるところである。

仮に，課税上の弊害がない場合においてのみ，重要性の原則の適用があると論じるのであれば，それ以前の問題として，そもそも，同原則が法人税法独自の規範であると論じる必要があるようにも思われるのである。議論のあるところであろう。

☑　課税上の弊害という観点を強調すると東京地裁昭和62年12月15日判決（税資203号2219頁）が示す次のような見解に接近するのであろうか。すなわち，同地裁は，公正処理基準に従うとする法人税法22条４項の趣旨について，課税所得の計算については，一般に行われている企業会計の原則や慣行について，租税法独自の見地からこれに修正を加えるべきものは別段の定めを設けることによって対応し得るものと考え，別段の定めがないものについては，一般に客観的・常識的にみて規範性をもつと認められる会計処理の基準というものが存在する限り，それに従って計算するという従来からの租税法の基本的態度を明らかにしたものであって，同項の新設によって，租税法が独自の所得計算を放棄したものでもなく，また，一般に行われている会計処理基準をすべてそのまま法人税法が容認するというものではなく，ましてや大蔵省所管の企業会計審議会が公表している「企業会計原則」が，そのまますべて法人税法において課税所得計算の基礎として規範化されたと考えるのは正当ではないとするのである。このようにいい切るべきかについては議論のあるところである。

（３）　金額の重要性・項目等の重要性

上記松江地裁判決の事案はリース料に関する損金算入の可否が争点とされたものであるが，同地裁は次のように判示している[(9)]。

「本件リース料に対する本件法人税法基本通達〔ママ〕の不適用について，本件リース料は，以下のとおり，不要不急ともいうべき原告の行った本件手形の振出しに基づき計上されたものであって，かつ，本件法人税法基本通達の前提である法人税法22条４項の公正妥当と認められる会計処理の基準（企業会計原則）にも従っておらず，専ら租税回避目的でなされたものであるから，本件法人税法基本通達を適用することはできないというのである。

具体的には，本件リース料は，以下のとおり，極めて重要性のある『科目』，『金額』であるから，重要性が乏しいものとは到底いえず，重要性の原則で認められた範囲から逸脱するものである。すなわち，前払費用に係る税務処理が重要性の原則で認められた範囲を逸脱していないかどうかの判断に当たっては，前払費用の金額だけでなく，当該法人の財務内容に占める割合や影響等も含めて総合的に考慮する必要があるところ，本件リース料の額は…原告の申告所得金額と対比しても極めて高額であり，かつ，原告の当期製品製造原価あるいは製造経費総額に占める割合も高く，極めて重要性のある科目，金額であることは明らかである。」

ここでは，科目や金額の重要性が認められることから，重要性の原則の適用がないと論じているのである。この構成は，まさに本件判決における構成と親和性を有するところであるといえよう。

上記判決は，傍論においてではあるが，次のように論じている。

「本件法人税法基本通達の適用は，重要性の原則を逸脱しない限度で認められるべきところ，前払費用に係る税務処理が重要性の原則で認められた範囲を逸脱しないか否かの判断は，前払費用の金額だけでなく，当該法人の財務内容に占める割合や影響等も含めて，総合的に判断する必要があると解するのが相当である。」

「本件リース料の額は平成６年11月期が4961万6400円，平成７年11月期が6171万2400円と極めて多額である…。また，上記認定事実によれば，賃借料勘定は，原告の申告所得金額と対比しても極めて高額であり，かつ，原告の当期製品製造原価あるいは製造経費総額に占める割合も高いなどの事情が認められ，原告の財務内容に占める割合や影響は大きいといわざるを得ない。したがって，本件リース料について，本件各事業年度の損金の額に算入することは，重要性の原則により認められる範囲から逸脱するものといわなければならない。」

このような判断は，例えば，高松地裁平成７年４月25日判決（訟月42巻２号370頁）[10]においてもみられる。同地裁は，「介護費用保険の保険料が一時払の方法で支払われた場合，法人税法上，これを全額当該事業年度の福利厚生費として損金に算入することの可否については，別段の定めがないので，一般に公正妥当と認められる会計処理の基準に従って算定される（法人税法22条４項）。」としたうえで，いったんは重要性の原則の適用を認めながら，「本件介護費用保険の保険料の前払費用部分の金額は，原告の企業形態からして極めて高額であり，重要性がないとは到底いえないというべきである。」としている。

7　定期的なもののみか

本件においては，原価に対する法人税基本通達２－２－14の適用はないとした点に特徴があろう。

そもそも，同通達は，「費用」に関する通達であるから，原価に係る通達の適用が及ばないと考えるのが素直であるようにも思われるが，通達上に「費用」とされているからといって，その文言のみを根拠として，重要性の原則の適用範囲を画することは，いわば通達に対する文理解釈を許容する態度であって疑義がある(11)。

前述の松江地裁判決は，次の理由から一定の要件を充足しない前払費用について損金算入を認めなかった。

> 「本件法人税法基本通達の適用を受ける『短期の前払費用』については，最大限１年以内の役務の提供を受けるために支出した費用であって，毎期ほぼ同額のものが支出（損金算入）されるものを予定しているところ，本件においては，平成６年11月期に各リース契約の月額リース料の24か月分を，また，平成７年11月期にも新たに契約を締結した…リース契約の月額リース料の19か月分を損金算入している。このような原告の損金算入は，本件法人税法基本通達，ひいては，法人税法22条４項が予定するような会計事象ではなく，しかも，原告の期間損益計算を著しくゆがめるものである〔。〕」

そもそも，短期前払費用に関する問題として限定するとすれば，なるほど，定期的な費用の発生するものに限定されるべきであるということになる。あくまでも前払費用がいわゆる費用の見越繰延論におけるものであることに思いを致せば，費用収益対応の原則の適用領域のうち，期間対応部分に限定されることになろう。したがって，重要性の原則の適用という意味においてではなく，法人税基本通達２－２－14の適用という観点からみれば，期間対応費用に限定すべきであるとした本件判決の判断は妥当であるというべきであろう。

小　　括

1　法人税法内における重要性の原則の射程

筆者は，以前，法人税法22条４項が採用する公正処理基準には企業会計上の「正規の簿記の原則」が含まれ得ることを前提として，同原則を経由すれば重要性の原則が法人税法上の規範ともなり得る余地があるとは論じたものの（酒井・プログレッシブⅠ118頁），具体的にいかなる処理が同法における重要性の原則の対象となり得るかという点での，同原則の射程範囲についてまでは論じてこなかった。

そこで，本章では，重要性の原則の適用範囲の問題について，法人税基本通達２－２－14の適用の有無が争点となった本件事案を素材として，さらなる議論を展開した。ここでは，本章の結びとして，いわゆるケンウッド事件東京地裁平成元年９月25日判決（行集40巻９号1205頁）[12]が，次のように論じている点に注目したい[13]。

> 「法人税法は法人の所得計算について商法や企業会計原則とはかなり異なった規定を置いている。これは，商法の会計規定や企業会計原則が考えている企業会計は企業に対する投資家や債権者に必要な会計情報を提供することをその中心的課題としており，保守主義の原則（安全性の原則又は慎重の原則ともいわれる。）も考慮する必要があるのに対し，税法は担税力を適正に評価して公正な課税を実現することを目的とし，他方で種々の政策目的の実現を課題とすることも少なくない上に，課税技術上の要請も考慮する必要があるからである。このように法人税法が特に商法や企業会計原則とは異なった規定を置くことはあり得ることであって，その場合には課税の関係では法人税法の規定によるべきことは当然のことであり，同法22条４項はもとよりこのような同法の明文の規定を排除する意味を持つものではないことはいうまでもない。」

このような視角は，法人税法の解釈適用の場面において，重要性の原則がいかなる意義を有するのかを検討するにあたっても参考となろう。

本章の立論については，法人税法22条４項が実定法として創設された時に登場した新井隆一教授の見解たる，いわゆる「税法特有会計処理説」[14]にも接近した立場からの議論であるとみる向きもあろう。かかる見解が当時はともかくも今日的にいかなる意味を有するかを考えたとき，必ずしも，特異な物言いではないというべきかもしれない。今日においては，再度，実定法上の文理に立ちかえって解釈論を展開し直すべきなのではないかと思われるのである。

２　問題の本質

ここまで述べてきたうえで，最後に問題の本質を述べておきたい。

前記❹５（３）において示したような問題を乗り越えることができれば，重要性の原則が法人税法に包蔵されているとの立論にも光明が射すであろうが，これらの問題解決は示されていないように思われる。

しかしながら，法人税法に包蔵された議論として重要性の原則を捉えないとすると，そもそも，前述の２つ目の問題（前払費用は債務確定基準の見地から費用といえるのかという問題）に直面することになる。この問題を解決することができないということは，法人税法22条４項にいう公正処理基準から重要性の原則を導き出す考え方をも否定することになる。なぜなら，文理上，同条４項は，同条３項２号にいう債務確定基準というふるいにかけられた費用の額について，公正処理基準に従うべきとしているのであるから，そもそも，債務確定基準を満たさないような前払費用は，同条３項２号にいう「費用」ではないため，その計算につき企業会計に従うということにはならないはずである。前払費用は，計算ルールとしての企業会計準拠主義に辿り着く前に，そもそも，法人税法22条３項２号にいう「費用」にあたらないということになるのではなかろうか。

そうであるとすると，いかに企業会計原則内部に重要性の原則が認められているからといっても，そのことを理由に「費用」でない前払費用を「費用」と観念すること自体不可能であるから，重要性があろうがなかろうが債務確定基準を乗り越えない限り，前払費用は「費用」にはならないはずである。

筆者はこれまで法人税基本通達２－２－14を何とか理論的に説明できないかと種々の観点から論じてきたが，その試みには限界があるといわざるを得ない。前払費用をめぐる法人税法上の問題の本質は，まさにここにあるというべきであろう。

注

(1)　判例評釈として，酒井克彦・税務事例46巻４号46頁（2014年）など参照。

(2)　大阪高裁平成20年11月13日判決（税資258号順号11074）は控訴棄却，最高裁平成21年５月26日第三小法廷決定（税資259号順号11208）は上告不受理とした。

(3)　判例評釈として，渡辺徹也・ジュリ1480号127頁（2015年），渡辺充・租税判例百選〔第６版〕114頁（2016年），林仲宣＝高木良昌・税弘61巻６号118頁（2013年），橋本浩史・税通68巻10号183頁（2013年），吉野善吉・税務事例45巻12号36頁（2013年），高橋貴美子・税務事例51巻６号11頁（2019年），中尾隼大・税務事例51巻７号99頁（2019年）など参照。

(4)　さらに，東京地裁は，「支給時期について当初事業年度の終了の日（国税庁の質疑応答事例ではＸ＋１年３月31日）及び職務執行期間の終了の日（同事例では同じ年の５月25日）のいずれよりも前の日（同事例では前年の６月30日及び12月25日）とする事前の定めに基づいてそのとおり支給された役員給与は，〈１〉企業会計上は，法人が役員との間の委任契約に従い，継続してその職務の執行という役務の提供を受ける場合において，いまだ提供されていない役務に対し支払われた対価であるから，前払費用であるということができるのであって，企業会計原則注解の［注５］によれば，経過勘定項目として処理しなければならないこととなるが，企業会計原則注解の［注１］の重要性の原則の適用により，その支給の日が属する会計年度の費用とすることが許されるものであり，〈２〉税法上は，事前の定めにより支給時期及び支給額が定められてはいるものの，職務執行期間の終了の日（X＋１年５月25日）までは給与の支給をすべき原因となる事実である役員の職務の執行が終了しないために，当初事業年度の終了の日（同じ年の３月31日）までに債務が確定しないから，法人税法22条３項２号の規定によれば，その額は，当初事業年度の所得の金額の計算上，損金の額に算入されないこととなるが，法人が役員との間の委任契約に基づいて継続的に役員の職務の執行という役務の提供を受けるために支出した費用で，当初事業年度の終了の時（上記３月31日）においていまだ提供を受けていない役務（同じ年の４月１日から５月25日までの役員の職務の執行）に対応する前払費用であり，その支給の日から１年以内に提供を受ける役務（同前）に係るものとして，法人税基本通達２－２－14の短期の前払費用であるということができるのであって，期間対応による繰延経理をすることなく，その支給の日が属する当初事業年度の所得の金額の計算上，損金の額に算入することが許されるものであるところ，〈３〉上記国税庁の質疑応答事例は，当初事業年度（X＋１年３月31日期）の所得の金額の計算上，前年の６月30日及び12月25日に支給した役員給与を事前確定届出給与として，その額を損金の額に算入することが許されるかという照会に対し，上記企業会計上及び税法上の取扱いを踏まえて，当該法人が，役員への賞与の支給時期を使用人への盆暮れの賞与と同じ時期とし，かつ，毎期継続して同時期に賞与の支給をしており，上記役員給与が事前確定届出給与の要件を満たしているのであれば，上記役員給与を事前確定届出給与として当初事業年度の損金の額に算入することとして差し支えないと回答したものであると理解することができる。そうすると，原告の指摘に係る国税庁の質疑応答事例と企業会計上の処理との間に矛盾があるということはできないのであって，原告の上記主張はその前提を欠くものである。」とする。控訴審東京高裁平成25年３月14日判決（訟月59巻12号3217頁）は控訴棄却としている。

⑸　所得税基本通達37－30の２が青色申告者以外の者にも適用され得るかについては議論の余地があると思われる。

⑹　この点については，本書第６章，酒井克彦「企業会計・法人税法・消費税法の総額主義―那覇地裁平成31年１月18日判決における議論を素材として―」企業研究35号21頁（2019年），同「消費税法上の『帳簿』保存の意義」企業研究31号123頁（2017年）参照。

⑺　法人税基本通達２－２－14の適用が，法人税法22条４項を経由するものであるとすれば，債務確定基準の要請を公正処理基準がオーバーライドできるのかという新たな疑問が惹起される。

⑻　判例評釈として，近藤雅人・法人税精選重要判例詳解〔税通臨増〕244頁（2004年），酒井克彦・会社法務 A2Z 82号58頁（2014年）など参照。

⑼　また，この松江地裁判決は，「原告による本件リース料にかかる会計処理はその課税所得計算を明らかにゆがめるものであること，本件リース料については，財務諸表への注記が必要であることにかんがみれば，到底重要性の乏しいものとはいえない。」とも説示する。

⑽　判例評釈として，武田昌輔・税弘44巻10号83頁（1996年），酒井克彦・会社法務 A2Z 93号58頁（2015年）など参照。

⑾　通達の文理解釈姿勢に対する批判として，酒井克彦「通達を文理解釈することの意義（上）（中）（下）」税務事例51巻７号１頁，８号１頁，９号１頁（2019年）も参照。

⑿　判例評釈として，安島和夫・訟月36巻２号111頁（1990年），武田昌輔・判時1346号182頁（1990年），平石雄一郎・ジュリ960号88頁（1990年），横山茂晴・税務事例22巻９号４頁（1990年），山田二郎・税務事例24巻１号８頁（1992年），神田秀樹・租税判例百選〔第４版〕108頁（2005年），岡本博美・法人税精選重要判例詳解〔税通臨増〕179頁（2004年），丸山慶一郎・税通45巻２号224頁（1990年）など参照。

⒀　東京高裁平成３年６月26日判決（行集42巻６＝７号1033頁）においても判断は維持されている

（上告したものの，後に取り下げられている。)。同高裁判決に関する判例評釈として，渋谷雅弘・自研69巻4号122頁（1993年）など参照。

⒁　新井隆一「法人税法第22条第4項に関する問題提起（概要)」税法203号21頁（1967年)，同「税法学会シンポジューム発言『第33回大会記録』」税法204号2頁（1967年)。

第6章

総額主義による記帳

1 はじめに

法人税法では，同法22条４項や22条の２第２項等において，「一般に公正妥当と認められる会計処理の基準」に従う旨が規定されているが（企業会計準拠主義），消費税法上，課税資産の譲渡等などを計算するにあたり企業会計の処理の基準に従うべきか否かについては，どのように解するべきであろうか。消費税法において企業会計に従うべきことを規範付ける実定法上の明確な根拠規定はないように思われるが，さりとて，同法上に処理基準が詳細に規定されているわけでもないようにも思われる。

企業における消費税実務においては，一般に法人税額を算出する種々のルールに依存する形で計算が行われることが多いと見受けられるが，そうであるからといって，法人税法と同様に，企業会計に準拠するといった考え方が採用されているとみるべきではないのではなかろうか。このような論点は，租税法律主義の視角からも大いなる関心事項として挙げられよう。

そこで，本章においては，那覇地裁平成31年１月18日判決（判例集未登載。以下「本件地裁判決」ともいう。）を素材に，消費税法上の処理が企業会計の処理のルールを基準になされるべきか否かについて考えてみたい。具体的には，消費税法において総額主義が採用されているのかという点について確認することから検討を加えることとする。

素材とする事案

1　事案の概要

本件は，区分所有建物（後掲の本件建物）において百貨店業を営んでいたX（原告）が，平成19年から同25年にわたる各課税期間（以下「本件各課税期間」という。）の消費税等について，処分行政庁から，平成23年4月27日付けおよび同26年4月23日付けでそれぞれ更正処分および過少申告加算税賦課決定処分（以下，あわせて「更正処分等」という。）を受けたところ，更正処分等における課税標準の額および仕入税額控除の額について不服があることを理由に，国Y（被告）を相手どって各更正処分等の一部取消しを求めた事案である。

2　事実関係

（1）　本件建物

Xは，事業会社の統括・管理資金調達，不動産賃貸業等を営む株式会社である。Xは，平成3年から同23年3月1日までの間，複合商業施設である本件建物において，百貨店事業を営んでいた。

本件建物は，地下3階付地上11階建の建物（延床面積5万5,779.78㎡）であり，Xは，このうち，百貨店部分（延床面積2万4,251.63㎡）および映画館部分（床面積424.28㎡。以下，百貨店部分および映画館部分をあわせて「本件各専有部分」という。）を区分所有（共有）しており，その持分割合は0.737859であった。

また，Xは，本件建物の共用部分を他の区分所有者らと共有しており，その持分割合は0.482037であった。

（2）　本件建物の管理

ア　本件建物の区分所有者らは，建物の区分所有等に関する法律（以下「区分所有法」という。）3条《区分所有者の団体》に基づき，全員で，本件建物の管理を行うための団体として本件管理組合を構成し，本件建物およびその敷地等の管理または使用に関する区分所有者相互間の事項について，同法30条《規約事項》1項所定の規約に該当する本件管理規約を定め，細則について，本件取扱規則（以下，本件管理規約とあわせて「本件管理規約等」という。）を定めている。

本件管理組合は，本件管理規約により行うべき敷地の維持保全，共用部分の清掃等の管理業務のほぼすべてを一括してK開発に委託し，また，K開発を区分所有法25条《選任及び解任》所定の管理者に選任している。

イ　本件建物の区分所有者らは，本件建物の敷地および共用部分の共有持分または応益により，敷地および共用部分の維持管理に必要な費用（以下「共同管理費」という。）を負担しなければならないとされ，また，修繕積立金については，管理者が，全体集会の決議に基づき，本修繕に要する費用を区分所有者から徴収することができるとされている（以下，共同管理費と修繕積立金とをあわせて「本件共同管理費」といい，特に，区分所有者であるXが負担する本件共同管理費を指して「本件共同管理費1」という。）。

各区分所有者の共同管理費の負担額および修繕積立金の賦課の各決定については，いずれも全体集会の決議により決定するとされ，管理者は，毎年度末までに，翌年度において区分所有者が毎月管理者に納入すべき共同管理費の予算額，修繕積立金等を算出し，全体集会の議決を経たうえで，区分所有者らに通知するものとされている。

また，本件建物の各専有部分を区分所有者等から賃借する者（以下「占有者」または「テナント」ともいう。）は，当該専有部分の区分所有者の承認を得たうえで，共同管理費のうち管理者に支払うべきものを管理者に直接納入することができ（本件取扱規則2二，19①），当該区分所有者は，当該占有者が上記の支払を期限までにしないときは，直ちにその支払を管理者に対してしなければならない（本件取扱規則19②）とされている。

(3)　XとK開発との契約関係

ア　本件建物に関しては，多数の区分所有者らが存在したところ，その中には，自己の共有持分に相当する面積を超えて専有部分を使用する区分所有者もいれば，全く使用しない区分所有者も存在し，逆に区分所有者でない建物賃借人（占有者）も多数存在するなど，その権利関係と使用状況が複雑化していた。そこで，K開発は，本件建物の効率的かつ適切な運営管理を目的として，同社において本件建物の区分所有者らから専有部分および共用部分のほぼすべてを賃借したうえ，本件建物を使用する区分所有者らに対して転貸することとした。

イ　Ｋ開発は，Ｘから，平成３年３月１日付けおよび同15年４月30日付けで，Ｘが区分所有権を有する本件各専有部分のすべてを賃借した（以下，上記各日に締結された契約をあわせて「本件賃貸借契約」という。）。

本件賃貸借契約には，①賃料に関し，別途契約によりＸがＫ開発に対して支払うべき賃料があるときは，Ｋ開発においてこれを本件賃貸借契約に基づく賃料から差し引くことができること，②本件共同管理費は，賃借人であるＫ開発が負担すること（以下，この契約条項を「賃借人負担条項」という。）を定めた条項がある。

ウ　Ｋ開発は，Ｘに対し，平成３年３月１日付けおよび平成15年４月30日付けで，本件各専有部分を含む本件建物の専有部分の一部を転貸した（以下，上記各日に締結された契約をあわせて「本件転貸借契約」という。）。

本件転貸借契約には，①賃料に関し，別途契約によりＫ開発がＸに対して支払うべき賃料があるときは，Ｘにおいてこれを本件転貸借契約に基づく賃料から差し引くことができること，②転借人であるＸにおいて，本件建物全体の管理費に充当するための本件共同管理費を負担すること（以下「転借人負担条項」といい，転借人負担条項によりＸが負担する本件共同管理費を指して「本件共同管理費２」という。）を定めた条項がある。

エ　なお，少なくとも平成19年以降は，本件賃貸借契約の目的物，すなわちＸが区分所有権を有する本件各専有部分の床面積は，合計１万8,389.82㎡であるのに対し，本件転貸借契約の目的物たる本件建物の専有部分の一部の床面積は合計２万3,408.94㎡であることから，本件賃貸借契約によりＫ開発が支払うべき賃料よりも，本件転貸借契約によりＸが支払うべき賃料が高額となっていた。

そのため，本件賃貸借契約による賃料は，本件転貸借契約による賃料との相殺により月額０円とされており，他方，その相殺後の本件転貸借契約による賃料の残額については，ＸからＫ開発に対して支払が行われていた。また，上記の床面積の違いから，本件共同管理費１の額よりも，本件共同管理費２

の額が高額となっていた。そのため，Xは，本件取扱規則19条1項に基づいて，本件建物の占有者として本件共同管理費2をK開発名義の口座（K開発が専ら本件管理組合のために使用する口座）に直接支払い，別途本件共同管理費1を支払うという処理はしていなかった。

(4) 確定申告等

ア　Xは，本件確定申告において，賃借人負担条項によりK開発が負担する本件共同管理費の額（本件共同管理費1に同額）を課税標準に算入せず，また，転借人負担条項によりXが負担する本件共同管理費2については，課税仕入れに係る支払対価に該当し仕入税額控除の対象になるものとして申告した。

イ　沖縄国税事務所長は，Xが本件確定申告において課税標準に算入しなかった本件共同管理費1について，これを課税資産の譲渡等の対価であると認定して，その額から消費税等相当額を控除した金額を課税標準額に加算し，他方で，本件共同管理費2については，課税仕入れに係る支払対価に当たり，仕入税額控除の対象となるものとして処理した。また，沖縄国税事務所長は，本件共同管理費1の額（ただし，上記各課税期間に対応する本件管理組合の共同管理費収入の額に，Xの共用部分の共有持分割合0.482037を乗じて計算した額）から消費税等相当額を控除した額を課税標準に算入した。

3　争　　点

本件の争点には，賃借人負担条項によりK開発が本件共同管理費を負担したことが「課税資産の譲渡等の対価」（消法28①）に当たるか（争点1）と，本件共同管理費1の支払は「課税仕入れに係る支払対価」（消法30①）に当たるか（争点2）の2つがあるが，ここでは，争点1のみを取り上げる。

判決の要旨

争点1について，那覇地裁平成31年1月18日判決は次のように判示した。

「⑴　消費税は，物品やサービスの個人の消費に担税力を見出して課税を行うものであるところ，法〔筆者注：消費税法〕は，消費税を，最終的な消費行為よりも前の各取引段階で物品やサービスに対する課税が行われ，税負担が物品やサービスのコストに含められて最終的に消費者に転嫁することが予定されている間接消費税として位置付け，各取引段階で課税する多段階課税消費税の制度をとった上，税負担の累積を防止するため，各取引段階で移転付与される附加価値を課税標準として課税する附加価値税の制度を採用している…。そして，法は，消費税の課税対象につき，『国内において事業者が行った資産の譲渡等には，この法律により，消費税を課する』と規定した上（法4条1項），ここにいう『資産の譲渡等』の意義については，『事業として対価を得て行われる資産の譲渡及び貸付け並びに役務の提供』とのみ定め（法2条1項8号），資産の譲渡等のうち，その性質上消費税になじまないものや，特別の政策的配慮により課税対象として適当でないものについて非課税取引として限定列挙方式により課税対象から除外することとしている（法6条）。以上のような法の規定からすれば，消費税は，生産，流通過程のあらゆる段階において発生する附加価値に対して課税を行うものとして，原則として広くあらゆる物品，サービスを課税対象とするもの（多段階一般消費税）というべきであり，他方で，その課税対象を捉えるにあたっては，原則として流通の個々の段階，個々の取引ごとに判断するのが相当である。

⑵ア　そうすると，本件においても，本件管理規約に基づくXと本件管理組合との間の取引，本件賃貸借契約に基づくXとK開発との間の取引については，これらを一括して課税対象として捉えるのは相当でなく，個々に課税対象となり得るか否かを検討すべきである。このことは，上記各取引の一方当事者が，法人ないし事業者としてはXという単一，同一の主体であることによっても，異なるものではない。

イ　この点につき，Xは，そもそも本件賃貸借契約及び本件転貸借契約が，区分所有者らにおいて，その区分所有権や共有持分ではなく，実際に利用する専有部分の面積に応じた共同管理費を支払えば済むようにすることを目的として締結されたものであり，実際，Xにおいても，本件転貸借契約により転借している専有部分に応じた本件共同管理費（本件共同管理費2）のみを支払っていることなどを根拠に，本件においては，本件共同管理費2の支払のみを課税対象にすべきであると主張する。

しかしながら，本件における取引の実態を考慮したとしても，Xの主張を採用することはできない。すなわち，…本件建物の区分所有者らの中には，本件建物の専有部分を全く利用しない者（以下『非利用区分所有者』という。）も存在するところ，非利用区分所有者については当然，K開発から専有部分を転借することはないから，その課税対象としても，K開発との賃貸借のみを考慮することとなるが，仮にXについて本件賃貸借契約に基づく取引と本件転貸借契約に基づく取引とを区別せずにこれらをまとめて課税対象として捕捉するという場合には，非利用区分所有者についてはK開発との賃貸借を課税対象と捉え，XについてはK開発との賃貸借を課税対象と捉えないということになり，明らかに不平等な租税法律関係を導くこととなる。

また，Xは，経済取引については私法によって規律されているのであるから，課税要件該当性を判断する際にも，まず私法に基づいて検討するのが原則であり，第1次的には，当事者が選択した法律形式，契約内容等を踏まえ，その取引の実態に即して判断すべきであるなどと主張し，その根拠として裁判例（福岡地方裁判所平成21年（行ウ）第57号平成23年7月15日判決・税務訴訟資料261号順号11710。…）を提示する。しかしながら，上記裁判例は，船舶の建造等納付金の免除を受けるための承諾書を取得する取引が資産の『譲渡』（法2条1項8号）に該当するか否かを判断するにあたり，上記のとおり説示したものであって，そもそも本件とは事案及び争点を異にするものである上，同裁判例の説示を前提とするとしても，むしろ，本件において当事者（X及びK開発）が賃貸借契約及び転貸借契約という契約形態を選択していることからすれば，課税対象としても両者を区別すべきこととなる。

この点のXの主張は採用することができない。

⑶　以上を踏まえて，賃借人負担条項によりK開発が本件共同管理費を負担したことが『課税資産の譲渡等の対価』（法28条1項）に当たるかを検討する。本件賃貸借契約において，Xは，

K開発に対し，Xの『資産』である本件建物の区分所有権の共有持分を『貸付け』するものである。他方，K開発は，Xとの関係で，貸付けの対象不動産に係る本件共同管理費を負担することになるところ（同６条２項…），これにより，Xは，区分所有者としては本件管理組合に対する本件共同管理費１の支払義務を負っているものの，賃借人負担条項により実質的にその負担を免れるという経済的な効果を受けることとなる。法28条１項にいう『金銭以外の物若しくは権利その他経済的な利益』とは，実質的に資産の譲渡等の対価を収受するのと同様の経済的効果をもたらすものをいうと解される（消費税法基本通達10－１－３…参照）ことからすれば，これはXが得る『対価』（法２条１項８号）に当たる。

したがって，本件賃貸借契約による本件各専有部分の共有持分の賃貸は，Xによる『資産の譲渡等』（法２条１項８号）に該当する。そして，その課税標準（法28条１項）は，『対価』，すなわち貸付けの対象不動産たるXが区分所有権を共有する本件各専有部分に係る本件共同管理費の額であるから，本件共同管理費１の額となる。

Xは，本件共同管理費２には本件共同管理費１が含まれているから，本件共同管理費２を支払っているXには上記の経済的な利益はない，そもそも賃借人負担条項によりK開発が負担するのは本件共同管理費１そのものであって，本件共同管理費１に『相当する額』ではないなどと主張する。

しかしながら，個々の取引ごとに課税対象か否かを判断する以上，本件共同管理費２に本件共同管理費１が含まれているとみることはできない。また，賃借人負担条項は，本件賃貸借契約の契約当事者であるXとの関係で，K開発が本件共同管理費１を負担する旨を約するのみであり，本件管理組合との関係で本件共同管理費１の支払義務を負うのはあくまで区分所有者たるXであって，本件賃貸借契約上の文言にかかわらず，K開発が本件管理組合に対して支払うのは本件共同管理費１『相当額』となると考えられる。この点Xの主張はいずれも採用できない。」

4　検　　討

1　検討の対象（争点１について）

上記のとおり，本件地裁判決は，本件共同管理費１と本件共同管理費２を別個のものとして捉えるべきとしている。すなわち，本件共同管理費２に本件共同管理費１が含まれているとみることはできないとの判断が下され，Xの主張が排斥された[1]。

本件において，国Yは，❶で示した問題関心を検討するにあたって，消費税法の処理が企業会計に準拠すべきとする立場から主張を展開した。これに対して，Xは，そのような立場には立っていない。本件地裁判決は，これに対して，Yの主張を直接採用することはしていないものの，結論において，相殺して計上すべきとするXの主張を排斥している。消費税法において企業会計準拠主義が採用されていると解すべきか否かについての検討を行う素材として，本件を取り上げる価値があると思われる。以下，会計学上の総額主義についての検討を行ったうえで，法人税法において総額主義が採用されていると解すべきか否かを論じ，次に，消費税法上の総額主義に踏み込んでいくこととしたい。

2　会計学上の総額主義

(1)　損益計算書原則および貸借対照表原則

総額主義とは，収益項目と費用項目を相殺して正味額のみを表示したり，または同種の資産と負債もしくは資本とを相殺してその差額のみを表示することを禁止し，差引項目をも明示することを要求する報告原則で，純額主義に対立する概念である。この総額主義は，取引をありのままの金額で表示することにより，企業の財政状態および経営成績を明瞭に表示し，企業の利害関係者によりよく知らせることを目的とするものである(2)。

企業会計原則における損益計算書作成上の一般的留意事項としては，①対応表示の原則，②総額主義の原則，③重要性の原則（損益計算書原則・三・C），④重要事項の注記，⑤形式的継続性の遵守が挙げられる（飯野利夫『財務会計論〔３訂版〕』13-９頁（同文舘・1993年））。また，貸借対照表作成上の一般的留意事項としては，①科目の適切な区分・配列・分類，②総額主義の原則，③重要性の原則，④重要事項の注記（貸借対照表原則・四（一）・Aおよび（二）），⑤形式的継続性の遵守が挙げられる（飯野・前掲書14-14頁）。

そして，そのうち，総額主義の原則とは，例えば，損益計算書作成についていうと，費用の一部または全部を収益と直接相殺することによって，収益および費用の一部または全部を損益計算書から除去してはならないとする原則であると説明されている（飯野・前掲書13-９頁。新井清光＝川村義則『現代会計学〔新版第２版〕』210頁（中央経済社・2018年），森藤一男『現代企業会計通論〔３訂版〕』210頁（税務経理協会・2000年），桜井久勝『財務会計講義〔第20版〕』295頁（中央経済社・2019年），榊原英夫『財務会計の基礎〔３訂版〕』29頁（同文舘出版・2009年））。これは，明瞭性の原則の適用の一部面であるといってもよい（酒井・プログレッシブⅠ150頁）。

なるほど，売上高と売上原価を相殺し売上総利益だけを表示した損益計算書からは，企業の販売活動の規模(3)や，売上高に占める売上原価の割合を把握することができないため，経営成績を十分に表示するためには(4)，純額主義ではなく総額主義によって作成されなければならないことになる（桜井・前掲書295頁）。

これは貸借対照表作成の際にもいえることである。例えば，売掛金と買掛金を相殺し，その残額だけをその一方として表示したり，同一の相手方に対する貸付金と借入金を相殺表示したりすると，債権債務の総額を知ることができず，また，資金調達源泉としての他人資本（負債）と自己資本（資本）の構成割合や，資金調達形態（資産）とその調達源泉（負債，資本）の関係が歪められ，企業の財政状態は適切に表示されないことになる（桜井・前掲書304頁）。そのため，貸借対照表作成においても，総額主義は重要な原則として位置付けられることになるのである（桜井・前掲書305頁。新井清光〔加古宜士補訂〕『新版財務会計論〔第７版〕』236頁（中央経済社・2003年））。

（２）　基本的取扱いと例外的取扱い―報告原則としての総額主義―

総額主義の考え方は原則であって，例外を認めないという性質のものではない。例えば，重要性の原則の観点から簡易な表示処理が求められることもあるし，貸借対照表の概観性を高めるために，売掛金と貸倒引当金を相殺して，貸借対照表の本体では相殺後の売掛金残高を表示し，貸倒引当金の額を注記することも認められている。このように，総額主義の原則は，あくまでも原則であって，例外を一切認めないというものではないのである。

これは，総額主義の原則はあくまでも報告原則であって[5]，本質的な処理自体に食い込むような原則ではないからという見方もできなくはない。例えば，正規の簿記の原則や継続性の原則というような処理原則とは性質を異にしており，あくまでも，投資家等に対する財務諸表報告における表示の「仕方」に関わる問題にすぎないものであるからともいえる。やや極端にいえば，重要な項目以外の項目であれば，総額主義によらないこともできるし，概観性を尊重して，注記事項において適切に補完をするのであれば，必ずしも総額主義の原則的適用に拘泥する必要性はないということになるのかもしれない。

もっとも，明瞭性の原則（☞**明瞭性の原則**とは）の一環として総額表示の原則を捉えるとすると，かような処理がふさわしくない場面があることまでを無視するものではない。すなわち，明瞭性の原則には，財務諸表の理解促進機能[6]や，真実性促進機能[7]があるといわれることもあるが，それらの機能を踏まえれば，表示原則であるからといって軽視してよいという意味合いを包蔵するものではないことも付言しておきたい。

☞**明瞭性の原則**とは，企業会計原則における一般原則の１つであり，一般原則４は「企業会計は，財務諸表によって，利害関係者に対し必要な会計事実を明瞭に表示し，企業の状況に関する判断を誤らせないようにしなければならない。」とする。「適正表示の原則」や「公開性の原則」，「ディスクロージャー原則」などと呼ばれることもある。明瞭性の原則は，単なる表示原則にとどまらず，財務諸表の理解促進を図る機能も有するといわれることがあり，注記や附属明細表等の開示をも含めるものである。注記は，財務諸表の理解促進機能に通じ，また，会計方針が注記によって公開されることが，ひいては財務諸表作成者に妥当な財務諸表の作成を促す動機付けともなり得る点において，財務諸表の真実性促進機能があるとの見解もある（笠井昭次『会計の論理』827頁（税務経理協会・2000年））。

3　法人税法上の総額主義

（1）　企業会計準拠主義

法人税法22条４項は，「一般に公正妥当と認められる会計処理の基準」（以下「公正処理基準」という。）によって，収益の額および原価・費用・損失の額を計算することとしている（企業会計準拠主義）。

すなわち，企業会計が上記のとおり総額主義の原則を採用していることが法人税法にいかなる意味を与えるかについて考える必要がある（明瞭性の原則と法人税法との関係については，酒井・プログレッシブⅠ148頁参照）。

（2）　表示に関する原則と会計処理の原則

前述の企業会計における総額主義については，表示に関する原則として捉えるべきとの一応の結論を得たところであるが，果たして，かような表示に関する原則が法人税法上の収益の額ないし，原価・費用・損失の額の計算において，何らかの意味を持ち得るのであろうかという素朴な疑問が惹起される。

そもそも，法人税法22条４項は，「一般に公正妥当と認められる会計処理の基準」と規定しているのであるが，ここにいう「会計処理の基準」に処理原則ではなく，単なる表示原則のようなものまで包蔵されるのかという疑問も同時に湧出するのである。企業会計上は，明瞭性の原則などが一般原則とされていることからもわかるとおり，表示に関する原則も一応，企業会計原則に包摂されていると思われるが，その問題を企業会計の視角からではなく，法人税法22

条４項の解釈の視角からいかに考えるべきかという疑問が浮上する。

もっとも，企業会計の目的は，企業の財政状態や経営成績に関する情報の適正なディスクロージャーにあることにかんがみれば，当然ながら，最終的にはそれらをいかに財務諸表に表示して，投資家の判断を誤らせないようにするかという点が重要となる。そのための基準であることからすれば，企業会計における表示の原則は，直接的であるか間接的であるかの議論は別としても，少なくとも会計処理の原則としての意味をも包摂すると理解することができよう。会計処理の基準として，期中の会計処理の段階において純額処理をしていたら，当然ながら総額主義による表示を行うことが不可能であることからすれば，表示原則が会計処理の原則に影響を及ぼすというのは当然の理であるといえよう。

なお，売上高から売上原価を直接差し引いて，その差としての売上総利益だけを損益計算書に掲げて，それが計算される基礎となった収益および費用を損益計算書に記載せず，また，売上高と売上原価を対比して記載するとしても，売上原価について計算過程を明らかにせず，単に売上原価として記載する方法は，純額主義と呼ばれている。明瞭性の原則はこのような記載方法を採用せず，基本的には総額主義による記載を要請している（飯野・前掲書２-25頁）。ここで，「基本的に」としているのは，総額主義の原則についても，重要性の原則の適用があるからである。飯野利夫教授によると，例えば，営業外収益である有価証券売却益は一般の企業では本来の営業活動によるものではないので，その金額が多少大きくても，それを総額で表示することを要請すべき必要性はあまりないことになる。このような本来の営業活動以外の活動によって生ずるものは，純額主義で記載されることもあり得るというのである（飯野・前掲書13-９頁）。

しかしながら，次のようなことはいえまいか。

上記のとおり，期中に純額主義を採用していた場合には，たとえ表示原則において総額主義を採用するとしても，期中の会計処理そのものが総額で処理されていない限り，表示についてのみ総額表示を求めることには無理がある。そうであるとすれば，期中における会計処理自体が総額処理でなければならないことになろう。これが，表示の原則が会計処理の原則に直接的ないし間接的に影響を及ぼしているという論拠である。その逆に，期中の会計処理が総額主義的なものとして行われていたとしても，表示原則として純額主義が要請されているとすれば，単純に表示のときだけ，純額表示を行うことは可能である。つまり，期中の会計処理が総額主義であったとしても，表示原則として純額主義的な財務諸表を作成することに，それほどの困難はなかろう。かように考えると，期中の会計処理と表示の原則とは必ずしも合致していなくても問題はないということになるのではなかろうか。

再反論としては，「期中の会計処理における総額主義」→「表示原則としての純額主義」は可能であっても，「期中の会計処理における純額主義」→「表示原則としての総額主義」が不可能であることを看過してはならない。したがって，必ずしも表示の原則としての要請が，そのまま直接的に会計処理の原則を意味するということに疑義はあろう。ただし，ここで問題関心を持っているのは，表示原則として総額主義を採用する場合であるから，その場合においては，期中における会計処理は必ず総額主義であることが要請されるのである。

そのような意味では，企業会計が表示原則として総額主義を要請しているということは，ひいてはその前提として会計処理についても総額主義が求められていると理解すべきではなかろうか。そのような見地から，企業会計が表示原則として「総額主義の原則」を採用していることを念頭に企業会計準拠主義を考えると，法人税法22条４項にいう公正処理基準としては総額主義による処理が求められていると理解すべきことになろう。

（３）　総額主義は法人税法上のグランドルールか

なるほど，総額主義という考え方が，法人税法22条４項が採用していると思われる明瞭性の原則のもとで，同法上の収益の額および原価・費用・損失の額の計算において影響を及ぼすとしても，果たしてこの考え方は同法に通底した基準なのであろうか。

この点を考えるにあたって，例えば，法人税法61条の２《有価証券の譲渡益又は譲渡損の益金又は損金算入》を参照したい。同条１項は，内国法人が有価証券の譲渡をした場合には，その譲渡に係る譲渡利益額または譲渡損失額は，事業年度の所得の金額の計算上，益金の額または損金の額に算入する旨を規定しているが，ここにいう譲渡利益額とは，次の①に掲げる金額が②に掲げる金額を超える部分の金額，すなわち「①の金額－②の金額」をいい，反対に，譲渡損失額とは，②に掲げる金額が①に掲げる金額を超える部分の金額，すなわち「②の金額－①の金額」をいう。

> ①　その有価証券の譲渡の時における有償によるその有価証券の譲渡により通常得べき対価の額（法人税法24条1項《配当等の額とみなす金額》の規定により同法23条1項1号又は2号《受取配当等の益金不算入》に掲げる金額とみなされる金額がある場合には，そのみなされる金額に相当する金額を控除した金額）（法法61の2①一）
> ②　その有価証券の譲渡に係る原価の額（その有価証券についてその内国法人が選定した一単位当たりの帳簿価額の算出の方法により算出した金額にその譲渡をした有価証券の数を乗じて計算した金額）（法法61の2①二）

また，法人税法61条の5《デリバティブ取引に係る利益相当額又は損失相当額の益金又は損金算入等》や，同法61条の6《繰延ヘッジ処理による利益額又は損失額の繰延べ》，同法61条の7《時価ヘッジ処理による売買目的外有価証券の評価益又は評価損の計上》[8]，同法61条の9《外貨建資産等の期末換算差益又は期末換算差損の益金又は損金算入等》[9]，同法61条の10《為替予約差額の配分》[10]が規定する各種の利益額または利益相当額，あるいは損失額または損失相当額は，ダイレクトに純額処理によって計算した損益結果を法人税法22条2項または3項の益金または損金の額に算入することとされている。つまり，純額計算をした結果としての金額が収益の額および原価・費用・損失の額とされるのであって，ここでは総額主義は採用されていないのである。

このような規定をみると，法人税法が必ずしもすべての局面で一貫して総額主義を採用しているわけではないことが判然とする。

しかしながら，これらの処理はあくまでも法人税法22条2項ないし3項の「別段の定め」であって，そうであるとすれば，限定的な取扱いということになる。

☑　もっとも，法人税法の構造からして，「別段の定め」を例外とし，「別段の定め」のない場合の法人税法22条2項ないし3項を受けた4項にいう公正処理基準が原則であるとみるべきかについては深慮を要する。なぜなら，法人税法の要請するプロパーの規定こそが「別段の定め」であって，それ以外の特に同法において特別の配慮を払う必要のない処理についてのみ公正処理基準によるべきこととしているとみるべきと思われるからである。したがって，法人税法が法人税法たり得る規定は，「別段の定め」にこそあるとみるべきであろう。そうであるがゆえに，それ以外の特段の処理の要請がないものについてのみ企業会計準拠主義が採用されているともいい得るのである。

ただし，仮に，「別段の定め」に規定された処理を原則と位置付け，それ以外の公正処理基準の支配下にある処理を例外と位置付けたとしても，いずれにしても，「別段の定め」はあくまでも「別段の定め」に規定されているからこそ承認されるのであって，仮にそれが本則的性格のものであるとしても，「別段の定め」に規定されているものは限定的な処理方法であるといわざるを得ない。

したがって，「別段の定め」として規定されていないものについての処理は，依然として企業会計に従うというルール自体には消長を来たさないのである。かような意味では，総額主義の原則も法人税法上のグランドルールとして理解することが肯認されることになろう[(11)]。

４　消費税法上の総額主義

（１）　Ｙの主張についての検討

それでは，消費税法上の総額主義を検討するにあたり，本件地裁判決がまとめたＹの主張の一部を確認しておこう。

Ｘは，Ｘが本件共同管理費１を本件共同管理費２に含めて支払っているとの解釈を前提に，本件賃貸借契約によってＸが本件共同管理費１相当額の経済的利益を得ていることはないなどと主張していた。

これに対して，Ｙは，次のように論じて，Ｘの上記主張が失当であることを論じている。

「法人の消費税の税額計算は，法人税法の損益計算における総額記載を前提とするところ，同法22条４項は，内国法人の各事業年度の所得の金額の計算上，当該事業年度の益金の金額に算入すべき金額及び損金の金額に算入すべき金額については，一般に公正妥当と認められる会計処理の基準に従って計算されるものとする旨規定している。この会計処理の基準として，一般に企業会計原則が用いられている〔。〕」

「企業会計原則は，法律ではないが，法的確信に裏付けられた強制力を有する慣習規範として性格づけられ，企業会計実務の指導規範となるものである。そして，企業会計原則第２の１のＢが，『費用及び収益は，総額によって記載することを原則とし，費用の項目と収益の項目とを直接に相殺することによってその全部又は一部を損益計算書から除去してはならない。』と定めているとおり，損益計算における費用及び収益は，総額記載を原則とし，費用と収益とを直接相殺することは許されていない。このような考え方は，企業会計のみならず，租税会計にも同様に当てはまる。したがって，表面的な金銭の流れとしては，本件共同管理費２の支払により本件共同管理費１の支払が不要になっているとしても，Ｘが本件賃貸借契約により本件共同管理費１相当額の支払をＫ開発に負担させているという関係が課税対象から外れることはない。そもそも，本件共同管理費１及び２は，いずれも名目こそ共同管理費ではあるものの，その負担根拠及び法的性質が全く異なるものであるから，たとえ本件共同管理費２の金額が本件共同管理費１の金額よりも高かったとしても，法的には，本件共同管理費１が本件共同管理費２に含まれて支払われていると解釈することはできない。」

すなわち，Ｙの主張は，次のような構成で展開されている。

①　法人の消費税の税額計算は，法人税法の損益計算における総額記載を前提とする。
②　法人税法22条４項は，益金および損金の額に算入すべき金額について公正処理基準に従って計算される旨規定している。
③　企業会計原則は，慣習規範として，企業会計実務の指導規範となる。
④　企業会計原則は，損益計算における費用および収益について総額記載を原則としており，費用と収益とを直接相殺することを許していない。
⑤　このような考え方は，企業会計のみならず，租税会計にも同様に当てはまる。

このような規範定立をしたうえで，次のとおり本件への当てはめを行っている。

「本件共同管理費１及び２は，いずれも名目こそ共同管理費ではあるものの，その負担根拠及び法的性質が全く異なるものであるから，たとえ本件共同管理費２の金額が本件共同管理費１の金額よりも高かったとしても，法的には，本件共同管理費１が本件共同管理費２に含まれて支払われていると解釈することはできない。」

ここでは，本件共同管理費１および２は負担根拠ならびに法的性質が全く異なるから，相殺することはできないというのである。この当てはめにおいて，Ｙは，総額主義によるべきというようなことは述べていない。つまり，ここでは，総額主義に従うことが法人税法22条４項の要請であるからそれに従わなければならないため，本件共同管理費１および２を相殺することができないという意味なのか，それとも，本件共同管理費１および２は負担根拠および法的性質が異なるから相殺してはならないとする意味なのかが，必ずしも判然としないが，主張内容からすると，後者であるように思われる。そうであるとすると，規範定立において，総額主義によらなければならないとした意味が奈辺にあるのかわかりづらい。

例えば，これまで述べてきたとおり，売上金額と売上原価を相殺することは総額主義からすれば原則的に否定されるところ，そもそも，売上金額と売上原価はその負担根拠にしても法的性質についても異なるものである。負担根拠や法的性質が異なるものについて相殺しないとするのが総額主義であると整理すれば，Ｙの主張は，言葉足らずではあるものの（もちろん，これは裁判所が整理するＹの主張であるから，総額主義についての裁判所の不理解によるものかもしれないが），そのことを論じているというように善解することもできなくはない。

そのような意味では，（裁判所がまとめた）上記Ｙの主張にはややわかりづらい点があるにせよ，企業会計が総額主義を採用しているからこそ，消費税法においても，同様の考え方に従うべきとの結論が導出されるのである。

（２）　総額主義は消費税法においても要請されているか

では，法人税法が企業会計準拠主義に立脚する中で，企業会計が総額主義の原則を採用しているとすれば，同法22条４項に従って，「別段の定め」を除き，同法上総額主義によらなければならないと理解し得たとしても，果たして，消費税法上も規範として成立し得るのかという論点は依然として残っているといえよう。

Ｙが主張するように消費税法上の要請として果たして総額主義に従うべきという考え方を導出し得るのであろうか。すなわち，前述（１）のＹの主張の①にいう「法人の消費税の税額計算は，法人税法の損益計算における総額記載を前提とする。」とする理解自体に問題はないのであろうか。そもそも，消費税法においても，企業会計準拠主義が採用されているとみるべき実定法上の根拠規定は存するのであろうか。

ところで，税制改革法（☞**税制改革法**とは）10条《消費税の創設》２項は，消費税の仕組みについては，「我が国における取引慣行及び納税者の事務負担に極力配慮したものとする。」としており，この点からすれば，納税者の事務負担を軽減するため，法人が消費税用の帳簿を作成するなどの煩雑さを避けることが要請されていると理解することはできよう。しかし，そうであるとはいっても，「法人の消費税の税額計算は，法人税法の損益計算における総額記載を前提とする。」とする法的根拠は見当たらない。

☞**税制改革法**とは，昭和63年の抜本的税制改革を定めた法律であり（昭和63年法律第107号），消費税の創設がうたわれている（税制改革法10）。同法２条《今次の税制改革の趣旨》は，「今次の税制改革は，現行の税制が，産業構造及び就業構造の変化，所得の水準の上昇及び平準化，消費の多様化及び消費におけるサービスの比重の増加，経済取引の国際化等を反映して著しく変化してきた現在の経済社会との間に不整合を生じている事態に対処して，将来の展望を踏まえつつ，国民の租税に対する不公平感を払しょくするとともに，所得，消費，資産等に対する課税を適切に組み合わせることにより均衡がとれた税体系を構築することが，国民生活及び国民経済の安定及び向上を図る上で緊要な課題であることにかんがみ，これに即応した税制を確立するために行われるものとする。」とし，同法4条《今次の税制改革の方針》は「今次の税制改革は，所得課税において税負担の公平の確保を図るための措置を講ずるとともに，税体系全体として税負担の公平に資するため，所得課税を軽減し，消費に広く薄く負担を求め，資産に対する負担を適正化すること等により，国民が公平感をもって納税し得る税体系の構築を目指して行われるものとする。」と規定している。

消費税法基本通達11－6－1は次のように通達する。

消費税法基本通達11－6－1《仕入税額控除に係る帳簿及び請求書等の記載事項の特例》
法第30条第7項《仕入税額控除に係る帳簿及び請求書等の保存》に規定する課税仕入れ等の税額の控除に係る帳簿及び請求書等に関して同条第8項第1号《仕入税額控除に係る帳簿》及び同条第9項第1号《仕入税額控除に係る請求書等》に規定する記載事項については，次により取り扱って差し支えない。

同通達は，このように示して，消費税法30条《仕入れに係る消費税額の控除》8項1号および2号に規定する記載事項を示した後に，「帳簿とは，第1号イからニ及び第2号イからホに規定する記載事項を記録したものであればよいのであるから，商業帳簿のほか，所得税又は法人税の申告の基礎となる帳簿でも差し支えない。」との注書きを付している。

また，国税庁のタックスアンサーは，「帳簿の記載事項と保存」として，次のように示す[12]。

「課税事業者は，帳簿を備え付けて，これに取引を行った年月日，内容，金額，相手方の氏名又は名称などの必要事項を整然とはっきり記載し，この帳簿の閉鎖の日の属する課税期間の末日の翌日から2か月を経過した日から7年間，事業者の納税地又はその事業に係る事務所等で保存しなければなりません。」
「これらの記載事項を充足するものであれば，商業帳簿でも所得税・法人税における帳簿でも差し支えありません。」

法源性のない通達の注書きによる緩和的な示唆があるにすぎず，消費税法30条7項ないし8項にいう帳簿とは，8項1号イからニおよび2号イからホに規定する記載事項を記録したものであればよいのであって，何も法人税の申告の基礎となる帳簿によらなければならない理由はないのである（本書第7章参照。この点を詳述したものとして，酒井克彦「消費税法上の『帳簿』保存の意義」企業研究31号123頁（2017年））。日本版インボイス方式が所得課税法をベースに構築されていることを説明することはできても（酒井・同稿137頁），「法人の消費税の税額計算は，法人税法の損益計算における総額記載を前提とする。」という点は論証できないであろう。

（３）所得税法との関係

また，Ｙは，「法人の消費税の税額計算は，法人税法の損益計算における総額記載を前提とする。」と主張するにとどまり，個人事業者における税額計算については触れていないのであるが，同様に「個人事業者の消費税の税額計算は，所得税法の損益計算における総額記載を前提とする。」などといえるであろうか。

そもそも，所得税法には法人税法22条４項のような規定はなく，企業会計準拠主義を採用していると認めるべき規定は存在しない（酒井克彦「所得税法上の公正処理基準規定の創設―記帳に基づく申告制度のインフラ整備―」アコード・タックス・レビュー４号１頁（2013年），同「営業所得―企業会計準拠の主義の採用―」税理62巻６号79頁（2019年）参照）。所得税法は，企業会計準拠主義を採用していないと思われるのである。そうであるとすると，前述の消費税法基本通達11－６－１にある「所得税又は法人税の申告の基礎となる帳簿でも差し支えない。」との注書きは，特段，企業会計準拠主義を反映したものではないと捉えるべきではなかろうか。

☑　所得税法を受けた所得税法施行規則58条《取引に関する帳簿及び記載事項》において帳簿記載事項が規定され，同規則57条《取引の記録等》において「正規の簿記」の原則に従う旨が規定されていることから，同法においても，企業会計準拠主義を採用していると捉えることもできなくはないように思われるが，それはあくまでも青色申告制度下における記帳ルールに関する部分だけであると理解されよう。

また，仮に，Ｙの主張するように企業会計の要請に従って法人税法が総額主義を採用しているから消費税法上も総額主義によるべきとの主張が正しいとすると，企業会計が総額主義を採用しているからといっても，個人事業者に何らの影響も与えないことになることとあわせ考えると，同じ消費税法上の取扱いでも，法人については総額主義が強制されるのに，個人事業者についてはそのような決まりはないということになり均衡を失することになりはしないであろうか。消費税法の解釈からいかにして，かような平仄の合わない解釈を許容すべきことになるのであろうか。

所得税や法人税に係る帳簿をもって，消費税法上の「帳簿」と扱って差し支えないとする消費税法基本通達11－6－1の取扱いは企業会計準拠主義によって説明できるものではないこと，企業会計が総額主義を採用しているという説明では，個人事業者との整合的取扱いができなくなることからすれば，Yが主張する「法人の消費税の税額計算は，法人税法の損益計算における総額記載を前提とする。」との見解には疑問が否めないのである。

(4)　総額主義的取扱いの根拠

この点，本件地裁判決は，上記Yの主張をそのまま採用するのではなく，次のような論理構成を展開した。

①　消費税は，多段階課税消費税制度を採用し，各取引段階で移転，付与される附加価値を課税標準として課税する附加価値税の制度を採用している。
②　消費税は，生産流通過程のあらゆる段階において発生する附加価値に対して課税を行うものとして，原則として広くあらゆる物品，サービスを課税対象とする一方，その課税対象を捉えるにあたっては，原則として流通の個々の段階，個々の取引ごとに判断するのが相当である。

このような整理のうえで，本件への当てはめにおいて，「本件管理規約に基づくXと本件管理組合との間の取引，本件賃貸借契約に基づくXとK開発との間の取引については，これらを一括して課税対象として捉えるのは相当でなく，個々に課税対象となり得るか否かを検討すべき」としている。

なるほど，消費税の場合，法人税法とは異なり，例えば資産の譲渡などのような対価を伴わない取引について，原則として消費税が課されないのは，「対価を伴わない取引の場合には，次の取引段階において仕入税額が減少し，その分だけ納付すべき税額が増加するから，自ずから税負担の調整が行われることになる。」として「取引」に着目する説明がなされている（金子・租税法793頁）。そうであるとすれば，本件地裁判決がいうとおり，消費税制度について各取引段階で移転付与される付加価値税（☞**付加価値税**とは）であり，原則として流通の個々の段階，個々の取引ごとに課税を捉えるとの考え方は妥当であるように思われる。

☞**付加価値税**とは，各取引段階の付加価値を課税標準として課される一般消費税をいう。ここで付加価値とは，原材料の製造から製品の小売までの各段階において事業が国民経済に新たに付加した価値を指す（金子・租税法782頁）。

☑　金子宏教授は，「また，それが最終消費者との間で行われた場合には，『消費税』が建前上消費そのものではなく，消費支出に担税力を認めて課税されるものであるため，これに課税する必要はないと考えられるからである。」ともされる（金子・租税法793頁）。なお，富山地裁平成15年５月21日判決（税資253号順号9349）も「消費税とは，一般的に物品やサービスの消費支出に担税力を認めて課される租税をいうものであって，国民に対し，消費支出に現れる経済的な負担能力に応じた負担を求めるものである。」として，消費支出に担税力を求める旨判示している。控訴審名古屋高裁金沢支部平成15年11月26日判決（税資253号順号9473）もかかる部分を引用している。

☑　例えば，東京地裁平成11年１月29日判決（判タ1041号176頁）は，「消費税は，財貨及び役務が生産から流通の過程を経て消費者に提供される流れに着目し，その過程に関わる事業者の売上を課税の対象とすることにより，間接的に消費に負担を求める税である」とするし，同日付けの別の東京地裁判決（民集59巻２号296頁）は，「消費税は，生産から流通を経て消費に至る過程における事業者による商品の販売，役務の提供等の各段階に課税し，最終的消費に広く薄く負担を求めるという性質を有するところから，順次，円滑かつ適正に転嫁されることが予定されている」とする（東京高裁平成12年１月13日判決（民集59巻２号307頁）も引用）。

しかしながら，本件地裁判決のかかる説示はいささか抽象的であるようにも思われる。より，具体的な実定法上の根拠はないのであろうか。

（５）私　　見

①　帳簿および請求書への記載事項の要請

消費税法30条８項ないし９項は個々の取引ごとに法定記載事項を記録しなければならないことを要請している。すなわち，同条８項は次のように規定しており，個々の取引の詳細についての記帳を要求しているのである。

消費税法30条《仕入れに係る消費税額の控除》
8　前項に規定する帳簿とは，次に掲げる帳簿をいう。
　一　課税仕入れ等の税額が課税仕入れに係るものである場合には，次に掲げる事項が記載されているもの
　　イ　課税仕入れの相手方の氏名又は名称
　　ロ　課税仕入れを行った年月日
　　ハ　課税仕入れに係る資産又は役務の内容
　　ニ　第1項に規定する課税仕入れに係る支払対価の額
　二　課税仕入れ等の税額が特定課税仕入れに係るものである場合には，次に掲げる事項が記載されているもの
　　イ　特定課税仕入れの相手方の氏名又は名称
　　ロ　特定課税仕入れを行った年月日

ハ　特定課税仕入れの内容
ニ　第1項に規定する特定課税仕入れに係る支払対価の額
ホ　特定課税仕入れに係るものである旨
三　課税仕入れ等の税額が第1項に規定する保税地域からの引取りに係る課税貨物に係るものである場合には，次に掲げる事項が記載されているもの
イ　課税貨物を保税地域から引き取った年月日（課税貨物につき特例申告書を提出した場合には，保税地域から引き取った年月日及び特例申告書を提出した日又は特例申告に関する決定の通知を受けた日）
ロ　課税貨物の内容
ハ　課税貨物の引取りに係る消費税額及び地方消費税額…又はその合計額

さらに，消費税法30条9項についてもみておこう。

消費税法30条《仕入れに係る消費税額の控除》
9　第7項に規定する請求書等とは，次に掲げる書類をいう。
一　事業者に対し課税資産の譲渡等…を行う他の事業者…が，当該課税資産の譲渡等につき当該事業者に交付する請求書，納品書その他これらに類する書類で次に掲げる事項…が記載されているもの
イ　書類の作成者の氏名又は名称
ロ　課税資産の譲渡等を行った年月日…
ハ　課税資産の譲渡等に係る資産又は役務の内容
ニ　課税資産の譲渡等の対価の額…
ホ　書類の交付を受ける当該事業者の氏名又は名称
二　事業者がその行った課税仕入れにつき作成する仕入明細書，仕入計算書その他これらに類する書類で次に掲げる事項が記載されているもの…
イ　書類の作成者の氏名又は名称
ロ　課税仕入れの相手方の氏名又は名称
ハ　課税仕入れを行った年月日…
ニ　課税仕入れに係る資産又は役務の内容
ホ　第1項に規定する課税仕入れに係る支払対価の額
三　課税貨物を保税地域から引き取る事業者が税関長から交付を受ける当該課税貨物の輸入の許可…があったことを証する書類その他の政令で定める書類で次に掲げる事項が記載されているもの
イ　納税地を所轄する税関長
ロ　課税貨物を保税地域から引き取ることができることとなった年月日（課税貨物につき特例申告書を提出した場合には，保税地域から引き取ることができることとなった年月日及び特例申告書を提出した日又は特例申告に関する決定の通知を受けた日）
ハ　課税貨物の内容
ニ　課税貨物に係る消費税の課税標準である金額並びに引取りに係る消費税額及び地方消費税額
ホ　書類の交付を受ける事業者の氏名又は名称

このような点から考えると，消費税法は個別の取引の内容についてその記録

を求めているのであるから，純額によって処理することはそもそも予定されていないのではないかと思われる(13)。例外はあり得るとしても，個別取引が記帳されることが前提であるということができるし，また，個々の取引において発給される請求書等の保存が仕入税額控除の要件とされていることからすれば，消費税法は，取引単位を念頭に置いて課税を考えるという基本姿勢を採用していると解すことができそうである。

②　取引規模

消費税法の取扱いにおいては，しばしば取引規模が重要な事柄になることがある。例えば，消費税法９条《小規模事業者に係る納税義務の免除》１項は，「事業者のうち，その課税期間に係る基準期間における課税売上高が千万円以下である者については，第５条第１項の規定にかかわらず，その課税期間中に国内において行った課税資産の譲渡等及び特定課税仕入れにつき，消費税を納める義務を免除する。」としており，基準期間における課税売上高について1,000万円の基準が採用されている。

課税売上げの大きさを納税義務の免除基準としていることからしても，消費税法は純額主義を採用していないことが判然とする。

さらにいえば，前述の消費税法９条１項にいう課税売上高の基準については，例えば，個人事業者および基準期間が１年である法人については，基準期間中に国内において行った課税資産の譲渡等の対価の額の合計額から，次の①に掲げる金額から②に掲げる金額を控除した金額の合計額を控除した金額，すなわち「売上げに係る税抜対価の返還等の金額の合計額」を控除した金額によることとしているのである。

①　基準期間中に行った消費税法38条《売上げに係る対価の返還等をした場合の消費税額の控除》１項に規定する売上げに係る対価の返還等の金額（消法９②一イ）
②　①に係る消費税額に78分の100を乗じて算出した金額（消法９②一ロ）

かように，課税売上高については，あえて「売上げに係る税抜対価の返還等の金額の合計額」を控除することが規定されていることからしても，基本的に総額主義を採用していることが判然とする。

このように，消費税法が取引の大きさを課税事業者の基準としたり，記帳項目を取引単位としていることからみても，同法が純額主義を採用しているとはいえないのである。

 小括―実態に応じた契約解釈

本章の検討を通じて，消費税法が，企業会計や法人税法を根拠とせずとも，むしろ消費税法プロパーの見地から総額主義を採用しているとの所見を導出した。

もっとも，そうであったとしても，実態に応じた解釈が展開されるべきであろう。これは，租税法解釈の原則である。例えば，とあるタンカーのブローカー（甲）は，販売者（A）と購入者（B）との間に入って，売買仲介を行うことを業とするところ，便宜的にいったん甲を経由して，２つの売買契約を結んだとしよう。甲は，10億円のタンカー第一売買契約（A→甲への販売契約）の当事者となり，他方で10億1,000万円のタンカー第二売買契約（甲→Bへの販売契約）の当事者ともなるわけであるが，その際に，実質的には1,000万円の仲介手数料収入のみしか得ないこととされていたとしても，それでも総額主義を採用するとして，甲は10億1,000万円の課税資産の譲渡等と，10億円の課税仕入れをそれぞれ認識しなければならないというものではないというべきであろう。

本件事案についてみると，当初から相殺することが織り込まれた契約関係であるものを，その契約関係から判然とする実態を無視して相殺的取扱いを全面的に否定することが，総額主義の見地から求められているものでは決してない。仮に，Xにおいて，本件転貸借契約により転借している専有部分に応じた本件共同管理費（本件共同管理費２）のみを支払っていることが契約解釈において重要視されるのであれば，本件においては，本件共同管理費２の支払のみを課税対象にすべきということになるはずである。

この点について，本件地裁判決は，本件建物の区分所有者らの中には，非利用区分所有者が存在するところ，非利用区分所有者については当然K開発から専有部分を転借することはないから，その課税対象としても，K開発との賃貸

借のみを考慮することとなるが，仮にXについて本件賃貸借契約に基づく取引と本件転貸借契約に基づく取引とを区別せずにこれらをまとめて課税対象として捕捉するという場合には，非利用区分所有者についてはK開発との賃貸借を課税対象と捉え，XについてはK開発との賃貸借を課税対象と捉えないということになり，明らかに不平等な租税法律関係を導くこととなるとして，上記のような考え方を排斥している。

これを不平等な租税法律関係というか否かも含めて，このあたりの判断については議論のあるところであろう。

注

(1)　本章で取り上げる論点ではないが，争点1の判断が結局は争点2（本件共同管理費1の支払は「課税仕入れに係る支払対価」（消法30①）に当たるか）の判断にも影響を及ぼしている。本件地裁判決は，消費税の課税対象を把握するにあたっては，個々の取引ごとにこれを検討すべきとの争点1の判断から次のように論じている。すなわち，「本件管理組合と各区分所有者との間の取引についても，これを本件賃貸借契約に基づく取引及び本件転貸借契約に基づく取引とは切り離して，個別に検討することとなる。そして，その本件管理組合と各区分所有者の間では，本件管理規約上，本件管理組合が区分所有者らに対して管理業務を行う義務を負い（同14条），区分所有者らは本件管理組合に対して本件共同管理費を支払う義務を負う（同17条1項，21条1項）こととなるところ，これに基づき，本件管理組合が行う管理業務という役務提供が『課税資産の譲渡等』（法2条1項9号）に当たるか否か，ひいては，区分所有者らが支払う本件共同管理費がその役務提供に対する『対価』（法2条1項8号）ないし『当該課税仕入れに係る支払対価』（法30条1項）に当たるか否かが問題となる。」として，「本件共同管理費は，一般的な共用部分の管理費と同様に，本件管理組合がいかなる管理業務を行い，各区分所有者がそこからどの程度受益したかということとは無関係に，単に区分所有者たる地位に基づいて支払義務が発生する性質のものにとどまるというべきであり，本件管理組合が行う管理業務と対応関係を有するとはいえず，管理業務という役務の提供に対する対価であるとは認められない。」とする。

争点2について，本件地裁判決が，「組合がその構成員から受ける会費，組合費等については，当該組合がその構成員に対して行う役務の提供等との間に明白な対価関係があるかどうかによって，資産の譲渡等の対価であるかどうかを判定するのが相当である」として，消費税法基本通達5－5－3を参照している点には大いに疑問が残る。消費税法の解釈からすれば，役務提供と対価との間に個別的・具体的な対応関係は求められていないのであるから，規範の定立において問題をはらんだ判断であったといわざるを得ない。本件地裁判決は，かかる誤った規範定立を出発点として，判断を展開しており，当然ながらその後の判示内容は正解していないといわざるを得ないが，本章の中心的関心事項ではないため，これ以上は触れないこととする。

(2)　矢内一好＝高山政信『和英用語対照税務・会計用語辞典〔12訂版〕』290頁（財経詳報社・2009年）。例えば，減価償却引当金の額を建物の取得価額から控除する形式で表示するのはこの例である（同書290頁）。

(3)　森藤一男『現代企業会計通論〔3訂版〕』210頁（税務経理協会・2000年）。

(4)　すなわち，経営活動の努力と成果をできる限り全体的に表示しようとするものである（高木泰典『財務会計論〔改訂版〕』67頁（税務経理協会・1997年））。

(5)　榊原英夫『財務会計の基礎〔3訂版〕』29頁（同文舘出版・2009年），氏原茂樹『基本簿記会計〔第2版〕』248頁（多賀出版・1997年），泉渥『会計学講義〔第2版〕』〔今井憲彦執筆〕122頁（中央経済社・1999年）。大堺利實『会計学基礎概念〔相補改訂版〕』175頁（創成社・1996年）は，「総額表示の原則」とする。

(6)　笠井昭次『会計の論理』827頁（税務経理協会・2000年）。

(7)　笠井・前掲注(6)，827頁，山桝忠恕『近代会計理論』74頁（国元書房・1967年）。なお，山桝教授は，真実性を間接的に促進する機能と情報伝達性を積極的に充実せしめようとする機能を説明される（同書74頁）。

(8)　売買目的外有価証券の価額と帳簿価額との差額のうちデリバティブ取引等に係る利益額または損失額に対応する部分の金額として政令で定めるところにより計算した金額をヘッジ対象有価証券評価差額という（法法61の7①）。

(9)　同条3項にいう為替換算差額とは，当該外貨建資産等の金額を期末時換算法により換算した金額と当該外貨建資産等のその時の帳簿価額との差額に相当する金額をいう（法法61の9②）。

(10)　同条にいう為替予約差額とは，当該外貨建資産等の金額を先物外国為替契約等により確定させた円換算額と当該金額を当該外貨建資産等の取得または発生の基因となった外貨建取引を行った時における外国為替の売買相場により換算した金額との差額をいう（法法61の10①）。

(11)　ただし，さらに議論を深めると，総額主義を要請する表示原則たる「明瞭性の原則」を，果たして公正処理基準と認め得るのかについては次のような観点において疑問がなくもない。

例えば，その理由の1つとして，法人税法施行規則53条《青色申告法人の決算》の存在を挙げることができる。同条は，「第121条第1項（青色申告）の承認を受けている法人（以下この章において『青色申告法人』という。）は，その資産，負債及び資本に影響を及ぼす一切の取引につき，複式簿記の原則に従い，整然と，かつ，明りょうに記録し，その記録に基づいて決算を行なわなければならない。」としており，「明瞭」ではなく「明りょう」という文言を用いているのであるが，法の文言に忠実に従うべきとすると，法人税法は，企業会計上の「明瞭性の原則」とは異なる概念として，いわば「明りょう性の原則」なる固有の原則を設けているともいえよう（この点について，酒井克彦「電子帳簿保存法にいう『明瞭』」税務事例51巻12号5頁（2019年））。このように解すると，果たして会計上の「明瞭性の原則」を公正処理基準として位置付けることに齟齬を来たさないかという疑問が生じるのである。もっとも，この議論については，法人税法施行規則53条は「別段の定め」であるから，かような主張は認められないとの反論もあろう（なお，この反論に従えば，法人税法が特に「明りょう」を求めるのは，あくまでも決算の基となる記録に関する「明りょう」性ということになると解される。）。

もう1つ，「明瞭性の原則」を公正処理基準として容認することへの文理上のハードルとして，法人税法22条4項がそもそも「計算」規定であるという点を挙げることができる。すなわち，同条は，「第2項に規定する当該事業年度の収益の額及び前項各号に掲げる額は，別段の定めがあるものを除き，一般に公正妥当と認められる会計処理の基準に従って計算されるものとする。」としており，あくまでも「計算」に関して企業会計準拠主義を採用しているのである。そうであるとすると，計算規定ではない表示原則たる「明瞭性の原則」を公正処理基準として承認することには抵抗を覚える。ただし，既述のとおり，表示原則として総額主義を採用するためには，期中の会計処理についても総額主義に基づくことが必須であることにかんがみれば，明瞭性の原則を，公正処理基準として法人税法上のグランドルールであると整理することもできなくはない。

このように，とりわけ「明瞭性の原則」の公正処理基準該当性については議論が絶えないところであるが，かような議論については，プログレッシブⅠにおいて詳細に検討を加えたことから（酒井・プログレッシブⅠ第7章），ここではひとまず，法人税法上も総額主義が採用されると解されることを述べるにとどめ，本章の主題である消費税法上の総額主義の議論へと進むこととする。

(12)　国税庁タックスアンサー No.6621（https://www.nta.go.jp/m/taxanswer/6621.htm〔平成31年3

月３日訪問〕)。また，そこでは「課税事業者（簡易課税を選択した事業者を除きます。）が仕入税額控除及び売上対価の返還等の適用を受けようとする場合には，一定の帳簿（仕入税額控除の場合は帳簿及び請求書等）の保存が要件とされています。」と説明している。

⒀　もっとも，同一の年月日であって，相手方が同一の者であれば，相殺後の純額による帳簿書類への記載は可能かもしれない。資産や役務の内容についても記載の仕方次第のような気もするが，そうであっても，そのことのゆえをもって原則的な考え方自体が否定されるものではないと考える。

法人税法上の「帳簿書類」と消費税法上の「帳簿」

はじめに

平成28年度税制改正関連法が同年3月29日に成立し，その後，消費税率の引上時期を平成29年4月1日から令和元年10月1日に変更することに伴う改正（平成28年11月改正）を受け，令和元年10月1日から導入されている現行制度をベースにした「区分記載請求書等保存方式」を経て，令和5年10月1日より，いわゆるインボイス方式である「適格請求書等保存方式」が導入されることになる。これにより，帳簿および請求書の記載内容に大幅な変化が生じ，また，適格請求書の発行事業者登録が令和3年10月1日から始まることになる。

☑ 平成28年11月税制改正後の消費税法は，適格請求書発行事業者が，当該課税資産の譲渡等につき当該事業者に交付する適格請求書または適格簡易請求書（消法30⑨一），適格請求書の記載事項に係る電磁的記録（消法30⑨二），事業者が課税仕入れについて作成する仕入明細書等の書類で，適格請求書の記載事項が記載されているもの（消法30⑨三），媒介または取次ぎに係る業務を行う者から交付を受ける一定の書類（消法30⑨四）の保存を課税仕入れに係る仕入税額控除の要件としている。

インボイス方式が採用されれば，帳簿および請求書の保存に対する考え方[(1)]や制度の捉え方に変容が生ずるが[(2)]，そもそも，消費税法上，帳簿の保存がなぜ必要とされていたのかという点の検証を経ずして，その後の展望を理論的に説明することは難しいように思われる。

☑ 平成28年度税制改正後の消費税法30条《仕入れに係る消費税額の控除》7項は「帳簿及び請求書等（…特定課税仕入れに係るものである場合その他の政令で定める場合における当該課税仕入れ等

の税額については，帳簿)」とするかっこ書きに「請求書等の交付を受けることが困難である場合」と追加規定している。これは「帳簿及び請求書等」にいう「及び」の意義が大きく変容することを意味しているとも思われる。

そこで，本章においては，消費税法上の「帳簿」の保存の意義を，法人税法（あるいは所得税法）上の「帳簿書類」の「備付け，記録，保存」との関係で整理することとしたい。

2　法人税法上の「帳簿書類」

1　青色申告制度における「帳簿書類」

内国法人は，納税地の所轄税務署長の承認を受けた場合には，青色の申告書を提出することができる（法法121①)。これを青色申告といい，その制度を青色申告制度というが（以下，青色申告の承認を受けた内国法人を「青色申告法人」ないし「青色申告者」という。)，法人税法126条《青色申告法人の帳簿書類》１項は，青色申告法人に対して，「財務省令で定めるところにより，帳簿書類を備え付けてこれにその取引を記録し，かつ当該帳簿書類を保存しなければならない。」と規定する。この規定ぶりからすれば，「帳簿書類を『備付け』→そこに取引を『記録』し→それを『保存』しなければならない」要請であるということになろう。このように考えると，法人税法上の「帳簿書類」とは，必ずしも取引が記録されたものであると理解すべきものではなく，むしろ，同法126条の規定からすれば，文理上．取引が記録される前の「被記録媒体」のことを指しているようにも思われる。いわば，同条の要請するところによれば，例えば，購入してきた市販の何も書き込まれていない仕訳帳そのものが「帳簿書類」であり，それを「備付け」，そこに取引を「記録」したものを「保存」しなければならないということになりそうである。

このような文理に忠実に従った理解は果たして正しいのであろうか。

法人税法施行規則54条は次のように規定する。

法人税法施行規則54条《取引に関する帳簿及び記載事項》
青色申告法人は，全ての取引を借方及び貸方に仕訳する帳簿（次条において『仕訳帳』という。)，全ての取引を勘定科目の種類別に分類して整理計算する帳簿（次条において『総勘定元帳』という。）その他必要な帳簿を備え，…取引に関する事項を記載しなければならない。

すなわち，「仕訳帳」と「総勘定元帳」その他必要な帳簿を備えなければならないと規定しているのである。ここにいう仕訳帳とは，すべての取引を借方および貸方に仕訳する帳簿であるが，そこには，取引の発生順に，取引の年月日，内容，勘定科目および金額を記載しなければならないとされている（法規55①）。また，総勘定元帳とは，すべての取引を勘定科目の種類別に分類して整理計算する帳簿であるが，そこには，その勘定ごとに記載の年月日，相手方勘定科目および金額を記載しなければならないとされている（法規55②）。行政命令たる施行規則から法律を解釈することに躊躇がなくはないが，法人税法施行規則55条《仕訳帳及び総勘定元帳の記載方法》1項が規定するように取引を記録することが，法人税法126条1項の取引の「記録」を意味することになろう(3)。つまり，①仕訳帳に，取引の発生順に取引の年月日，内容，勘定科目および金額を記載すること，②総勘定元帳に，その勘定ごとに記載の年月日，相手方勘定科目および金額を記載することが取引の「記録」を指す(4)。

すると，仕訳帳として購入してきた「帳簿書類」に取引を「記録」して「保存」するという前述の理解には若干の疑問が浮上する。すなわち，法人税法施行規則は，仕訳帳について，具体的な帳簿書類を法定化しているわけでは決してなく，記載内容を法定していることからすれば，法定内容が記載される前（取引が記録される前）の単なるノートを仕訳帳あるいは総勘定元帳と呼ぶことができるであろうか。これらの内容が記載されて初めて仕訳帳あるいは総勘定元帳と評価し得るのである。すなわち，何も記載されていない単なるノートが仮に仕訳帳用に用意されていたとしても，それを「仕訳帳」と捉えることはできないというべきであろう。かように考えると，取引が記録される前の白紙のノートを「帳簿書類」と表現することには無理があるといわざるを得ない。

かといって，法人税法126条の文理を無視することにも抵抗がある。このように考えると，いわば，同条にいう「帳簿書類」とは，単なる取引の記録前の白紙のノートを指すのではなく，継続して取引を記録している体系的な帳簿体系における仕訳帳や総勘定元帳を指しているのであって，すでに仕訳帳あるいは総勘定元帳として使用されている記録媒体や，そのような体系のもとに連続的に用意された記録媒体のことを指すと解すべきである。したがって，その体系下にないところで，これから取引の記録がなされる前のものについては，たとえそこに後で取引の記載がなされるとしても，かかる白紙のノートを「帳簿書類」と理解することはできないというべきであろう。

この点は，商法においても，会計帳簿がいかなるものであるのかについて明文の規定はないものの（大隅健一郎＝今井宏＝小林量『新会社法概説〔第2版〕』287頁（有斐閣・2010年）），例えば，「複式簿記における基本的な帳簿である日記帳・仕訳帳・元帳およびこれらの補助簿が，商法上の会計帳簿に当たるもの」と解されていることからすれば（大隅＝今井＝小林・前掲書287頁），複式簿記による記録がなされたものとして商法上の会計帳簿が観念されていることと同様の理解であるともいえよう（もっとも，会計帳簿として準備ないし用意されている白紙の帳簿を一切排除する趣旨でもなかろう。）。

2　青色申告制度にみる「保存」

いずれにせよ取引が記録された帳簿書類を「保存」しておくことが青色申告者に求められていると解することができるのである。

もっとも，時系列でこれを考えれば，備え付けられた帳簿書類に取引が記録されたものを基礎にして確定申告書（ないしは修正申告書）が作成されることになるから，一般的には「保存」自体は，申告前の要件というよりは，申告後（申告書提出後）に関わる青色申告の要件であるとみることができよう。

すなわち，法人税法126条に規定する青色申告の要件としては，確定申告前の行為たる①帳簿書類の「備付け」と②取引の「記録」および，確定申告後の行為たる③「保存」が要請されていることがわかる。

そして，法人税法127条《青色申告の承認の取消し》1項は，次の各号のいず

図表7－1

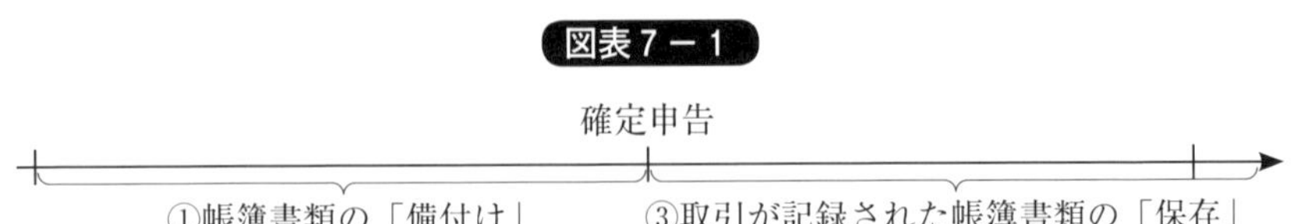

れかに該当する事実がある場合には，納税地の所轄税務署長は，当該各号に定める事業年度まで遡って，その承認を取り消すことができると規定している。

> ①　その事業年度に係る帳簿書類の備付け，記録又は保存が法人税法126条１項に規定する財務省令で定めるところに従って行われていないこと　当該事業年度（１号）
> ②　その事業年度に係る帳簿書類について税務署長の指示に従わなかったこと　当該事業年度（２号）
> ③　その事業年度に係る帳簿書類に取引の全部又は一部を隠蔽し又は仮装して記録し又は記録し，その他その記録又は記録をした事項の全体についてその真実性を疑うに足りる相当の理由があること　当該事業年度（３号）
> ④　法人税法74条１項《確定申告》の規定による申告書をその提出期限までに提出しなかったこと　当該申告書に係る事業年度（４号）

上記のとおり，法人税法127条１項は，その１号において，「保存」が法人税法施行令の規定に従って行われていない場合を青色申告承認の取消事由としている[(5)]。さて，この「保存」とはいかなる意味を有する概念なのであろうか。物理的な意味での保管を意味する概念として理解すべきであろうか。この点が争われた事例を次に確認することとしよう。

3　最高裁平成17年３月10日第一小法廷判決

法人税法127条１項１号の適用が争われた最高裁平成17年３月10日第一小法廷判決（民集59巻２号379頁）[(6)]の事例をみておきたい。

この事件は，法人税の青色申告の承認を受けていた株式会社Ｘ（原告･控訴人･上告人）が，税務調査において帳簿書類の提示を求められたにもかかわらず，調査理由の不開示等を理由に帳簿書類の提示を拒み続けたことから，法人税法126条１項に違反し，同法127条１項１号に該当するとして，税務署長Ｙ（被告･被控訴人・被上告人）が，法人税に係る青色申告の承認取消処分を行ったこと，また，上記の帳簿等の不提示を理由に，消費税法30条７項に規定する「帳簿等を保存しない場合」に該当するとして，同法30条１項を適用せず，消費税の各課税期間の更正処分および過少申告加算税賦課決定処分を行ったことに対して，Ｘがその取消しを求めた事案である。

この事例において，最高裁平成17年３月10日第一小法廷判決は，次のように判示した。

〔判旨１〕「法人税法が採用する申告納税制度が適正に機能するためには，納税義務者たる法人等が帳簿書類を備え付け，これにすべての取引を正確に記帳し，これを基礎として申告を行うことが必要である。そこで，同法は，法人等に対し，帳簿書類の備付け等を義務付け（同法150条の２第１項），申告の正確性を担保する手段として，税務職員に対し，法人の帳簿書類を検査する権限を付与し（同法153条），この検査を拒み，妨げ，若しくは忌避し，又はこの検査に関し偽りの記載をした帳簿書類を提示した者に対する罰則を定めている（同法162条２号及び３号）。そして，同法は，帳簿書類を基礎とした正確な申告を奨励する趣旨で，一定の帳簿書類を備え付けている者に限って，税務署長の承認を受けて青色申告をすることを認め，上記の者に対し課税手続や税額計算等に関する各種の特典を与えている。青色申告の承認を受けている法人は，同法150条の２第１項とは別に，同法126条１項によって帳簿書類の備付け等が義務付けられているが，その帳簿書類が上記の検査の対象となることは当然のことである。」

〔判旨２〕「税務署長は，青色申告の承認を行うに当たって，青色申告の承認を申請した法人の帳簿書類の備付け，記録及び保存が大蔵省令で定めるところに従って行われていることを確認し（同法123条），青色申告の承認を受けている法人に対しても，帳簿書類について必要な指示をすることができ（同法126条２項），この指示に従わなかった法人や，帳簿書類に取引の全部又は一部を隠ぺいし又は仮装して記載した法人に対しては，青色申告の承認を取り消すことができるとされている（同法127条１項２号及び３号）。また，税務署長は，青色申告に係る法人税の課税標準又は欠損金額の更正をする場合には，その法人の帳簿書類を調査し，その調査により当該課税標準又は欠損金額の計算に誤りがあると認められる場合に限り，更正をすることができるとされている（同法130条１項本文）。さらに，同法の委任を受けた法人税法施行規則（平成16年財務省令第27号による改正前のもの）59条１項は，青色申告の承認を受けている法人は，帳簿書類を７年間保存しなければならないと規定しているが，この保存期間は，国税通則法（平成16年法律第14号による改正前のもの）70条５項所定の更正の制限期間に符合するものである。これらの各規定は，すべて，税務職員が，青色申告の承認を受けた法人の帳簿書類を適時に検査することができるように，その備付け，記録及び保存がされるべきことを当然の前提としているものということができ，そのようにして上記検査の円滑な実施が確保されることは，青色申告制度の維持に不可欠なものということができる。」

〔判旨３〕「そうすると，法人税法126条１項は，青色申告の承認を受けた法人に対し，大蔵省令で定めるところにより，帳簿書類を備え付けてこれにその取引を記録すべきことはもとより，これらが行われていたとしても，さらに，税務職員が必要と判断したときにその帳簿書類を検査してその内容の真実性を確認することができるような態勢の下に，帳簿書類を保存しなければならないこととしているというべきであり，法人が税務職員の同法153条の規定に基づく検査に適時にこれを提示することが可能なように態勢を整えて当該帳簿書類を保存していなかった場合は，同法126条１項の規定に違反し，同法127条１項１号に該当するものというべきである。」

〔判旨４〕「これを本件についてみると，前記事実関係によれば，Ｘは，Ｙの職員からＸに対する税務調査において適法に帳簿書類の提示を求められ，これに応じ難いとする理由も格別なかったにもかかわらず，帳簿書類の提示を拒み続けたということができる。そうすると，Ｘは，上記調査が行われた時点で所定の帳簿書類を保管していたとしても，法人税法153条に基づく税務職員による帳簿書類の検査に当たって適時にこれを提示することが可能なように態勢を整えて保存することをしていなかったというべきであり，本件は同法127条１項１号に該当する事実がある場合に当たるから，ＹがＸに対してした本件青色取消処分に違法はないというべきである。」

上記判決においては，法人税法126条１項にいう「保存」とは，物理的な意味における「保管」とは異なる概念であると理解されている。

3 消費税法上の「帳簿」

1　消費税法30条8項

消費税法30条8項は，保存が要求される「帳簿」について次のように規定する。

> **消費税法30条《仕入れに係る消費税額の控除》**
> 8　前項に規定する帳簿とは、次に掲げる帳簿をいう。
> 一　課税仕入れ等の税額が課税仕入れに係るものである場合には、次に掲げる事項が記載されているもの
> イ　課税仕入れの相手方の氏名又は名称
> ロ　課税仕入れを行った年月日
> ハ　課税仕入れに係る資産又は役務の内容
> ニ　第1項に規定する課税仕入れに係る支払対価の額

消費税法30条8項が上記のとおり規定していることからすれば，これらの記載事項が記載されたものが「帳簿」とされることになりそうである。すなわち，先にみた法人税法126条が取引の記録がなされる前のものを「帳簿書類」と規定しているのに対して，消費税法30条8項は，明らかに，上記の「イ　氏名又は名称」，「ロ　年月日」，「ハ　資産又は役務の内容」，「ニ　支払対価の額」のすべてが記載されているもののみが「帳簿」とされると規定しているのである。これは明らかに文理上の差異であるといえよう。

2　東京地裁平成9年8月28日判決

この点について論じられた東京地裁平成9年8月28日判決（行集48巻7＝8号600頁）[(7)]は，次のように判示している。

> 「法〔筆者注：消費税法〕30条1項は，事業者の仕入れに係る消費税額の控除を規定するが，右規定は，法6条により非課税とされるものを除き，国内において事業者が行った資産の譲渡等（事業として対価を得て行われる資産の譲渡及び貸付け並びに役務の提供をいう。法2条1項8号）に対して，広く消費税を課税する（法4条1項）結果，取引の各段階で課税されて税負担が累積することを防止するため，前段階の取引に係る消費税額を控除することとしたものである。その際，課税仕入れに係る適正かつ正確な消費税額を把握するため，換言すれば真に課税仕入れが存在するかどうかを確認するために，同条7項は，同条1項による仕入税額控除の適用要件として，当該課税期間の課税仕入れに係る帳簿等を保存することを要求している。

また，令〔筆者注：消費税法施行令〕50条1項は，法30条10項の委任に基づいて，同条1項の規定の適用を受けようとする事業者について同条7項に規定する帳簿等を整理し，当該帳簿についてはその閉鎖の日の属する課税期間の末日の翌日から2か月を経過した日から7年間，これを納税地又はその取引に係る事務所，事業所その他これらに準ずるものの所在地に保存しなければならないと規定する。右のような法30条7項の趣旨及び令において帳簿の保存年限が税務当局において課税権限を行使しうる最長期限である7年間とされていること及び保存場所も納税地等に限られていることからすれば，法及び令は，課税仕入れに係る消費税額の調査，確認を行うための資料として帳簿等の保存を義務づけ，その保存を欠く課税仕入れに係る消費税額については仕入税額控除をしないこととしたものと解される。」

同地裁は，このように説示して，帳簿の保存と仕入税額控除の関係を体系的に論じている。

そして，消費税法30条8項が「前項に規定する帳簿とは，次に掲げる帳簿をいう。」と規定していることにかんがみて，「同条7項で保存を要求されている帳簿とは同条8項に列記された事項が記載されたものを意味することは明らか」であるとするのである。また，「同条7項の趣旨からすれば，右記載は真実の記載であることが当然に要求されているというべきである。」から，仕入税額控除の要件として，消費税法30条8項に示されている事項が保存すべき法定帳簿の記載事項を規定していることは明らかというべきとするのである(8)。

なお，同条項の記帳事項が単に一般的記帳義務の内容を規定するものにすぎないとする原告側の主張もある。しかし，具体的に明確な事項を要請している文理からすれば，そのような理解は困難であるし，仮に一般的記帳義務を要請しているとすれば，わざわざそれら帳簿記載事項を仕入税額控除の規定である消費税法30条中に規定する理由はないというべきであるから，原告側の主張は妥当性を有しないというべきであろう。

3　消費税法施行令49条2項

消費税法施行令49条2項は，次のように規定する(9)。

消費税法施行令49条《課税仕入れ等の税額の控除に係る帳簿等の記載事項等》

2　再生資源卸売業その他不特定かつ多数の者から課税仕入れ…を行う事業で再生資源卸売業に準ずるものに係る課税仕入れについては，法第30条第8項第1号の規定により同条第7項の帳簿に記載することとされている事項のうち同号イに掲げる事項は，同号の規定にかかわらず，その記載を省略することができる。

同条項は，あえてこのような再生資源卸売業等に関する記帳事項の特例を設けて，消費税法30条８項１号イのみの記帳省略を規定していることからしても，同項に規定する事項が仕入税額控除の要件として保存すべき帳簿の記載事項を規定していることは明らかであると思われる。この点，前述の東京地裁は，次のように述べる。

「再生資源卸売業とは，空瓶，空缶等空容器卸売業，古紙卸売業等をいうが，右のような事業は，その通常の形態として，課税仕入れに係る相手方が一般の不特定かつ多数の消費者であり個々の取引の金額も少額であることから，個々の課税仕入れの相手方の氏名又は名称を帳簿に記載することを要求することが酷であるという事情を考慮して，帳簿に相手方の氏名又は名称を記載するのを省略できるとしたものと解される。とすれば，令49条１項に規定する再生資源卸売業等とは，当該業種の通常の形態として，課税仕入れに係る相手方が不特定かつ多数の者であり取引の価格も少額である等，個々の取引の相手方の氏名又は名称を帳簿に記載することを要求することが酷であると認められるような業種をいうと解するべきである。

また，小売業等に関する特則についても，その取引の相手方が不特定多数の者であるのが通常の業態であるという当該事業の性質及び当該事業における取引の態様を考慮して，請求書等の交付を受ける事業者の氏名又は名称の記載を不要とした特別規定である。

したがって，原告の主張する現金問屋等についても，通常の業態が右と異なる事業者について，課税仕入れの相手方の氏名又は名称を記載した法定帳簿の保存を仕入税額控除の要件とすることが課税の公平を害し，前記解釈の合理性を揺るがすものではないというべきである。たしかに，再生資源卸売業等であっても特定仕入先からの課税仕入れがあることは想定されるが，大量，反復される租税行政において，一般的に想定される事業の性質，取引の態様によって事業者を区分し，その事業の性質，取引の態様に応じた課税措置を採ることをもって不当とすべきものではない。したがって，再生資源卸売業等に関する特例との対比から，法定帳簿における課税仕入れの相手方の氏名又は名称の真実性が仕入税額控除の要件とならないとする原告の主張…は採ることができない。」

4　消費税法施行令附則14条

しかしながら，ここで若干の疑問が惹起される。消費税法施行令49条２項ないし３項は「法第30条第８項第１号の規定により同条第７項の帳簿に記載することとされている事項」という表現をとり，消費税法施行令附則14条《課税仕入れ等の税額の控除に係る帳簿又は請求書等の記載事項に関する経過措置》[10]は「業者…が適用日から平成元年９月30日までの間に行った課税仕入れ…については，法第30条第８項第１号の規定により同条第７項の帳簿に記載することとされている事項のうち同号イに掲げる事項は，同号の規定にかかわらず，その記載を省略することができる。」とする[11]。消費税法30条７項の「帳簿に記載することとされている事項」との規定ぶりを文理に即して解釈すれば，必要事項を記載する前のものも「帳簿」であると理解することができるのではないかという疑問である。

このような文理上の疑問は，前述の法人税法上の「帳簿書類」をいかに捉えるかという問題と親和性を有するところではなかろうか。すなわち，記載事項が記載されたものを「帳簿書類」というのか，あるいは記載される前の白紙のものを「帳簿書類」というのかという法人税法126条をめぐる既述の問題関心が，ここでも頭をもたげるのである。消費税法30条８項の事項が記載されたものが同法30条７項の「帳簿」と理解（かような事項が記載されていないものは「帳簿」ではないという理解）すべきか，あるいは，記載される前の白紙の「帳簿」に必要事項を記載しなければならないと考えるべきなのかという問題である。

> **消費税法基本通達11－６－１《仕入税額控除に係る帳簿及び請求書等の記載事項の特例》**
> 　法第30条第７項《仕入税額控除に係る帳簿及び請求書等の保存》に規定する課税仕入れ等の税額の控除に係る帳簿及び請求書等に関して同条第８項第１号《仕入税額控除に係る帳簿》及び同条第９項第１号《仕入税額控除に係る請求書等》に規定する記載事項については，次により取り扱って差し支えない。
> ⑴　法第30条第８項第１号及び第２号《仕入税額控除に係る帳簿》に規定する記載事項
> 　イ　同項各号イに規定する課税仕入れの相手方の氏名又は名称　　取引先コード等の記号，番号等による表示
> 　ロ　同項各号ハに規定する課税仕入れに係る資産又は役務の内容　　当該仕入れが課税仕入れかどうかの判別が明らかである場合の商品コード等による表示
> 　（注）　帳簿とは，第１号イから二及び第２号イからホに規定する記載事項を記録したものであればよいのであるから，商業帳簿のほか，所得税又は法人税の申告の基礎となる帳簿でも差し支えない。
> 以下略

上記のように消費税法基本通達11－６－１は，消費税法30条７項に規定する課税仕入れ等の税額の控除に係る帳簿および請求書等に関して同条８項１号および同条９項１号に規定する記載事項について通達している。同通達は，その注書きにおいて，帳簿とは，同条８項１号および２号に規定する記載事項を記録したものであればよいのであるから，「商業帳簿のほか，所得税又は法人税の申告の基礎となる帳簿でも差し支えない。」としており，消費税法上の「帳簿」については，所得税法上あるいは法人税法上の「帳簿書類」でも差し支えないとしている。この実務上の取扱いにかんがみるに，国税庁は，法人税法上の「帳簿書類」と消費税法上の「帳簿」との間にある実定法上の規定ぶりの違いにつ

いて，まったく関心を寄せていないか，あるいは，実務上の径庭はないと理解していることが明らかとなろう（同通達の注書きについては，第6章4 4（2）も参照）。

実定法を前提とした文理解釈からすれば，この点は通達が明確性を大きく欠いているといわざるを得ないものの，法人税法上，白紙のノートを「帳簿書類」と理解することができないという点は，消費税法においても同様であるとは思われる。

小さく生んで大きく育てる式の消費税法

1　日本版インボイス方式

ちなみに，EUが採用するインボイス方式によれば，課税事業者の仕入税額控除額はインボイスに記載された消費税額の合計額となる。インボイスの保存がなければ仕入税額控除を行うことができないことになるため，インボイス方式の導入とインボイスの保存義務化はいわばセットになる。財やサービスの提供側である課税事業者は，インボイスを提供先に交付する義務を負うことになる。インボイス方式のもとでは，税務調査の際，インボイスの確認が必須となり，仮にインボイスが保存されていない場合には仕入税額控除が否認されることになる。なお，ここにいうインボイスとは，提供される財貨やサービスごとに付加価値税率（消費税率）と税額が明示された請求書等のことである。

昭和63年度税制改正において，消費税を導入する際に我が国はこのようなインボイス方式の選択を見送った。これは，大型間接税（☞**間接税**とは）の導入にあたってきわめて困難な政治的事情のもとで[12]，消費税制度の前身として与党から提案された売上税に対する批判を避けるためであったのではないかということが推察される[13],[14]。

> ☞**間接税**とは，租税負担の転嫁が行われ，法律上の納税義務者と担税者とが一致しないことを立法者が予定している租税をいう。これに対して，両者が一致することを立法者が予定している租税を直接税という。これらは，転嫁の有無を基準とする区別によるものである（金子・租税法15頁）。

税制改革法10条《消費税の創設》2項は，消費税が前段階税額控除方式（☞**前段階税額控除方式**とは）を採用する必要がある旨を「消費税は，事業者による商品の販売，役務の提供等の各段階において課税し，経済に対する中立性を確保するため，課税の累積を排除する方式によるもの」と規定し，さらに「その仕組みについては，我が国における取引慣行及び納税者の事務負担に極力配慮したものとする。」としている。我が国における取引慣行および納税者の事務負担に極力配慮する必要性が強調されているとおり，前段階税額控除方式としては，請求書等保存方式，いわゆる日本版インボイス方式を採用する旨を読み取ることができる。

> ☞**前段階税額控除方式**とは，付加価値税における税額算定の仕組みとして，課税期間内の総売上金額に税率を適用して得られた金額から，同一課税期間内の仕入れに含まれていた前段階の税額を控除することによって，税額を算出する方法をいう（金子・租税法783頁）。

☑「請求書等保存方式」は，帳簿の保存に加え，取引の相手方（第三者）が発行した請求書等という客観的な証拠書類の保存を仕入税額控除の要件としているが，請求書等に適用税率・税額を記載することは義務付けられていない。単一税率のもとでは，請求書等に税額が別記されていなくても仕入税額の計算に支障はないが，複数税率の場合，請求書等に適用税率・税額の記載を義務付けたもの（インボイス）がなければ適正な仕入税額の計算は困難であるといわれている（財務省 HP より）。

いうなれば，消費税法上における仕入税額控除額とは，実際の仕入れ等において事業者が支払った金額を意味するのではなく，同法30条１項において算出された「計算上の金額」とする制度を設計して，これが採用されたのである（萩原芳宏「仕入税額控除における帳簿等保存義務に関する問題点」税法556号84頁（2006年）も同旨）。そして，取引慣行や納税者の事務負担に対する配慮から，現行の法人税法上あるいは所得税法上の「帳簿書類」を念頭に置いた制度構築がなされたとみることもできよう。前述の消費税法基本通達11－６－１注書きの取扱いもその文脈で理解することが可能である。したがって，消費税制度導入当時，消費税法上の「帳簿」については法人税法や所得税法において適法に記載された帳簿書類が念頭にあったのではないかということも十分に推察され得るのである。

その当時は，「帳簿又は請求書等」の保存が，消費税法30条１項の適用を受けるために必要な要件とされていた[15]。日本が消費税法創設にあたり参考としたEU域内の付加価値税では，インボイス方式が採用されていたから，事業者に課される保存すべき帳票はあくまでも「請求書」，すなわちインボイスである。

したがって，日本においても，インボイスたる請求書が保存されていればよいように思われるが[16]，前述のとおり，インボイス制度導入に対する批判等により売上税法案が廃案に追い込まれた経験上，請求書の「保存」を多くの事業者に求めることが困難であったため，「請求書」以外に「帳簿」の保存をもってして，適正な「請求書」の保存に代替させようとしたとの配慮がうかがえるのである[17]。

図表７－２

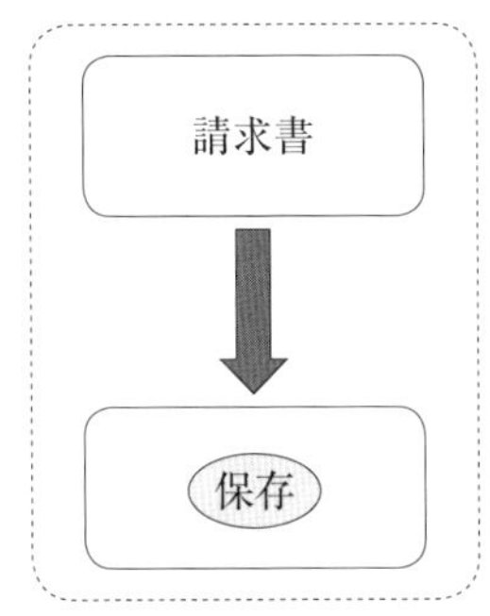

※請求書は「備付け」たものに「記録」するという性質のものではないから，「保存」のみが条件

すなわち，本来の請求書の保存を絶対的に要求するのではなく，帳簿の保存があれば認めるとしたのは，大型間接税導入に苦心した我が国の税制[18]に特有の取扱いであり，「日本版インボイス方式」[19]であるがゆえの法的要求である[20]。本来のインボイス方式が導入されていれば，請求書（インボイス）の保存だけを仕入税額控除の要件とすることができたであろう。

すなわち，仮にインボイス制度が我が国消費税法において採用されていたとすれば，かかる請求書（インボイス）の「保存」だけで済んだはずである。なぜなら，請求書は取引先から受け取るものであって，自らが作成するものではないから，「記録」という要件は直接的には必要ない。帳簿書類を用意しておく必要もないので，「備付け」という概念とも無縁である。

2　所得課税法をベースにした日本版インボイス方式

しかしながら，実際は，日本版インボイス方式なるものが導入され，所得税法上のあるいは法人税法上の帳簿の保存でもよいこととして柔軟な取扱いが規定された(21)。法人税法では，同法126条にみたとおり，青色申告法人に，帳簿書類の「備付け」＋「記録」＋「保存」が要求されていることを想起されたい。ここに，我が国の消費税制度が本来あるべきインボイス制度を採用せず，日本版インボイス制度として請求書に代えて「帳簿」によることも可能としたことが重要な意味を有することになる。

消費税制度導入にあたって紆余曲折を経た結果，消費税法の構成としては，①本来のインボイス制度が要請する「請求書」の「保存」に代えて，②(ⅰ)帳簿書類を「備付け」，これに(ⅱ)取引を「記録」し，それを(ⅲ)「保存」すればよいという緩和された制度がここに完成することとなったのである。しかしながら，実際の旧消費税法30条７項はこうした構成通りには規定されなかった。すなわち，同項では，「『請求書を保存』すること又は『帳簿書類の備付け，取引を記録し，それを保存すること』」とは規定せずに，「帳簿又は請求書等」の保存という規定になったのである（現行消費税法30条７項は「帳簿及び請求書等」の保存である。）(22)。すなわち，「請求書の保存」とともに，本来，備付けと記録を求めるべきはずの帳簿についても，「帳簿の保存」として括ってしまっていることがわかる。

図表７－３

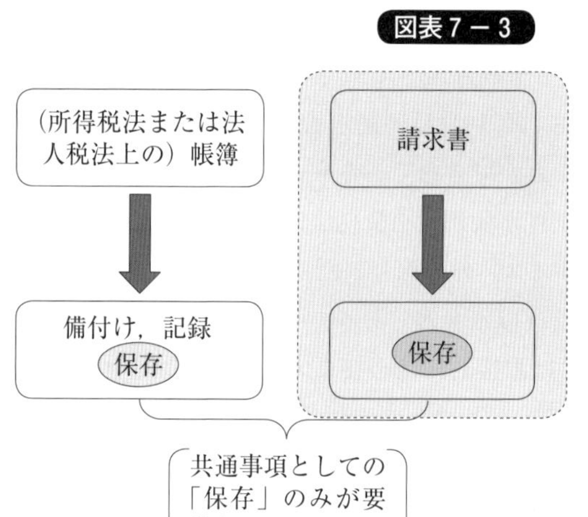

なお，実際の旧消費税法30条７項は，保存があったときに仕入税額控除を適用するという規定ではなく，その反対に，保存がない場合に仕入税額控除の適用がないとする規定ぶりであった（この点について，酒井・課税要件304頁）。そこで，同条項の構造を踏まえこれを整理し直せば，本来的には，「帳簿の備付け，記録，保存がない場合又は請求書の保存がない場合」という要件が規定されるべきであったにもかかわらず，実際の旧消費税法30条７項は，「事業者が当該課税期間の課税仕入れ等の税額の控除に係る帳簿又は請求書等…を保存しない場合には，当該保存がない課税仕入れ…に係る課税仕入れ等の税額については，適用しない。」と規定されており，この点においても，文理上の整理が不十分であると指摘せざるを得ないのである。

 5　小括―所得課税の課税資料に基づく消費税課税

消費税の仕入税額控除規定の不適用事由該当性について争われた事例において，前述の最高裁平成17年３月10日第一小法廷判決に先行して判示された最高裁平成16年12月20日第二小法廷判決（集民215号1005頁）[23]における反対意見の中で，滝井繁男裁判官は次のように述べられる。

> 「青色申告制度は，納税義務者の自主的かつ公正な申告による租税義務の確定及び課税の実現を確保するため，一定の信頼性ある記帳を約した納税義務者に対してのみ，特別な申告手続を行い得るという特典を与え，制度の趣旨に反する事由が生じたときはその承認を取り消しその資格を奪うこととしているものである。そして，青色申告の承認を受けた者は，帳簿書類に基づくことなしには申告に対して更正を受けないという制度上の特典を与えられているのであるから，税務調査に際して帳簿等の提示を拒否する者に対してもその特典を維持するというのは背理である。したがって，その制度の趣旨や仕組みから，税務職員から検査のため求められた書類等の提示を拒否した者がその特典を奪われることは当然のこととして，このような解釈も是認されるのである。」

法人税法上の青色申告は特典を得るための条件であり，消費税法上の仕入税額控除とは異なるものであるから，「保存」の解釈についても消費税法上のそれとは径庭があり得るとする見解に立っているようである。そもそも，税制改革法11条《消費税の円滑かつ適正な転嫁》が示すように，消費税法上の仕入税額控除が多段階累積排除方式として同法の構造の根幹をなすものであると考える

と，かかる仕入税額控除の要件に関係する「保存」と，所得課税法上の特典を受けるための条件ともいえる青色申告制度の要件である「保存」とを同じものとして理解すべきではないとの言説には一応うなずけるものがある。

そもそも，所得税法22条《課税標準》1項は，「居住者に対して課する所得税の課税標準は，総所得金額，退職所得金額及び山林所得金額とする。」と規定し，法人税法21条《各事業年度の所得に対する法人税の課税標準》は，「内国法人に対して課する各事業年度の所得に対する法人税の課税標準は，各事業年度の所得の金額とする。」と規定する。すなわち，所得課税の課税標準は「所得の金額」であって，消費税法28条《課税標準》1項が，「課税資産の譲渡等に係る消費税の課税標準は，課税資産の譲渡等の対価の額…とする。」として，消費税の課税標準を「課税資産の譲渡等の対価の額」と規定するのとは異なっている。ここにいう「対価の額」とは，「対価として収受し，又は収受すべき一切の金銭又は金銭以外の物若しくは権利その他経済的な利益の額とし，課税資産の譲渡等につき課されるべき消費税額及び当該消費税額を課税標準として課されるべき地方消費税額に相当する額を含まないもの」とされている（消法28①かっこ書き）。

☑　ただし，法人が資産を消費税法4条《課税の対象》5項2号に規定する役員に譲渡した場合において，その対価の額が当該譲渡の時における当該資産の価額に比し著しく低いときは，その価額に相当する金額をその対価の額とみなすこととされている。

所得税法上の「資産の譲渡」には，建物または建造物の所有を目的とする地上権または賃借権の設定その他契約により他人に土地を長期間使用させる行為で，当該土地の価額が一定額下落する場合も含まれるとされ，その対価に係る所得は譲渡所得に該当することとなるとされているのに対して（所法33，所令79），消費税法上は，当該行為については資産の貸付けとされており（消法2②③，消基通5－4－1），また，みなし譲渡に関する規定ぶりも異なっている（所法59，消法4④）。したがって，所得課税法上の売上高と消費課税上の課税売上高がその範囲において一致するとはいい切れない（東京地裁平成9年8月8日判決（行集48巻7＝8号539頁）参照）。

課税の基礎とすべき所得課税法上の「売上」を融通して消費課税の基礎としていることや，所得税や法人税に制度設計を連動させている[24]のはそれが簡便であることによるのであって，両者は本質的に異なるものである。したがって，こうした取扱いはあくまでも仮置きの手当てであると理解すべきであろう。本章で確認したとおり，消費税法は，一義的には請求書（インボイス）の保存を求めるべきところ，我が国における消費税法制定の過程を紐解くと，インボイス方式の代替策として帳簿保存が求められることとなったことがわかる。そして，その際，実務上の便宜の観点から，本質的には異なる法人税法（あるいは所得税法）の帳簿書類をその念頭に置いたものと解される。この点，青色申告法人の帳簿書類には，「備付け」，「記録」，「保存」が求められるが，消費税法が仮にかかる帳簿書類を念頭に置いて制度設計されたのであれば，同法30条７項が「保存」の有無にしか着目していないことには疑問を抱くのであり，「備付け」と「記録」を要件としない点は実定法として文理上の不安を覚えざるを得ない。

もっとも，繰り返しになるが，消費税法制定の過程からも明らかなように，あくまでも消費税の計算においては請求書（インボイス）の保存が適切になされていれば事足りるのであるから，今後インボイス方式が徹底されていくのであれば[25]，代替策として用意された帳簿の保存の必要性は，少なくとも消費税法の領域においてはあまり重要視されないことになっていくのかもしれない。

●注

(1)　付加価値税のコンプライアンスコストが高い点について，*See*，*The Impact of VAT Compliance on Business*，*Price water house Coopers*，(https://www.pwc.com/gx/en/tax/pdfyimpact-ofvatpdf)，2017.3.23visited.

(2)　湖東京至教授は，インボイス方式について，不正還付ないし不正な税額控除を排除し，制度の透明性を確保しようとするものであるとともに，インボイスに一種の有価証券（金券）の地位を与えるとされる（湖東「消費税における仕入税額控除否認の法理と日本型インボイス方式導入の問題点」静岡大学法政研究１巻１号15頁（1996年））。その他，金券にたとえる見解として，例えば，野口悠紀雄『知っているようで知らない消費税法』81頁（新潮社・2006年）。課税事業者の仕入税額控除請求権の行使の確保の見地から論じるものとして，西山由美「インボイス制度の概要」税研131号16頁（2007年）など。

(3)　法人税法126条にいう帳簿書類に記録すべき「取引を記録」とは，法人税法施行規則55条１項から次のような内容であることが合理的に解釈できる。すなわち，「取引の年月日，内容，勘定科目及び金額を記載すること」であり，「その勘定ごとに記載の年月日，相手方勘定科目及び金額を記載すること」である。すると，「取引」とは，「取引の年月日，内容，勘定科目及び金額」であり，「年月日，相手方勘定科目及び金額」であるということになる。取引内容に加えて，年月日や勘定科目，金額の記載も取引の記録であるということからすれば，取引内容そのものとその周辺情報を含めて「取引」ということになるようである。

(4)　法人税法上の「記録」は，法人税法施行規則上の「記載」ということになる。取引については「記録」であるが，取引内容および取引の周辺情報について「記載」と表現が使い分けされていることが判然とする。しかしながら，その用語法については必ずしも明らかではない。

(5)　金子宏教授は，当該帳簿書類の不提示について，「青色申告の承認を受けている者が，帳簿書類の調査に応じない場合は，第1番目の取消理由（法人税法127条1項1号）にあたると解すべきであろう。」と述べられている（金子・租税法942頁）。このような考え方が通説である。

(6)　判例評釈として，森英明・平成17年度最高裁判所判例解説〔民事篇〕〔上〕176頁（2008年），伊藤義一＝橋本晃義・TKC税研情報15巻3号1頁（2006年），平川雄士・租税判例百選〔第5版〕197頁（2011年），野一色直人・租税判例百選〔第6版〕210頁（2016年），泉絢也・税務事例47巻7号48頁（2015年）など参照。

(7)　判例評釈として，品川芳宣・税研77号103頁（1998年），小高克巳・租税判例百選〔第4版〕166頁（2005年），増田英敏・租税判例百選〔第6版〕173頁（2016年），山元俊一・税務事例30巻5号14頁（1998年），清野正彦・税理42巻4号215頁（1999年），山田公一・税通57巻2号75頁（2002年）など参照。

(8)　控訴審東京高裁平成10年9月30日判決（税資238号450頁）においても判断は維持されている（判例評釈として，石黒里花・税務事例31巻1号21頁（1999年）も参照）。なお，最高裁平成11年2月5日第二小法廷決定（税資240号627頁）は上告を棄却している。手代木しのぶ「帳簿不提示と消費税仕入税額控除―消費税法30条7項『保存』の解釈」アコード・タックス・レビュー2号51頁（2011年）も参照。

(9)　また，消費税法施行令49条3項は，「卸売市場においてせり売又は入札の方法により行われる課税仕入れその他の媒介又は取次ぎに係る業務を行う者を介して行われる課税仕入れについては，法第30条第8項第1号の規定により同条第7項の帳簿に記載することとされている事項のうち同号イに掲げる事項は，同号の規定にかかわらず，当該事項に代えて当該媒介又は取次ぎに係る業務を行う者の氏名又は名称とすることができる。」と規定する。

(10)　附則14条の規定は，平成元年3月1日から施行されている（消令附則1）。

(11)　同様に，消費税法施行令附則14条2項は，「適用日から平成元年9月30日までの間に事業者に対し他の事業者が行う課税資産の譲渡等…につき交付される請求書，納品書その他これらに類する書類については，法第30条第9項第1号イからニまでに掲げる事項が記載されているときは，これを同条第7項の請求書等に該当するものとみなす。」と規定している。

(12)　この点について，加藤淳子『税制改革と官僚制』238頁（東京大学出版会・1997年），水野勝『税制改正五十年―回顧と展望』（大蔵財務協会・2006年），増井良啓「日本の消費税はどこへいくか―国際比較からの展望」日税研論集70号535頁（2017年）。

(13)　自民党税制調査会は昭和61年12月21日に「昭和62年度の税制改正に関する答申」を公表し，そこでは，「日本型付加価値税を基礎とし，我が国の取引慣行等になじむよう工夫をした簡素な前段階税額控除方式（税額票による）を採用した売上税を導入し，昭和63年1月1日から実施することが適当である」としていた。これを受けて，中曽根康弘内閣は売上税法案を国会に提出したものの，国会は審議を受け付けずに空転した。この打開策として，衆議院議長の調停により，税制改革協議会が設置され，売上税法案が審議されたが，国会の閉鎖に伴い売上税法案は廃案となった。かかる法案によると，インボイス方式による税額控除票を採用したうえでの前段階税額控除方式が採用され，土地の譲渡，利子・保険料，飲食料品，家賃，社会保険医療，学校教育，新聞など51項目が非課税取引とされることが明記されていた。税率は5％とし，免税点は1億円，申告納付の回数は年4回とし，当時の物品税，砂糖消費税，入場税，通行税，トランプ類税，電気税，ガス税，木材取引税は廃止することとされていた。

売上税法案が廃案となった理由として，インボイス方式に対する批判が事業者間に強かったという点が指摘されている。すなわち，インボイスである税額票を発給できない場合には取引から排除される可能性があるという点や，インボイスの作成にコストがかかるという批判もあった（湖東・前掲注⑵，16頁，菊谷正人『税制改革』89頁（税務経理協会・2008年））。竹下登内閣での税制改革については，水野・前掲注⑿，459頁も参照。

⒁　渡辺裕泰教授は，インボイス方式を導入すると所得税や法人税に係る所得捕捉率が上がるのではないかと考えている向きが一部にあると指摘され，これが，インボイス導入に対する反対論を強くしてきたとされる（渡辺「消費税法の沿革と改革上の諸課題」租税34号96頁（2006年））。

⒂　所得税法及び消費税法の一部を改正する法律（平成６年法律第109号）による改正前の旧消費税法30条７項は，「帳簿又は請求書等」とされていたが，同改正によって，「帳簿及び請求書等」に改正された（平成９年４月１日から施行されている。）。

⒃　日本の消費税法上，仕入先が作成する請求書がインボイスの代替であるといえなくもないが，一般にインボイスの必須事項とされている課税事業者番号を付する課税事業者登録制度がなく，小規模事業者も事実上税額を転嫁できるというような点からすれば，性質は異なるものといわざるを得ないであろう（西山由美「仕入税額控除」日税研論集70号467頁（2017年））。

⒄　このように考えるのが素直であるように思われるものの，現行消費税法30条７項が，「帳簿及び請求書等」の保存を要求している理由については，必ずしもそのようには理解されていない。すなわち，現行制度下において，仕入税額控除の要件として，帳簿の保存に加え請求書等の保存をも求めるのは自己作成の帳簿のみでは信頼性に欠けるところがあり，取引相手方作成の書類（請求書・納品書等）によって取引内容の客観性を担保しようとするものであると説明されているのである（大島隆夫＝木村剛志『消費税法の考え方・読み方〔５訂版〕』278頁（税務経理協会・2010年））。この文脈では，帳簿の保存ありきであって，それでは客観性が担保されないから請求書等の保存が必要であるとされるが，かような理解には理論的にみて不安が残るといわざるを得ない。

⒅　中小企業の間での反対論がきわめて強かったという導入当時の背景がある（金子宏「総論―消費税制度の基本的問題点」日税研論集30号16頁（1995年）〔同『租税法理論の形成と解明〔下巻〕』389頁（有斐閣・2010年）所収〕）。中小企業者への配慮の議論については，金井肇「中小事業者と消費税」日税研論集70号355頁（2017年）も参照。

⒆　OECD 加盟国の中では，日本だけがインボイス方式を採用せずに控除方式を採用している。*See, OECD, Consumption Tax Trends 2014*, 20 (2014).

⒇　Alan Schenk, Japanese Consumption Tax After Six Years: A Unique VAT Matures, 69 Tax Notes 899 (1995).

㉑　インボイス方式のメリットの１つとして，所得税や法人税と並行して課税事務を進められるという点が挙げられる（矢野秀利「課税ベースの計算：インボイス方式と帳簿方式」税通66巻13号119頁（2011年））。他方，インボイス方式のデメリットについては，関口智「日本の消費税制度における軽減税率―平成28年度税制改正大綱の評価と課題」税研187号75頁（2016年）参照。

㉒　この点については，前掲注⒂参照。

㉓　判例評釈として，松井宏・税法555号271頁（2006年），植田卓・税研148号175頁（2009年）など参照。

㉔　消費税法導入以降にも，例えば，平成10年の割賦販売の収益計上時期の特例や，平成13年の長期割賦販売特定工事の特例，平成19年の所有権移転外ファイナンス・リースの収益計上時期等の消費税法改正は所得税法や法人税法の改正に連動したものである（佐藤英明「消費税の軌跡―導入から現在まで」日税研論集70号５頁（2017年））。

㉕　令和元年10月１日から同５年９月30日までの間は，税率ごとに区分して経理する方法として，区分記載請求書等保存方式が導入されることとされており，その翌日から，適格請求書等保存方式が導入される。かかる適格請求書等保存方式はいわゆるインボイス方式といってもよかろう。適格請求書等保存方式のもとでは，税務署長に申請して登録を受けた課税事業者である「適格請求書発行事業者」が交付する「適格請求書」等の保存が仕入税額控除の要件となる。なお，同方式のもとで

は，適格請求書などの請求書等の交付を受けることが困難な一定の場合を除き，一定の事項を記載した帳簿および請求書等の保存が仕入税額控除の要件となる。なお，適格請求書等保存方式導入後は，免税事業者や消費者など，適格請求書発行事業者以外の者から行った課税仕入れに係る消費税額を控除することができなくなるが，一定の要件を満たす場合には，一定期間は，仕入税額相当額の一定割合を仕入税額として控除できる経過措置が設けられている（消法２，９，30，45，57の２～57の４，消令46，49，50，62，70の５，70の13，平28改正法附則52，53）。

電子帳簿保存法の「明瞭性」

はじめに

政府税制調査会は，令和元年９月に「経済社会の構造変化を踏まえた令和時代の税制のあり方」を発表した。同報告は，「納税者の利便性の更なる向上を図りつつ，同時に取引や申告の段階から正確な手続を行うことができるような仕組みを構築する観点からは，電子的に授受された請求書や領収書等のデータがそのまま帳簿データに反映されることが望ましい。また，事後的な検証も可能となるよう，それらのデータが適正な形式で保存されることは，令和５年10月以降，原則として全ての消費税課税事業者に適用される適格請求書等保存方式（いわゆるインボイス制度）の円滑な実施にも資すると考えられる。」としたうえで，「帳簿や請求書等のデータについては，平成10年に導入された電子帳簿等保存制度により，所定の要件の下，電子的に保存を行うことが認められている。例えば，取引相手から電子的に受信した請求書等のデータは，タイムスタンプを付すなどデータの適正性を確保するための所定の措置をとった上で，データのまま保存することが認められている。しかし，ICT の進展に伴い，現在ではこのほかにも多様な手段によりデータの適正性を確保することが可能となっていると考えられる。また，例えば，従業員によるスマートフォンのアプリを利用したキャッシュレス決済や，アプリ提供業者から直接提供されるデータを活用した経費精算など，電子帳簿等保存制度の導入時には想定していなかったデータの授受やその活用方法も見られるようになっている。」とする。

そして，「このようなICTの活用により，企業等の業務プロセスの簡素化・効率化や誤りの未然防止等を図る観点から，企業等の規模や業種に応じた経理・税務手続の実態を踏まえた上で，データの適正性の確保にも配慮しつつ，電子帳簿等保存制度の見直しを進めるべきである。」として，電子帳簿保存制度の見直しを提案している（同報告書21頁）[(1)]。

デジタル情報社会において，これまで以上に注目をされるのが，電子計算機を使用して作成する国税関係帳簿書類の保存方法等の特例に関する法律（以下「電子帳簿保存法」という。）であろう[(2),(3)]。一般的に「帳簿」というのは，従来は，あくまでも何かしらのコンテンツを帳面や書類に記録しそれを保存するというものであった。後述するように，電子帳簿保存法は，同法にいう「国税関係帳簿書類」について明瞭な記録を要請しているが（電帳規3①四），ここにいう「明瞭」とはいかなるものであろうか（明瞭性の原則については，酒井・プログレッシブⅠ148頁参照）。

ところで，帳簿の記載ないし保存等の要請については，法人税法や所得税法，消費税法など各税目に規定がある。例えば，我が国の消費税法の場合，課税売上げに係る消費税額から課税仕入れに係る消費税額を控除することによって納付税額を算出する仕組みである，いわゆる「日本版インボイス方式」を採用している。これはEU型のように，個々の商品取引ごとに発給されるインボイスを用いて消費税額の計算を行うスタイルとは異なる。そうであるがゆえに，「帳簿」を基調として消費税額の計算を行うこととなる（消費税法と法人税法の会計上の径庭については，第6章参照）。

☑　令和5年10月1日から，複数税率に対応した消費税の仕入税額控除の方式として適格請求書等保存方式が導入される。これは，日本版インボイス制度ではなく，本来の「インボイス制度」が導入されることを意味するといってよかろう。適格請求書等保存方式のもとでは，税務署長に申請して登録を受けた課税事業者である「適格請求書発行事業者」が交付する「適格請求書」（インボイス）等の保存が仕入税額控除の要件となることから，導入のインパクトは相当のものになると予想される。かかる制度導入後は，適格請求書の保存をもって，消費税法30条《仕入れに係る消費税額の控除》1項の仕入税額控除の適用を受けられることになることから，同請求書を交付できない適格請求書発行事業者以外からの仕入れを避けるといった事態にもなり得ると思われる。適格請求書発行事業者には，登録要件が課されていることから，事業者が事前に税務署長へ「適格請求書発行事業者の登録申請書」を提出し，登録を受けていることが必要であり，また，かかる登録要件には，課税事業者であることが必要であるというように，重畳的要件設定が設けられている点も特徴である。なお，インボイス制度と電子化との関係については，芹澤光春「インボイス制度が進める税務の電子化」税理62巻13号47頁（2019年）も参照。

かくして，所得税法や法人税法と同様，帳簿の記載内容は，課税標準や税額等の計算にあたって，また，確定申告内容等の確認にあたって，きわめて重要な意味を有することになる（第７章参照)。一般的には，かかる重要な意味を有する帳簿には，明瞭な記載が要請されていると解すべきと思われるが，かかる「明瞭」の意味については必ずしも判然としない。

本章においては，租税法にいう帳簿記載に係る「明瞭」という概念について考えてみたい。

 電子帳簿保存法上の「国税関係帳簿書類」

まず，各税目における「帳簿」に係る規定がどうなっているかを確認しよう（なお，詳細については，第７章参照)。

消費税法30条８項は，同法上にいう「帳簿」がどのようなものかを明確に定義している。すなわち，取引をした際の相手方の名前や名称，あるいは取引をした年月日や，いかなる資産を渡したかなどが記載されていないと帳簿の要件を満たさない。逆に言えば，「帳簿」と認められるためにはこのような記載要件をすべて満たす必要がある。その定義に，「記載されているもの」とあるように，法は紙ベースを念頭に置いている。こういった帳簿書類を保存していないと，仕入税額控除が認められないことになる。

消費税法58条《帳簿の備付け等》
事業者…又は特例輸入者は，政令で定めるところにより，帳簿を備え付けてこれにその行った資産の譲渡等又は課税仕入れ若しくは課税貨物…の保税地域からの引取りに関する事項を記録し，かつ，当該帳簿を保存しなければならない。

この条文には，帳簿を保存しなくてはならない旨が規定されている。そして消費税法施行令50条《課税仕入れ等の税額の控除に係る帳簿等の保存期間等》１項は，帳簿を納税地や事務所に置かなくてはならない旨や，７年間保存しなくてはならない旨などを規定している。

しかし，帳簿の保存には非常にコストがかかる。これらを保存するための倉庫を借りるにしても非常にコストがかかることからこれを改善する試みが電子帳簿保存法の立法に接続する。

昭和63年に創設された電子帳簿保存法の趣旨は次のようなものである。

> **電子帳簿保存法1条《趣旨》**
> この法律は，情報化社会に対応し，国税の納税義務の適正な履行を確保しつつ納税者等の国税関係帳簿書類の保存に係る負担を軽減する等のため，電子計算機を使用して作成する国税関係帳簿書類の保存方法等について，所得税法…，法人税法…その他の国税に関する法律の特例を定めるものとする。

ここに国税関係帳簿書類とは，国税関係帳簿と国税関係書類をいうが，前者は，国税に関する法律の規定により備付けおよび保存をしなければならないこととされている帳簿をいい，後者は，国税に関する法律の規定により保存をしなければならないこととされている書類をいう（電帳法2二）。したがって，国税関係帳簿には，前述した消費税法30条8項にいう帳簿も含まれると解される。また，国税関係書類には，消費税法30条8項および9項が規定している請求書等が該当すると解されよう。

かかる国税関係帳簿書類の保存方法について電子計算機を使用して作成するルールを定めることがこの法律の趣旨である。電子帳簿保存法1条は，「国税の納税義務の適正な履行を確保しつつ」とし，国税関係帳簿書類の保存方法等を規定している。ここでは，その目的が「国税関係帳簿書類に係る負担を軽減する」ことにある点に注目しておきたい。

さて，消費税法に規定する帳簿には取引の内容の「記載」が要件とされているが，電子記録という方法の場合，「記載」という概念が説明できないため，このようなルールを定めたのである。

ここで電子帳簿保存法4条を確認しておこう。

> **電子帳簿保存法4条《国税関係帳簿書類の電磁的記録による保存等》**
> 保存義務者は，国税関係帳簿の全部又は一部について，自己が最初の記録段階から一貫して電子計算機を使用して作成する場合であって，納税地等の所轄税務署長…の承認を受けたときは，財務省令で定めるところにより，当該承認を受けた国税関係帳簿に係る電磁的記録の備付け及び保存をもって当該承認を受けた国税関係帳簿の備付け及び保存に代えることができる。
> 2　保存義務者は，国税関係書類の全部又は一部について，自己が一貫して電子計算機を使用して作成する場合であって，所轄税務署長等の承認を受けたときは，財務省令で定めるところにより，当該承認を受けた国税関係書類に係る電磁的記録の保存をもって当該承認を受けた国税関係書類の保存に代えることができる。

これは，国税関係帳簿書類については電磁的記録の備付けや保存をもって国税関係帳簿書類の代わりとすることができる，という規定である。つまり，「書類の保存」ではなく「電磁的記録の保存」でよいという規定と解すことができる。

ここで電磁的記録とは，コンピュータの情報処理の用に供される，人の視覚によっては認識することができないような方式によって記録されたものをいう。すなわち，電子帳簿保存法４条は，書類による保存に代えてその電磁的記録によって保存することで構わないと規定していることはすでに述べたとおりである。

なお，電子帳簿保存法５条《国税関係帳簿書類の電子計算機出力マイクロフィルムによる保存等》は，マイクロフィルムによる保存でもよいことを規定している。

すなわち，電子帳簿保存法の定めにより，国税関係帳簿書類については電磁的記録によって保存することも，マイクロフィルムによって保存することも認められているのであるが，そのためには税務署長の承認を得なければならないとされているのである。

図表８－１

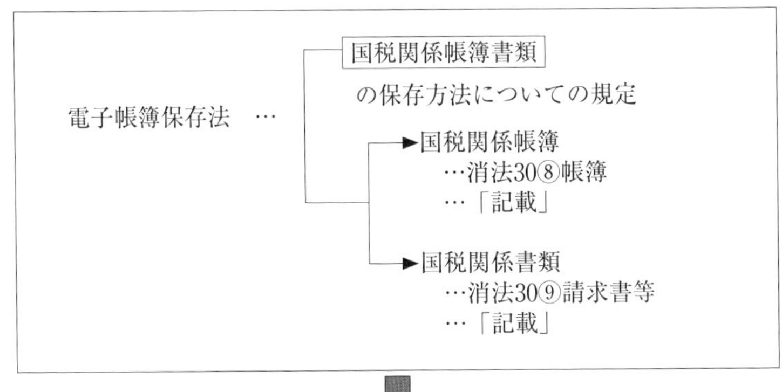

電磁的記録の保存でOK（電帳法４）
マイクロフィルムの保存でOK（電帳法５）

e－文書法

さて，ここで問題となるのが，電子帳簿保存法が適用されるのは国税関係帳簿書類に限った話であるところ，かかる帳簿を電磁的記録の中あるいはマイクロフィルムの中に保存しなくてはならないという点である。同法４条には「最初の記録段階から一貫して」との記述があるとおり，コンピュータで作ったものしか念頭にない。自分でコンピュータの中に保存した帳簿については同法の適用があるが，相手から紙ベースで受け取った領収書の場合，取引当初から一貫して電子化されているものではないため，同法を適用することができないことになる。このようなハードルを乗り越えるため，スキャナで読み取ったものも適用対象とすることができないかが議論となる。その場合，もう１つ法律上のハードルを乗り越えることが必要で，それが平成17年に「民間事業者等が行う書面の保存等における情報通信の技術の利用に関する法律」(以下「e－文書法」という。）という法律によって可能となったのである。同法の目的を確認しておこう。

> **e－文書法１条《目的》**
> 　この法律は，法令の規定により民間事業者等が行う書面の保存等に関し，電子情報処理組織を使用する方法その他の情報通信の技術を利用する方法（以下「電磁的方法」という。）により行うことができるようにするための共通する事項を定めることにより，電磁的方法による情報処理の促進を図るとともに，書面の保存等に係る負担の軽減等を通じて国民の利便性の向上を図り，もって国民生活の向上及び国民経済の健全な発展に寄与することを目的とする。

前述の電子帳簿保存法は，国税関係帳簿書類の保存等に関する規定であって，同法１条にその目的として保存負担の軽減が定められていた。e－文書法１条の目的も同じく保存負担の軽減である。ただし，電子帳簿保存法の保存負担の軽減は，帳簿や書類の保存負担の軽減であって，このe－文書法１条の保存負担の軽減は書面の保存負担の軽減である。書面とは「面」，つまり「物」であるが，「物」についてどのように負担軽減すればよいかを定めている。

e－文書法２条《定義》
三　書面　書面，書類，文書，謄本，抄本，正本，副本，複本その他文字，図形等人の知覚によって認識することができる情報が記載された紙その他の有体物をいう。

興味深いことに，「書面」の定義の中に「書面」が入っているというわかりづらさはあるものの，結局のところ，同定義がいうところは，書面とは「紙その他の有体物」をいうこととなる。

平成17年のe－文書法の施行に伴い，電子帳簿保存法が改正された。この改正によって，これまで認められなかったスキャナ読取りと保存が認められることとなったのである。これを「スキャナ保存制度」ともいう。

e－文書法は，非常に対象範囲が広く，電子帳簿保存法が国税のみに関する法律であるのに対し，行政全般に関係している。

ここで国税関係帳簿書類の内容についてみてみたい。まず電子帳簿保存法が求めている要件を確認していこう。紙で見ることのできるものと，電磁的記録で見るものとの間で圧倒的に異なる点は，電磁的記録にしてしまうと直接には人の視覚で認知できないため，すぐに確認することができないという点である。ここにいう「確認」の対象は，いわば確定申告の内容を明らかにするための証拠である。そして，誰に対して証拠を提出する必要があるかというと，税務署をはじめとする国税当局である。具体的には，税務調査の時に可視性が担保されていることが必要となるのである。当然，コンピュータの側板を覗いても，中身がわからないことから，必要に応じてその証拠を出力できるようにしておく必要がある。ここでは，可視性の担保が最も重要であり，その次に可視化されたものの真実性の担保が求められる。

法人税法上の帳簿書類について考えてみよう。法人税法上も帳簿書類の記載要件や保存義務を課している。

法人税法126条《青色申告法人の帳簿書類》
第121条第１項（青色申告）の承認を受けている内国法人は，財務省令で定めるところにより，帳簿書類を備え付けてこれにその取引を記録し，かつ，当該帳簿書類を保存しなければならない。

法人税法施行規則54条《取引に関する帳簿及び記載事項》
青色申告法人は，全ての取引を借方及び貸方に仕訳する帳簿（次条において「仕訳帳」という。），全ての取引を勘定科目の種類別に分類して整理計算する帳簿（次条において「総勘定元帳」という。）その他必要な帳簿を備え，別表二十に定めるところにより，取引に関する事項を記載しなければならない。

法人税法126条の委任を受けた法人税法施行規則54条が「記載」としているとおり，同法では，紙媒体の帳簿の保存を念頭に置いているといえよう。これに対して，電子記録保存法が，電磁的記録をもってそれに代えることができるとしていることは既述のとおりである。なお，電子帳簿保存法は特別法に該当することから，特別法優先の原則（☞**特別法優先の原則**とは）により一般法たる法人税法に優先することとなる。法人税法が，取引の「記載された帳簿」というものを念頭に置いているのに対し，特別法たる電子帳簿保存法が電磁的記録でよいと規定している関係においては，後者が優先されることになる（特別法優先の原則）。

☞**特別法優先の原則**とは，特別法が一般法に優先して適用されるという考え方である。法令の所管事項の原則および法令の形式的効力の原則によっても，２つ以上の法令間の矛盾抵触を解決することができない場合にこの原則が機能する（伊藤義一『税法の読み方 判例の見方〔改訂版〕』83頁（TKC出版・2007年））。一般的に，各個別税法と国税通則法との関係においては，各個別税法が特別法，国税通則法が一般法の関係になり，各個別税法と租税特別措置法との関係においては，各個別税法が一般法，租税特別措置法が特別法の関係になる（酒井・フォローアップ19頁）。

ここで，特別法たる電子帳簿保存法における要件である可視性の担保と真実性の担保について規定されている条文を確認しよう。

電子帳簿保存法施行規則３条《国税関係帳簿書類の電磁的記録による保存等》１項
四　当該国税関係帳簿に係る電磁的記録の備付け及び保存をする場所に当該電磁的記録の電子計算機処理の用に供することができる電子計算機，プログラム，ディスプレイ及びプリンタ並びにこれらの操作説明書を備え付け，当該電磁的記録をディスプレイの画面及び書面に，整然とした形式及び明瞭な状態で，速やかに出力することができるようにしておくこと。

これは，税務調査の際に，コンピュータの中にデータがあるだけでは可視性を担保できないため，ディスプレイやプリンタなどの備付けを要するとする規定である。これを「見読可能性」と呼ぶこととする。

さらに，検索機能を確保しておくことを定める規定として電子帳簿保存法施行規則３条１項５号があるが，その検索機能の内容には，例えば取引年月日や，勘定科目，取引金額などの主要な項目が該当する。これを「検索機能性」と呼ぶこととする。

上記の見読可能性と検索機能性を合わせて可視性が確保されるのである。

紙の記録と電磁的記録の違いは，紙である場合，手触り感やインクの乗り感，あるいは老け具合等で，後から修正や加筆をしたものかどうかを判別できる可能性があるが，電磁的記録の場合にはそのような加筆修正を見破ることが不可能なことが多い。そこで，かかる記録の真実性を担保すべく，訂正履歴や削除履歴（以下，あわせて「訂正削除履歴」という。）が確認できる仕組みを確保しなくてはならない。

なお，上記施行規則３条１項２号は，国税関係帳簿に記録される様々な事項間に相互の関連性を確認できるようにしておく必要があるという。これを「相互関連性」と呼ぶこととする。

電子帳簿保存法施行規則３条１項をまとめると**図表８－２**のとおりとなる。

図表８－２

		可視性の確保	
⑴	見読可能性	電子帳簿保存法施行規則	３①四
⑵	検索機能性	〃	３①五
		真実性の確保	
⑶	訂正削除履歴	電子帳簿保存法施行規則	３①一
⑷	相互関連性	〃	３①二
⑸	関係書類の備付け	〃	３①三

さて，もう一度，電子帳簿保存法を確認しよう。

電子帳簿保存法４条《国税関係帳簿書類の電磁的記録による保存等》

３　前項に規定するもののほか，保存義務者は，国税関係書類（財務省令で定めるものを除く。）の全部又は一部について，当該国税関係書類に記載されている事項を財務省令で定める装置により電磁的記録に記録する場合であって，所轄税務署長等の承認を受けたときは，財務省令で定めるところにより，当該承認を受けた国税関係書類に係る電磁的記録の保存をもって当該承認を受けた国税関係書類の保存に代えることができる。

e－文書法が平成17年に施行されたことに伴い，電子帳簿保存法が改正され，スキャナも使用可能となったと論じたが，上記の条文がe－文書法によって改正された電子帳簿保存法の規定である。具体的には同法4条3項の「財務省令で定める装置」という文言が，電子帳簿保存法施行規則3条4項に該当し，スキャナのことを指し示しているのである。このように，e－文書法の改正を受け，電子帳簿保存法はスキャナ保存も認めることとなったのである。

要請される明瞭性

1　3つの明瞭性

可視性の担保を再論すると，見読可能性を確保するためにその内容を「整然かつ明瞭に」整理することが必要となる。では,電子帳簿保存法にいう「明瞭」とは何をいうのであろうか。企業会計原則の明瞭性の原則のことを指しているのであろうか。

この点，法人税法22条4項は公正処理基準による計算を要請しており，企業会計準拠の姿勢を明らかにしている（法人税法上の明瞭性については，酒井・プログレッシブⅠ148頁参照）。ここにいう「一般に公正妥当と認められる会計処理の基準」とは，いわゆる三層構造の理解のもと，最終的には原則として企業会計原則等の会計諸規則を指すことになるが，同原則は上記のとおり明瞭性の原則に従うので，法人税法のかような考え方を加味したうえで電子帳簿保存法にも反映されていると理解することができそうである（もっとも，第6章において触れたように，表示原則である明瞭性の原則が公正処理基準たり得るかについては疑問もある。酒井・プログレッシブⅠ148頁も参照）。しかし，果たしてそれは正解であろうか。

電子帳簿保存法は，法人税法との関係でみれば特別法に位置する。上記の法人税法22条4項はあくまでも一般法であり，電子帳簿保存法はかかる一般法の特例を規定していることになる。すると，電子帳簿保存法自体が，法人税法22条4項にいう「別段の定め」に該当することになりはしないか。あくまでも「別段の定め」がないものについて「一般に公正妥当と認められる会計処理の基準」に従うわけであるから，別段の定めである電子帳簿保存法にいう明瞭性とは，企業会計原則のいう明瞭性とは異なると解するのが自然ではなかろうか。

☑ そもそも，法人税法22条２項ないし３項にいう「別段の定め」とは，課税標準の計算に関するものであり，帳簿制度自体を規律する電子帳簿保存法等の規定をかかる「別段の定め」と理解することには困難が伴うとする立論も成立し得る。
☑ 法人税法22条２項ないし３項にいう「別段の定め」は，法人税法内部の「定め」のみを指すとする理解もあり得るが，私見としては，同法以外の法律の規定についても「別段の定め」と解することができると考えている。この点については，酒井克彦「租税特別措置法は法人税法22条にいう『別段の定め』か」中央ロー・ジャーナル12巻２号153頁（2015年）参照。

電子帳簿保存法で使われている「明瞭」たる概念は同法の中にいう「明瞭」の意義にとどまるということになるのではなかろうか（もちろん，それが企業会計原則と同義である可能性は否定できないかもしれない。）。

さらにいえば，もう１つの疑問が浮上する。電子帳簿保存法にいう「明瞭」が法人税法施行規則53条にいう「明りょう」と同じ概念であるか否かという疑問である。

法人税法施行規則53条《青色申告法人の決算》
法第121条第１項青色申告の承認を受けている法人（…「青色申告法人」という。）は，その資産，負債及び資本に影響を及ぼす一切の取引につき，複式簿記の原則に従い，整然と，かつ，明りょうに記録し，その記録に基づいて決算を行なわなければならない。

ここで，一般法たる法人税法の承認を受けた法人税法施行規則53条による「明りょう」と，企業会計原則の「明瞭」と，電子帳簿保存法の「明瞭」の３つの明瞭という概念の相違に関心を寄せる必要があるように思われるのである。

これら３つの「明瞭（明りょう）」が同じ意義を有するか否かについて検討するにあたっては，そもそも，電子帳簿保存法の目的が帳簿保存者の負担を軽減することにあった点を看過することはできない。また，法人税法施行規則53条は青色申告者のみを対象とする規定であることも想起されるべきである。すなわち，電子帳簿保存法にいう明瞭性の要請が，白色申告者に対しても及んでいることを考えると，青色申告者に要請される「明りょう」とは，白色申告者のそれに比して，より厳格であると考えられはしまいか。

すなわち，電子帳簿保存法の「明瞭」とは，その対象に白色申告者も含んでいるため，より対象範囲が広いこととなる。さらにいえば，企業会計原則にあっては，重要性の原則まで承認しているのであって，少額省略的思想を念頭に置いたうえでの明瞭性の要請が企業会計にいうそれであると解されることからすると，そこにいう明瞭性が，電子帳簿保存法や法人税法におけるそれらの概念と同次元のものであるとはいい難い。

2　目的論的解釈の視角

概念の理解においては，それぞれのルールが有する趣旨目的を念頭に置くことが重要であるとする見解がある。すなわち，目的論的解釈の視角からすれば，同じ概念が使われているからといって，それらをすべて同じ意義と捉えることにも躊躇を覚える。

もっとも，法的安定性や予測可能性を毀損することは租税法律主義の理念にも合致しないことになるので，この点については慎重さが求められるものの，例えば，法人税法施行規則が青色申告者のみを対象としているのに対して，電子帳簿保存法がそうではない点を無視はできまい。また，企業会計原則が重要性の原則を念頭に置いた明瞭性を要請しているのに，租税法が重要性の原則をそのまま承認することができるか否かについての消極的見解にも説得力があることからすると，企業会計原則と租税法にいう明瞭性の要請には自ずからその意義の理解においては径庭があり得ると解される中にあって，概念の相対性を認めないとするのはいささか硬直にすぎるようにも思われるのである。

3　電子帳簿保存法と法人税法との関係

電子帳簿保存法で明瞭性が要請されているのは，電磁的記録の特質として可視性が担保されていないという点に着目した取扱いであるといえる。そのように考えると，いかなる明瞭性がどこまで要請されているのかという具体的な問題に直面したときに，その解釈上のメルクマールが必ずしも明確ではないものの，結局のところ電磁的記録に関する非可視性の排除といった点に求められるとの立論があり得る。いわば，その見地からは，可視性を認めるにふさわしい程度に整然かつ明瞭とされていればよいということになろう。

他方，電子帳簿保存法は，法人税法が要請する程度に比し，より厳格に考えるべきとの考え方もあり得る。同法は，法人税法を一般法としたときの特別法的立場にあるとみれば，一般法の要請程度のものは最低限充足しているとの前提に立ち，紙の帳簿ベースで要請される明瞭性と同程度のレベルまで求められているとみることも不可能ではない。そのように考えると，電子帳簿保存法と法人税法とが，特別法と一般法の関係にあるという点をどこまで考慮に入れるかによって，電子帳簿保存法に要請される明瞭性のレベルが自ずと明らかになるというべきであろう。

すなわち，電子帳簿保存法を，よりデジタル情報社会における利便性や負担軽減を求めるための法律であると捉えれば，紙の帳簿ベースの明瞭性までは要請されていないとする見解と，データ特質からみて操作可能性などに関する危惧を拭い切れないことからすれば，少なくとも，紙の帳簿ベースに要請される程度の明瞭性は最低限必要であるとする見解の対立があり得る。

もっとも，ストレージに対する利便性を求める見地から出発した電子帳簿保存法の立ち位置を考えた場合，前者の立場での思考が求められるように思われるのである。

図表８－３においては，外の円に向かえば向かうほど明瞭性の要請が緩くなるイメージである。

かかる図表で示した内容は一見正しいといえそうであるが，実は厳密には正解していない点もある。例えば，企業会計には企業会計の求める明瞭性というものがあって，企業会計原則一般原則の注解注１－２《重要な会計方針の開示について》を確認すると，有価証券の評価方法などといったものはきちんと表示

図表８－３

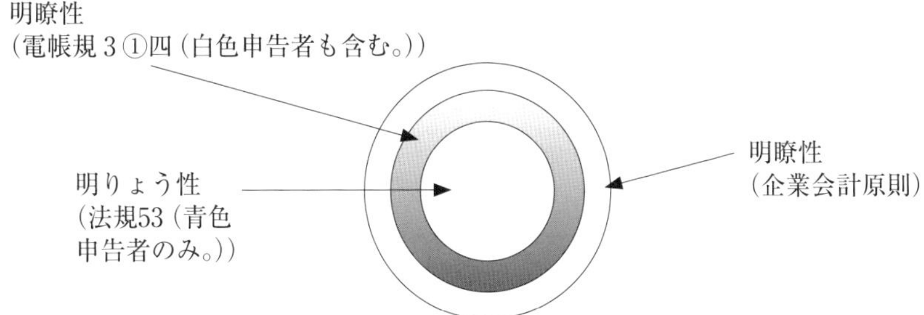

図表8－4

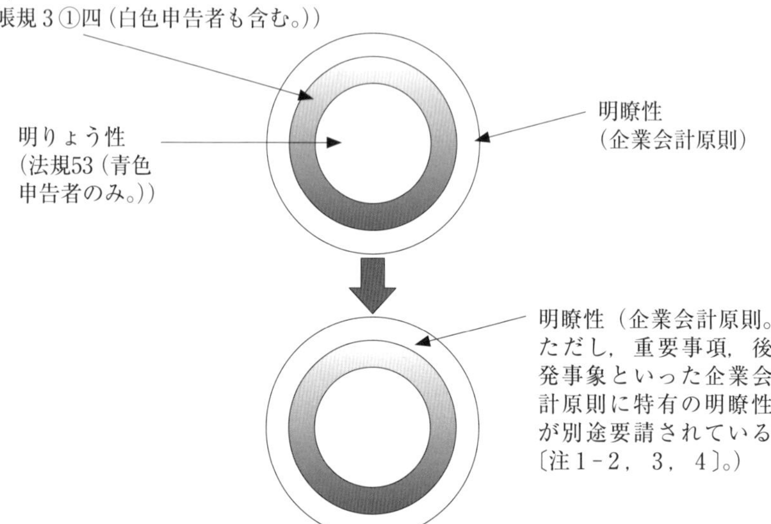

しなくてはならない旨が定められている。これも明瞭表示の1つである。あるいは同注解注1－3《重要な後発事象の開示について》も明瞭表示の一種であり，同注解注1－4《注記事項の記載方法について》も同様である。これらに関しては，企業会計原則特有の明瞭性が要請されているといえよう。

このことを加味して，先ほどの円に注意書きを加えることで3つの「明瞭（明りょう）」という概念を区別することができる。

5　小　括

本章においては，電子帳簿保存法が要請する「明瞭」性の程度が，一般法たる法人税法が要請しているそれに比して厳格とされていると解すべきか，あるいはその逆であるのか等について論じた。

上記のオルタナティブな2つの視角は，デジタル情報社会への対応として，重要な論点であると思えてならない。つまり，電磁的記録には，紙よりも幾分不便と思われる面があることを念頭に置きつつも，そこに，紙による保存の場合の負担軽減的取扱いとしての性格付けをするのか，それとも，紙に対する信用のレベルを維持しなければならないとして，紙の帳簿レベルの信頼性を求めるのかという２つの岐路に立たされているのではなかろうか(4)。

デジタル情報社会の到来とは，ある程度の利便を得るために，ある程度の不便も甘受するという意味が包含されていると思われる。私見とすれば，いささか厳格にすぎる取扱いは放棄せざるを得ないことからすれば，基本的には前者の立場に立った法制度が構築されたとみるべきではないかと考えている(5)。

これまで累次にわたり改正が行われてきたスキャナ保存制度や電子帳簿保存制度であるが，令和２年度税制改正においても見直されることとなった。これは，令和５年10月からの消費税の適格請求書等保存制度の導入を見据え，その円滑な実施のために電子的な請求書等のやり取りの普及促進に向けて，これらの制度の見直しが必要との認識によるものであり，これまでの改正にもかかわらず，利用がそれほど伸びていないことが背景にあると解される。

電子帳簿保存制度については，令和元年度税制改正において，国税庁が独自に行ってきたシステムチェックの仕組みを外部化することとされた。具体的には，①電子帳簿ソフト法的要件認証業務に関連する事項の審査，②電子帳簿ソフト法的要件認証制度に関わる規程等の審議，制定，③電子帳簿ソフト法的要件認証制度の普及と認証ソフトの増加といった内容の審査については，公益社団法人日本文書情報マネジメント協会（JIIMA）の電子帳簿ソフト法的要件認証審査委員会〔委員長：筆者〕において行われている(6)。

国税庁が公表した電子帳簿保存法に基づく電磁的記録による保存等の承認状況によると，令和元年６月末の同累計承認件数は前年６月末から２万4,667件増の22万5,391件，このうちスキャナ保存の承認件数は1,052件増の2,898件であった。一見すると増加件数は伸びているようにも思われるが，全国の法人数約310万社からすれば依然として低水準であるといわざるを得ないということであろう（税のしるべ3386号（2019年）参照）。

このような状況にかんがみると，政府は，今後さらなる電子帳簿へのシフトを加速させていくと考えられる。そうであるとするならば，電子帳簿保存法がいかなる明瞭性を求めているのかという点についての深慮ある検討が十分になされていなければならないといえよう。

注

(1) ICT 化と税務行政に関しては，枚挙にいとまがないが，例えば，中里実＝石黒一憲『電子社会と法システム』（新世社・2002年），関雅信「電子政府の現状と課題―電子国家への道―」堀部政男『インターネット社会と法〔第2版〕』63頁（新世社・2006年），泉絢也「ICT を活用した税務行政～税務調査の場面における活用を中心として～」税理62巻13号58頁（2019年），同「ICT を活用した滞納整理」同71頁（2019年），石川緑「ICT を活用した納税者サービス（OECD）」同83頁（2019年），鈴木涼介「マイナンバー制度と税務」同95頁（2019年），日本弁護士連合会「税・社会保障共通番号」同『デジタル社会のプライバシー』219頁（航思社・2012年）など参照。なお，手塚貴大「行政電子化の立法政策(1)(2)（3・完）―ドイツ租税法を素材とした税務行政法の適合・再編・革新―」広島法学29巻2号219頁（2005年），4号71頁，30巻1号79頁（2006年），白井均＝城野敬子＝石井恭子『電子政府』（東洋経済新報社・2000年）なども参照。

(2) デジタル情報社会の税務に関しては，税理62巻13号「デジタル情報化社会の税務」〔臨時増刊号〕に掲載の各論文のほか，酒井克彦「序章」同2頁，同「デジタルファースト法と租税法」同147頁（2019年）を参照。なお，かような情報社会における税理士のあり方に関しては，古くは，松澤智「最近の租税判例が税理士実務へ与えた影響とコンピュータ時代における税理士の争訟上の役割」同『コンピュータ会計法概論』191頁（中央経済社・1998年）があるし，直近のものとしては，畑中孝介「フィンテック時代の税理士業務」税理62巻13号156頁（2019年），酒井克彦＝臼倉真純「AI の到来と税理士業務・租税法」同165頁（2019年），酒井＝池田直樹「〔対談〕デジタル情報化社会に対する税理士会の取組み」同176頁（2019年）を参照。特に，近時注目すべき消費税制に関するものとして，西山由美「デジタル・サービスに対する消費課税の新ルール」税通69巻7号24頁（2014年），同「デジタル化社会における消費課税」税理57巻14号94頁（2014年），同「デジタル社会における消費課税の新たな手法」税弘63巻5号48頁（2015年）など参照。

(3) なお，電子帳簿保存法等に関しては，例えば，川根誠「電子帳簿保存法の解説」松澤・前掲注(2)，51頁，袖山喜久造『改正電子帳簿保存法完全ガイド』（税務経理協会出版局・2016年），龍真一郎「電子データ（電磁的記録）保存法と税務」税理62巻13号124頁（2019年），坂本真一郎「電子データ（スキャナ）保存法と税務」同134頁（2019年），浦東久男「県税条例における電子帳簿保存規定」碓井光明＝小早川光郎＝水野忠恒＝中里実編『公法学の法と政策〔下〕』〔金子宏先生古稀祝賀論文集〕1頁（有斐閣・2000年）も参照。

(4) デジタル情報社会の到来の特徴は，特に，電子申告または電子的法定調書の提出や電子納税にみられるように思われる。前者については，宮谷俊胤「イギリスの電子申告について」碓井＝小早川＝水野＝中里・前掲注(3)，123頁，菅原英雄「電子申告の現状と課題」税理62巻13号14頁（2019年），吉村政穂「行政内部における租税情報の共有と制限―アメリカにおける納税者番号（TINs）をめぐる議論を中心に―」税大ジャーナル14号29頁（2010年），川股修二「法定調書等の電子化」税理62巻13号35頁（2019年），後者については，高木英樹「電子納税の現状と課題」同25頁（2019年）など。酒井・租税行政法217頁も参照。

(5) 前述の政府税制調査会の中間答申は，マイナンバー制度をデジタル情報社会の税務における中心的牽引役としているように思われる。やや長くなるが，該当箇所を確認しておきたい。

すなわち，「暗号資産取引やシェアリングエコノミーなど新たな経済取引の普及や個人の働き方の多様化等に伴い，確定申告が必要となる納税者数も増加しつつある。こうした新たな経済分野の健全な発展を図る観点からも，個々の取引を行う納税者が簡便かつ適正に申告できる環境を整備することが重要である。

具体的には，1）オンライン上のプラットフォーム事業者や関係行政機関等の協力も得つつ，申告に必要となる収入や所得控除等に係るデータをマイナポータルに集約するとともに，国税電子申告・納税システム（e－Tax）とも連携し，簡便に電子申告を行うという仕組みが考えられる。また，２）国税庁ホームページ上で確定申告書を作成できる『確定申告書等作成コーナー』において，現在，簡易な申告を行う納税者向けにスマートフォン専用画面が提供されているが，その対象者を拡大していくことが考えられる。さらに，３）年末調整についても，マイナポータルに集約された控除関係書類データを各種申告書の作成に活用し，勤務先に電子的に提出することにより，社会全体のコスト削減や，企業の生産性向上等を図ることが考えられる。

このような税務手続の電子化やそれに伴うプロセスの見直しは，利便性の向上や誤りの未然防止のみならず，企業等における業務の簡素化や効率化にもつながることから，具体的な工程を示しつつ，官民が協働して，スピード感を持って推進すべきである。あわせて，マイナポータルに集約された情報の活用や申告書の作成，電子送信を行うシステムの操作性についても，利用者の視点に立ち，諸外国の取組も参考にしつつ，検討する必要がある。

また，納税者利便の向上の観点からは，申告手続等に加え，国税の納付についても，納税者が税務署等の窓口に赴くことなく，簡便かつ迅速に完結できることが重要である。こうした観点から，現在，国税庁では，オンラインにより国税を納付できる仕組みを提供しているが，実際には金融機関の窓口で納付を行っている割合が依然として大きい。オンライン上の操作により銀行口座から直接納税を行う仕組みであるダイレクト納付をはじめ，キャッシュレス納付の推進は，納税者利便の向上のみならず，金融機関や税務当局の業務の効率化にもつながると考えられる。そのため，現在，キャッシュレス納付の利用が進んでいない理由を分析するとともに，その結果も踏まえ，利用勧奨や広報・周知，既存の納付手段の改善等の取組を計画的に進めていく必要がある。

税務関係手続のデジタル化を実現するためには，デジタル・ガバメントの実現に向けた取組を政府一体となって推進する必要がある。諸外国においては，我が国のマイナンバー制度に相当する番号制度を活用し，税制・社会保障制度等における手続の利便性と公平性を共に向上させる取組が早くから進められている。我が国においても，マイナンバー制度を社会の情報連携インフラとして最大限活用することが不可欠である。政府全体として，マイナンバーカードの普及とその利便性の向上等を図るとともに，社会保障の公平性の実現や適正・公平な課税，利用者の手続負担の軽減の観点等から，マイナンバーの利活用を進めるべきである。」とする。

(6)　すでに，同委員会では，電子帳簿保存法４条１項の国税関係帳簿の電子保存制度に準拠したソフトウェア製品の認証事業を平成30年度から開始し，３製品を認証し公表しており，令和元年度税制改正で，JIIMA 認証のソフトを利用する場合の承認申請手続が簡素化されたこともあり，新たな製品の認証を順次進めている。

青色申告制度のあり方

1 はじめに

本書では，これまで主に法人税法上の経理処理や帳簿に関する問題意識を示してきた。しかしながら，租税法上の経理処理や帳簿作成上の問題は，なにもひとり法人税法に限られるものではない。本章では，所得税法上の問題についても触れておくこととしたい。

そこには，法人税法にはみられない所得税法固有の問題が所在する。端的にいえば，法人における経理処理とは異なり，個人事業者においては依然として記帳慣行が十分に整っているとはいえないという側面がある。

この点，所得税法においては，青色申告者の数が増加していない点を憂慮する見解が多い[(1)]。その中には，青色申告制度における「飴」の提供によって記帳を促すという制度設計を廃止して，むしろ，記帳がない場合にはペナルティを科すべきとの議論も散見される。まさに，「飴から鞭へ」という論脈である。しかし，そのような転換は，果たして納税者を主体的なものと位置付ける考え方に合致しているであろうか。あるいは，成熟した納税者を念頭に置いた議論であるといえるであろうか。これは，納税者に対する諦念があるからこその見解であるから，そもそも，かかる提案に対して，このような疑問を投げかけること自体ナンセンスなのかもしれないが，「飴から鞭へ」ではない道筋はないのであろうか。

本章では，「飴から鞭へ」ではなく，「飴から，飴でも鞭でもない制度への衣替え」の可能性を探ってみたい。

青色申告制度の概要

1　概　要

所得税法および租税特別措置法は，一定の帳簿書類を備え付けて申告をする者（青色申告者）に対して，各種の特典を設けている。これを青色申告制度というが，同制度は，不動産所得，事業所得および山林所得を生ずべき業務を行う居住者が税務署長の承認を受けて行う申告である。青色申告者には，帳簿書類を備え付けて一定の水準の記帳を継続的に行うとともに，これを保存することが義務付けられる一方，青色申告者以外の納税者に比し，特典として有利な所得計算や取扱いが認められる。

2　青色申告の承認

青色申告の承認を受けようとする者は，青色申告書を提出しようとする年の3月15日まで（その年の1月16日以後新たに業務を開始した場合には，その業務を開始した日から2か月以内）に，当該業務に係る所得の種類その他財務省令で定める事項を記載した申請書を所轄税務署長に提出しなければならない（所法144）。税務署長は，青色申告承認申請書が提出された場合において，承認するか却下するかの処分を行うときには，その申請をした者に対して書面によりその旨を通知する（所法146）。

次のような場合，税務署長はその申請を却下することができる（所法145）。

① 帳簿書類の備付け，記録又は保存が財務省令で定めるところに従って行われていないこと（1号）
② 帳簿書類に取引の全部又は一部を隠蔽又は仮装して記載していることその他不実の記載又は記録があると認められる相当の理由があること（2号）
③ 青色申告の承認の取消しの通知を受け，又は青色申告の取りやめの届出書を提出した日以後1年以内に申請書を提出したこと（3号）

青色申告承認申請書の提出があった場合において，その年分以後につき青色申告書を提出しようとする年の12月31日（その年の11月1日以後新たに業務を開始した場合には，その年の翌年の2月15日）までに，その申請の承認または却下の処分がなかったときは，その日において承認があったものとみなされる（みなし承認：所法147）。

なお，青色申告の取りやめの届出があった場合には，その年分以後の年分の所得税について青色申告承認の効力を失い（所法151⑨），青色申告者が不動産所得，事業所得および山林所得に係る業務の全部を譲渡もしくは廃止した場合には，その譲渡または廃止した日の属する年の翌年分以後の年分の所得税についても，同様に承認の効力を失うこととなる（所法151②）。

3　推計課税の禁止

推計課税は，税務署長が納税者の所得金額を収支計算による実額で算定できないような事情があるときに，間接的な資料から所得金額を算定し更正または決定するものであるから，誠実な記帳に基づく青色申告者については推計による更正は許されない（ただし，推計による決定は青色申告者についても認められている（所法156）。）。

4　所得金額の計算・税額の計算における特典

所得金額の計算・税額の計算における青色申告者の特典としては，次のようなものがある。

- 各種引当金の繰入額の必要経費算入（所法52，54）
- 事業専従者給与の必要経費算入（所法57）
- 小規模事業者の収入及び費用の帰属時期の特例（所法67）
- 純損失の繰越控除（所法70）
- 純損失の繰戻還付請求（所法140）
- 棚卸資産の評価方法についての低価法の選択（所令9⑪二）
- 耐用年数の短縮（所令130）
- 減価償却の特例（所令133）
- 青色申告特別控除（措法25の2）
- 租税特別措置法上の特別税額控除
- 租税特別措置法上の減価償却の特例

なお，平成30年度税制改正において，青色申告特別控除が65万円から55万円へ減額されたものの，電子申告利用者については同特別控除の10万円の加算がなされる改正もほどこされており，電子申告に対する納税者のインセンティブが具体的に示されている。

これらはいずれも，いわゆる「飴」を提示することによって，帳簿への記帳とその帳簿の保存への水向けを行おうとするもので，政策的意味を有する特典であるといえよう。

積極的不記帳者

上記のような特典を有する青色申告制度ではあるものの，個人の青色申告者の数は必ずしも多くはなく，その普及率は長らく50％台で推移をしている（日野雅彦「青色申告制度の意義と今後の在り方」税大論叢60号328頁（2009年））。

図表９－１　所得税における青色申告者数の推移

（単位：千人）

	営業所得者	農業所得者	不動産・山林所得者	合計
昭和25年分	94	17	0	111
昭和30年分	491	26	3	520
昭和35年分	551	24	4	579
昭和40年分	759	18	10	787
昭和45年分	1,540	35	36	1,610
昭和50年分	2,168	64	189	2,421
昭和55年分	2,688	118	402	3,208
昭和60年分	2,999	203	610	3,812
平成元年分	3,099	265	831	4,194
平成５年分	3,053	304	1,081	4,439
平成10年分	3,069	337	1,253	4,659
平成15年分	3,188	376	1,454	5,020
平成16年分	3,238	383	1,498	5,119

（出所）　全国青色申告会総連合会編「青色申告会55年の歩み」95頁（全国青色申告会総連合会・2005年）より

法人税における青色申告割合が98％程度にまで達していることと比較すると，所得税法において青色申告制度が選択されない何らかの要因を探る必要性があろう。青色申告制度という記帳制度に対するインセンティブが用意されているのにもかかわらず，帳簿記帳をしないという選択肢が選択される理由は奈辺にあるのであろうか。

この点については，いくつかの理由が考えられる[2]。

まず，青色申告制度を選択しない者についての考察を行うにあたって，大きく分けて青色申告制度を正しく理解しているグループと同制度を理解していないグループにカテゴライズすべきであろう。

図表9－2は，青色申告制度を正しく理解している者のグループであり，**図表9－3**は，青色申告制度を正しく理解していないグループを指す。まず，図表9－2で示すように，青色申告制度を正しく理解したうえで青色申告を不選択としている者がいると思われる。一方で，図表9－3のグループのように，青色申告制度をよく理解していない，あるいは誤解をしていることで白色申告者となっている者がいるであろう。

図表9－2の青色申告不選択者については，さらに2つのグループに分けることができる。

「積極的理由に基づいて青色申告を選択しない（不選択をする）」というグループと，「消極的理由に基づく青色申告の不選択者」が考えられる。「積極的理由に基づく青色申告の不選択者」というのは，納税回避をしたいグループを指す。かかる納税回避のグループは，3つほど挙げることができると思われる。

まず，①計画的な過少申告をしようとする者や計画的に無申告のままでいようとする者のグループである。あるいは，②制裁措置の発動を恐れて，または罰則の適用を恐れて，あえて帳簿をつけないグループが考えられよう。また，③税制に対する不満などを理由に，税務調査に全く協力をしないという者が実際問題としてはいると考えられる。かかるグループについては，納税回避アプローチ領域と位置付けることができる。すなわち，主に納税を回避しようとするグループである。

他方，かような積極的なグループではないが，消極的理由に基づいて青色申告を不選択しようとする者がいるであろう。このグループは青色申告制度に係

図表9－2　青色申告制度を正しく理解している者のグループ

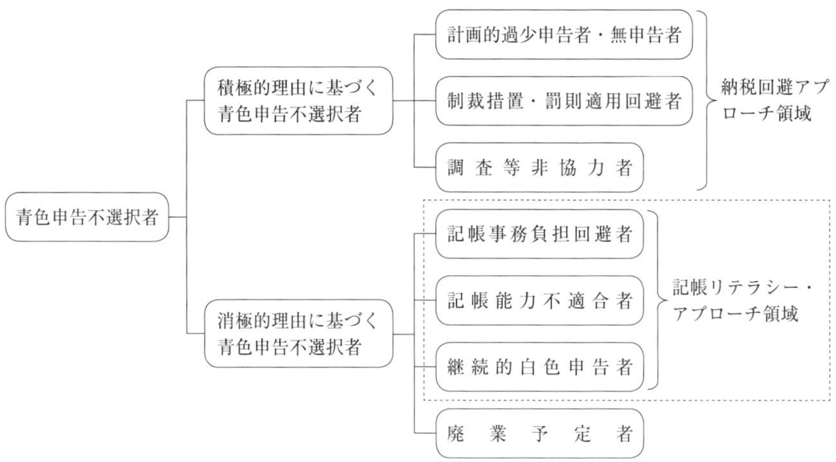

図表9－3　青色申告制度を正しく理解していないグループ

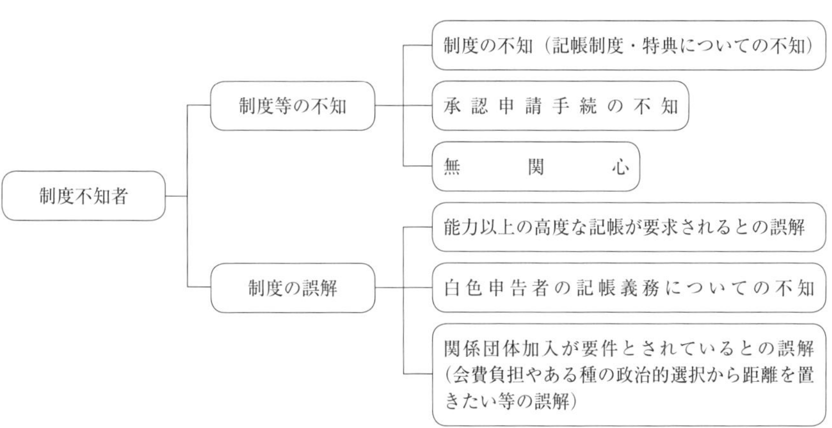

るインセンティブに魅力を感じていない。このことは，このグループにとっては青色申告が“飴”として機能していないことを意味している。すなわち，「記帳事務の負担が大変」，「帳面をつける暇がない」，「そんな時間があったら少しでも商品を売る方に力を注ぎたい」といった者が存在することは想像に難くない。あるいは，「記帳したくても帳面をつけることができない」，「記帳の

仕方を勉強したこともないし，計算も得意ではない」という，記帳能力が不足していて法が求めているところまで辿り着かないという層もあろう。さらに，「継続的白色申告者」というグループが考えられる。継続的白色申告者とは，例えば，制度は十分理解しているが，長年，白色申告でやってきて，さしたる問題はなかったのであるから，今さら青色申告に切り替えるのも面倒であるとして，青色申告不選択者になっているという者である。いわば「今まで何も困らなかった」という層である。こうしたグループを記帳リテラシー・アプローチ領域としよう。さらにいえば，「廃業を予定している」者もあろう。

次に，**図表９－３**であるが，青色申告制度をそもそも知らない，あるいは誤解しているというグループがあろう。かような制度等の不知者については，①そもそも記帳制度や特典についてよく知らないという者と，②承認申請手続の仕方がよくわからないという者が存在しよう。ここには，制度に対する誤解を生じている者もいると思われる。あるいは，③全く無関心という者があり得る。制度に全く無関心の者はそもそも当てはまらないかもしれないが，制度を誤解している者には，例えば次のようなケースがあり得よう。①記帳できる能力があるにもかかわらず，能力以上の高度な記帳が要求されているのではないかという誤解をしているケースが考えられる。あるいは，②白色申告者にも記帳義務があるということを知らないことがあり得る[(3)]。「白色申告であれば帳面をつけなくていい」と誤解をしている者は，この領域に入る。そのほか，③関係団体への加入が青色申告制度の要件とされているのではないか，関係団体に入ることによる会費負担やある種の政治的な選択から距離を置きたいという欲求もあり得る。

かように考えると，納税を回避したいというグループと，インセンティブがないと考えるグループ，それと制度不知者のグループがあり，税務当局はこれらのグループに対していかなるアプローチを図るべきなのかについての，検討が必要となる。

誤解を生じている者に対しては情報提供が必要となる。誤解や不知，帳簿の書き方がわからない，帳簿を書くのは相当難しいと思っている，といったことが想定されるので，情報提供や広報活動，啓蒙活動，これらを包摂した租税教育の重要性が求められる。制度不知者のグループには制度を知ってもらうためのリテラシー教育が重要性を増す。記帳の仕方，制度の仕組みについての情報提供をすれば，この種の理由に基づく不選択者や，不知者，誤解者というのは減っていくのではないかと思われる。

検討すべきは先ほどの**図表9－2**の納税回避のグループへのアプローチである。このグループに対しては，国税当局の執行や運用による対処を期待するしかないのかもしれないが，納税回避を試みる者に向けて，国税当局が「こういう制度ですよ」と説明しても徒労に終わる可能性がある。かような者が国税当局の声に耳を傾けるとは到底思えない。したがって，このグループに対しては，何らかの立法的な措置が必要か否かという議論になる。

白色記帳制度に制裁が規定されていないので，もし白色記帳制度に制裁があれば納税回避のグループも帳簿をつけるようになるのではないかというようなことが1つ考えられるわけである。そこで，なぜ白色記帳制度に制裁的規定がないのかを考える必要があろう。

この点，以下が白色記帳制度に制裁的措置がほどこされていない理由である。

①　記帳慣行の習熟を図る制度として特典を与えて，記帳を奨励する青色申告制度が一方にあり，これとのバランスを考慮する必要があること
②　記録保存義務違反や記帳義務違反は，通常，脱税と結び付いて現れることが考えられるが，これについては，すでに重加算税ないし罰則の制度が設けられていること
③　ずさんな帳簿記録しか有しない納税者は，課税処分取消訴訟において，立証責任（☞**立証責任**とは）の分配や証拠提出のあり方との関連で事実上不利益を受けることもあるので，これが実質的な担保措置となる場合もあると考えられること

☞**立証責任**とは，弁論主義（☞**弁論主義**とは）のもとにおいて，自己に有利な法規の適用の基礎となる要件事実がいずれの当事者によっても主張されなかった結果，裁判所がこの事実を裁判の基礎になし得ないことによって生ずる一方の当事者の不利益をいう（酒井・課税要件146頁）。

☞**弁論主義**とは，我が国の民事訴訟法において，裁判の当事者による実体法上の主張を根拠として裁判官が判決を下すことをいう（酒井・課税要件31頁）。これは，裁判に必要な事実に関する資料の収集については当事者の権能かつ責任によりなされるべきとする考え方であるが，当事者間においては，それにつき利益を有する当事者の側に権能かつ責任があるとする原則をいい，これに対峙する考え方として，職権探知主義（☞**職権探知主義**とは）がある。

☞**職権探知主義**とは，裁判所がある事項の判断をするにあたり，自らその基礎資料収集の責任を負

うとする原則をいう。これによれば，裁判所は当事者の主張しない事実も考慮でき，自白にも拘束されず，また，当事者の申出によることなく職権で開始する証拠調べ（職権証拠調べ）も許容されることになる（高橋和之ほか『法律学小辞典〔第５版〕』702頁（有斐閣・2016年））。なお，国税不服審判所においては，職権探知主義も採用されており，審判官が職権で調査を行うことができることとされている（通法97①）。

しかし，例えば，青色申告をしていると，税務当局からしてみれば，帳簿があるため，「どこどこが間違っている」というようにわかりやすい。それに対して，帳簿がなければ売上漏れや経費の多寡の指摘がしづらいので，隠蔽・仮装を認定できないなどということもあり，結果的に重加算税が課されにくいということが考えられる。いわば，まじめな納税者が馬鹿をみるような建付けでは，制度として立ち行かなくなってしまう。

青色申告は，まじめに帳簿をつける者に対して，特典を付与する制度であるにもかかわらず，青色申告者が記帳漏れや何か間違いをすると重加算税の適用など厳しい取扱いがなされるのに対し白色申告者の方は重加算税の賦課を免れる可能性が相対的に高いというのでは本末転倒である。

なお，記帳リテラシー・アプローチ領域（**図表９－２**）とは，記帳リテラシーに係る啓蒙活動が効果を与えると思われるターゲット層である。税務職員や税理士会等の関係団体が啓蒙活動を行うにふさわしい対象であるということもできよう。

4　帳簿なければ経費の証明なし

1　申告納税制度における帳簿提示の意義

東京高裁昭和59年11月20日判決（行集３巻11号1821頁）[(4)]は，次のように説示する。

「青色申告の承認を受けている者が，税務署の当該職員から，法〔筆者注：所得税法〕234条〔筆者注：現行国税通則法74条の２第１項〕の質問検査権に基づき，法148条１項により備付け等を義務付けられている帳簿書類の提示を求められたのに対し，正当の理由なくこれを拒否し提示しなかった場合には，青色申告承認の取消事由として法150条１項１号が定める，帳簿書類の備付け，記録又は保存が大蔵省令で定めるところに従って行われていない場合に該当すると解するのが相当である。けだし，法148条１項所定の帳簿書類の備付け等が行われていないことは，一方において青色申告承認申請の却下事由とされ（法145条１号），他方において青色申告承認の取

> 消事由とされており（法150条１項１号），また，青色申告者に対する更正処分は原則としてその者の所定の帳簿書類の調査を通じてのみし得ることとされ（法155条１項），青色申告者に対するいわゆる推計課税は禁止されている（法156条）が，このような法の趣旨に照らし，事理に即して考えると，青色申告制度は，単に所定の帳簿書類の備付け等が，青色申告者の側においてひとり行われているということだけでなく，他方，そのような帳簿書類の状況が当該職員の質問検査権に基づく調査により確認できる状態にあることを不可欠・当然の前提要件としていることが明らかであり，したがって，法148条１項所定の帳簿書類の備付け等の意味内容は，当該職員がその提示閲覧を求めた場合にはこれに応じ，当該職員において右帳簿書類を確認し得るような状態に置くべきことを当然に含むものと解されるからである。
>
> 青色申告者が帳簿書類に対する当該職員の調査を拒否することにより，その備付け等が正しく行われているか否かを当該職員において確認し得ない場合にも，その者に青色申告承認による特典を享受させることは，叙上の制度の予想せざるところというべく，その制度の本旨に反し，極めて不合理である。このように解することは，帳簿書類の調査拒否の事実をもって，その備付け，記録又は保存がされていない場合と別個の青色承認の取消事由としようとするものではなく，青色申告制度の本旨・法意にそう法条の合理的解釈として，所定の帳簿書類の備付け等は，当該職員からの提示・閲覧の要求に応じ得るものでなければならないとするのであるから，これをもって，立法的解釈ないしは租税法律主義違反とする非難…は当たらない。」

すなわち，この事例では，青色申告者は，調査時に帳簿書類の閲覧請求に応答する義務を課されているという考え方である。しかしながら，これは，青色申告者というよりは，むしろ申告納税制度のもとにおける納税者に共通するものであるというべきではなかろうか。換言すれば，申告納税制度のもとにおいて，憲法30条にいう納税義務から課税標準または税額等の確定義務が導出されることと同一線上に，税務調査における調査受忍義務があるとする構成が考えられる。

いわゆる荒川民商事件最高裁昭和48年７月10日第三小法廷決定（刑集２巻７号1205頁）[(5)]は，次のように任意調査における調査受忍義務を論じている。

> 「質問検査に対しては相手方はこれを受忍すべき義務を一般的に負い，その履行を間接的心理的に強制されているものであって，ただ，相手方においてあえて質問検査を受忍しない場合にはそれ以上直接的物理的に右義務の履行を強制しえないという関係を称して一般に『任意調査』と表現されているだけのことであり，この間なんら実質上の不合理性は存しない」〔。〕

このように説示して，任意調査といえども，被調査者には税務調査を受忍する義務（調査受忍義務）があることを説示している。かかる調査受忍義務について，同最高裁は，青色申告者に限定して論じているわけでは決してない。すなわち，青色申告者であろうと白色申告者であろうと，かかる調査における税務職員による質問検査権（☞**質問検査権**とは）の行使を受忍すべきであるというのであり，他方で，同最高裁が争点としていた調査忌避罪や不答弁罪という強制的規定に間接的に服するかたちでかかる質問検査権行使が展開されることを論じているのであるから，単に調査を受忍するという意味においてではなく，質問検査に応じて，自らの確定申告の内容等に関する答弁を行うことまで義務とされているとの理解が上記説示の根底にあると考えられる。

☞**質問検査権**とは，税務職員に認められている，課税要件事実について関係者に質問し，関係の物件を検査する権限をいう。更正・決定および賦課決定を行うためには，課税要件事実に関する資料や情報等の入手が必要であるが，それらの入手について納税者の任意の協力が得られるとは限らないことから（金子・租税法971頁），国税通則法において質問検査権が明文化されており，手続等の整備が図られている。

かように考えると，申告納税制度のもとにおいては，調査忌避罪や不答弁罪という罪刑によって間接的に強制されているのが調査受忍義務なのであるから，調査における証拠の提示という事実問題にも直結するとみてよいと思われる。

かくして，調査における受忍義務がある限り，税務職員に対して証明すべきものを，原始記録を集約したであろうところの中間的書類にも及ぶものとし，すなわち，帳簿の提示まで求めることとすべきとの構成があり得ると考える。

2　消費税法における帳簿提示問題

納税者が税務調査時に帳簿を税務職員に提示しなかったことで，消費税法上の仕入税額控除が否認された事例において，最高裁平成16年12月16日第一小法廷判決（民集５巻９号2458頁）[6]は，次のように説示した。

「事業者が，消費税法施行令50条１項の定めるとおり，消費税法30条７項に規定する帳簿又は請求書等を整理し，これらを所定の期間及び場所において，法62条に基づく税務職員による検査に当たって適時にこれを提示することが可能なように態勢を整えて保存していなかった場合は，法30条７項にいう『事業者が当該課税期間の課税仕入れ等の税額の控除に係る帳簿又は請求書等を保存しない場合』にあたり，事業者が災害その他やむを得ない事情により当該保存をすることができなかったことを証明しない限り，同条１項の規定は，当該保存がない課税仕入れに係る課税仕入れ等の税額については，適用されないものというべきである。」

税務職員が検査をするときに，適時に帳簿または請求書を提示することが可能なように態勢を整えて「保存」していなければ仕入税額控除の適用は受けられないとの説示である。ここでは，「保存」という表現は単なる物理的な意味での「保存」と解するのではなく，適時にこれを提示できるような状況で保存することまでを含意する概念が，消費税法30条《仕入れに係る消費税額の控除》7項にいう「保存」だとするのである。

消費税法における帳簿の提示が判例によって肯認されているのに比して（正確には帳簿の提示がない場合に仕入税額控除を受けられないと規定しているのに比して），所得税法においては，かような取扱いとなっておらず，実務上の整合性がとれていないともいえるのではなかろうか。

 一般に公正妥当と認められる会計処理の基準

1　企業会計準拠主義

筆者は，かつて現行の事業所得と給与所得の見直しをして，店舗経営など主に営業場を設けて行う「営業所得」と，フリーランスや士業のような庶業所得者と給与所得者をあわせた「人的役務提供所得」を設ける提案をしたことがある（酒井克彦「『人的役務提供所得』区分の創設論」税理62巻5号68頁（2019年））。前者については，企業会計準拠主義を積極的に採用し，いわば法人税法22条4項にいう「一般に公正妥当と認められる会計処理の基準」に従った所得計算を行うのと同様のルールを設けることが可能なのではないかとの提案も行ったところである（酒井・同稿75頁）。

現在の帳簿体系は，所得税法施行規則において規定されているが（仕訳帳や総勘定元帳（所規58，59）等），このように所得税法体系として求めるべき特有の帳簿体系が必要であれば「別段の定め」を設けるとして，原則的には企業会計準拠主義を採用することで，租税法の本質論には影響しない部分において法人税法との径庭を解消することができると考える（現在は，所得税法施行規則が「正規の簿記の原則」（所規57）に従った帳簿を要求しているのに対して，法人税法施行規則が「複式簿記の原則」（法規53）に従った帳簿を要求しているといった径庭がある。この点については，酒井・プログレッシブⅠ112頁参照）。

2　営業所得と人的役務提供所得

これは，「帳簿なければ経費の証明なし」という点にまで申告納税制度の意義の射程が及んでいるとみる立場である。少なくとも，事業所得者については，この考え方を導入すべき時期が到来していると思えてならない。私見では，営業所得者は「正規の簿記の原則」（所規57）に従った会計帳簿を作成し（正規の簿記の原則と租税法の関わりについては，酒井・プログレッシブⅠ112頁），これに基づいて確定申告書の作成をすることを前提として，適正な帳簿の提示ないし提出がなければ必要経費の証明を認めないとする構造にすべきではないかと考えるところである。

さらに，人的役務提供所得との関係でいえば，人的役務提供所得控除（現行の給与所得控除に相当する控除）の適用を選択せず，実額による経費計算を選択する者についても，営業所得と同様の仕組みを構築することが考えられる（なお，現行所得税法においては，事業所得のほか，不動産所得や山林所得についても青色申告制度の適用があるが（所法143），筆者は，不動産所得や山林所得は廃止すべきではないかとの所見を有している[7]。）。

6　青色申告制度廃止論

シャウプ勧告による青色申告制度の創設から70年経った現在においても，依然として，個人納税者についてみると，約５割の納税者しか青色申告承認を受けていない。このような状況のもと，さらには前記のような不適用者がいると思料される中にあって，果たして今日においてこの制度を維持する必要がどこまであるのであろうか。これについては，３つほどの反論が提示されている。簡単にいえば，この段階においても青色申告制度に伸びしろがあるとする見解[8]，青色申告者であることのプライドは適正な申告の維持に意味があるとする見解[9]，青色申告会といった関係民間団体との協調関係が納税環境整備に寄与しているという点を強調する見解[10]などがある。

これらいずれの見解にも理解すべき点はあるものの，インセンティブとして特典（「飴」）を設けることによって記帳制度を維持するというアプローチそのものに疑問を覚えるところでもある。他方で，そのような「飴」を提示する政策に反対の見解として，むしろ記帳制度の維持のために「鞭」を与えるべきとする見解もある[11]。すなわち，記帳しないことに対する制裁がないことを制度の実効性に係る空白域と捉えて，無記帳者に対して加算税を課す等の制度を創設すべきとする提案である。この見解にも魅力を覚えるところであるし，運用次第では功を奏するように思われるものの，かかる見解とても，しょせん，納税者に対して飴を与えるか鞭を与えるかの違いだけではないかとの不安も覚える。

むしろ，申告納税制度の理念に沿って，納税者を主体的な立場として捉えることが必要なのではないかと考えている。そこで，1で触れたとおり，「飴から鞭へ」という方向転換ではなく，「飴」も「鞭」もいらない主体的な成熟した納税者観を前提とした制度設計を構築すべきではなかろうか。申告納税制度の理念は，納税者が自ら主体的に判断をする存在として屹立していることを想定しているのであるから（主体的納税者），自らの記帳に従い，自らの計算に従い，自らが確定申告書を提出し納税するという構造のもとで，課税標準や税額の計算上の根拠は自らが示すという点がより強調されてもよいのではなかろうか。

7　小　括

本章においては，「帳簿なければ経費の証明なし」という提案を行った。

これは，必要経費の主張立証場面における責任分配の転換論でもある（酒井・課税要件163頁）。所得税法は，家事関連費との関係で実質的には所得税法施行令96条《家事関連費》において，一部ではあるものの必要経費に係る主張立証責任の転換を図っているとみることもできるように思われる（酒井・課税要件190頁）。そのような意味では，証拠との距離や立証困難性の見地からも，必要経費について上記のように帳簿体系を前提とした構造への転換は必ずしも突飛な提案ではないのではなかろうか。青色申告制度は廃止して，納税者が自らの責任のもとに，自らの確定申告の内容につき証明する制度を構築すべき時期に来ているのではなかろうか（もっとも，事業所得者（私見にいうところの営業所得者）であっても，零細企業であるために，帳簿体系を整えられない者は存在する。一定の零細事業所得者向けに概算経費控除制度を設けることも，上記提案と同様に検討されるべきであると考えている。)[12]。ここでは，主体的な納税者観に基づいた所得税制の構築を提案しておきたい。

本章では，おおむね次のような整理を行うことができた。

① 青色申告制度は帳簿に基づく適正な申告を推進するための「飴」として設けられた制度である。

② 所得税に関していえば，青色申告者数は伸び止まりしており，増加していない現状にある。

③ 記帳をすることに対する「飴」を設けるのではなく，記帳しないことに対する「鞭」を設けるべきとの議論もあるが，ペナルティを設けることによって記帳を促すのは，結局は主体的な成熟した納税者を前提とした議論ではないように思われる。

④ 自らの経費の存在は納税者が自らこれを証明することとするのが，申告納税制度の趣旨に合致していることからすれば，「記帳なければ経費の証明なし」という考え方を採用してもよいのではないか。これは，消費税法30条７項の議論に近接した考え方である。なお，この取扱いは，筆者が創設提案をしている営業所得（事業所得のうち庶業所得を除いたもので，公正処理基準による企業会計準拠主義を採用すべきとする所得区分）に馴染みやすいように思われる。

その他，本章の主題とは離れることから詳しく触れることはしなかったが，デュープロセス（☞**デュープロセス**とは）の見地からみれば，青色申告者も白色申告者も同様の手続的保障がなされるべきであるから，青色申告者についてのみ推計課税の制約要件が課されていることには問題があるという議論もあろう。かかる議論は，そもそも理由附記が青色申告者についてのみ認められていたこと自体が問題であったのではないかという点に接続する。

☞**デュープロセス**とは，法の適正な過程をいう（高橋和之ほか『法律学小辞典〔第５版〕』963頁（有斐閣・2016年））。手続的保障原則とも呼ばれる。租税法領域においては，租税法律主義の１つの側面として説明されることもある。すなわち，租税の賦課・徴収は公権力の行使であるから，それは適正な手続で行わなければならず，またそれに対する争訟は公正な手続で解決されなければならない（金子・租税法88頁）。

以上のとおり，個人に関していえば，青色申告制度は廃止し，特典のためとか，ペナルティ回避のために記帳するという考え方から卒業すべきであり，記帳制度の実効性を担保すべく，「帳簿なければ経費の証明なし」とする制度を構築すべきと考えている。

注

⑴　例えば，首藤重幸「帳簿書類」日税研論集20号94頁（1992年），坂本孝司「租税法における記帳規定と簿記の証拠力（その２）」TKC 税研情報７巻６号68頁（1998年），加藤恒二「青色申告制度の課題―所得税を中心に―」税大論叢41号46頁（2003年）など参照。

⑵　青色申告制度が個人において普及しない理由についての検討は，すでに，酒井克彦「申告納税制度における記帳や帳簿保存の意義―青色申告制度と加算税制度が意味するもの―」税大ジャーナル16号１頁（2011年）において述べたところであるが，ここでは簡単に再述し確認しておきたい。

⑶　昭和59年度税制改正により，所得税法および法人税法においては，白色申告者にも記帳義務が課されるようになった。

⑷　判例評釈として，岩﨑政明・ジュリ865号121頁（1986年）参照。

⑸　判例評釈として，柴田孝夫・昭和48年度最高裁判所判例解説〔刑事篇〕99頁（1977年），金子宏・行政判例百選Ⅱ263頁（1979年），南博方・ジュリ565号38頁（1974年），松澤智・税務事例５巻９号４頁（1973年），12号57頁（1973年），荻野豊・戦後重要租税判例の再検証28頁（財経詳報社・2003年），小早川光郎・租税判例百選〔第４版〕206頁（2005年），中原茂樹・租税判例百選〔第６版〕213頁（2016年），酒井・ブラッシュアップ426頁など参照。

⑹　判例評釈として，高世三郎・平成16年度最高裁判所判例解説〔民事篇〕〔下〕792頁（2007年），福家俊朗・民商133巻１号139頁（2005年），同・租税判例百選〔第４版〕168頁（2005年），岩品信明・租税判例百選〔第６版〕174頁（2016年），手代木しのぶ・アコード・タックス・レビュー２号51頁（2011年），酒井・ブラッシュアップ306頁など参照。なお，所得課税法をベースにした日本版インボイス方式にいう「帳簿」保存の意義については，本書第７章，酒井克彦「消費税法上の『帳簿』保存の意義」企業研究〔中央大学〕31号121頁（2017年）参照。

⑺　この点については，酒井克彦「不動産所得廃止論」税理62巻３号146頁（2019年）および，同「山林所得廃止論」税理62巻８号80頁（2019年）も参照。

⑻　青色申告制度が有する申告水準のバロメーターとしての意義を認め，さらに今後の展開に期待する見解として，日野雅彦「青色申告制度の意義と今後の在り方」税大論叢60号369頁（2009年）参照。

⑼　日野・前掲注⑻，370頁。

⑽　日野・前掲注⑻，368頁。なお，同氏は，法人に係る青色申告制度については廃止論につき積極的な見解を述べている（同稿371頁）。なお，同旨として，石島弘「青色申告」日税研論集28号84頁（1994年）。

⑾　加藤恒二「申告納税制度の下における制裁等―納税者のコンプライアンス向上の観点から―」税大論叢44号225頁（2004年）は，記帳・記録保存義務に係る制裁が希薄域にあるとして，制裁制度の創設を検討する。

⑿　石島弘教授は，「青色申告は既に定着し，白色申告者に対する記帳制度の導入によって記帳慣行も大きく促進されているとすれば，所得税，法人税について一般的記帳義務を導入しうる状況があることになり，過渡的制度としての青色申告制度が存続する根拠はなくなる。それにもかかわらず誘引手段として機能しない青色申告制度を維持するとすれば，青色申告者に対する多くの特典だけ

が残り，白色申告者や給与所得者との間に税負担の不公平をもたらすことになる。」と主張される（石島・前掲注⑽，83頁）。また，和田八束教授も，「青色申告制度は，既に充分に役割を終えたわけで，この辺りで過渡的な制度に終止符をうつ時期に達した」と論じられる（和田「青色申告制度の成立とその後の経過」税理36巻１号105頁（1993年））。湖東京至『所得税法の研究』248頁（信山社・1999年）も，青色申告制度の中心的目的が記帳水準の向上にあるとすれば，消費税法が導入された今日においては，すでにその存在意義を失っていると指摘される。このように青色申告制度をあくまでも過渡的制度として位置付ける見解がある。

帳簿不備と重加算税

1　はじめに

記帳のないことに対する行政制裁的措置は存在しない。しかし，申告納税制度のもとでは，自らの申告内容の適正性を担保するためにも，また，そのことを証明するためにも，記帳および帳簿の保存は納税者の当然の責務であると思われる(1)。

この点につき，昭和58年11月付け政府税制調査会「今後の税制のあり方についての答申」は，「申告納税制度とは，納税者がその取引の過程で集積された客観的な資料による裏付けのある所得金額をもって申告することを言うものであり，これは適正な申告水準を維持・確保するためのその他の納税協力を含めて納税者の当然の責務である。」と論じている。また，松澤智教授は，納税者はこのような責務を果たすための記帳を行うことを当然のものとされ，「青色申告者が，かかる当然の責務を果たすために記帳をしているので，したがって，白色申告者のように記帳の裏付けのない申告納税というのは，申告納税制度の本質に反するものといわなければならない。」とされていた（松澤『租税手続法』134頁（中央経済社・1997年））。

前述の答申を受け，昭和59年度税制改正により，白色申告者に対しても，記帳義務と帳簿および記録の保存義務（以下，これらをあわせて「記帳義務等」ともいう。）が整備された（法法150の２，旧所法231の２）。しかしながら，所得税法の場合，法はすべての事業者等に記帳義務等を課したのではなく，不動産所得，事業所得もしくは山林所得を生ずべき業務を行う者で前年に300万円超の所得のある者[(2)]に限って義務化したにとどまっており，義務違反に対する制裁的措置などは何ら用意することをしなかったのであって[(3)]，制裁規定のないことが当時からすでに問題視されてきたところである（松澤・前掲書130頁）。その後，平成23年度税制改正によって，白色申告者にも記帳・帳簿等の保存義務が設けられたものの（所法232），いずれにしても，それらの義務違反に対する制裁的措置は設けられていない。

 問題点の所在

1　記帳義務等の遵守と不遵守との比較考量

記帳義務等違反に対する制裁的措置が存在しない現下，記帳義務等を遵守することと，記帳義務等を遵守しないこととの比較考量において，後者を選択することが有利と判断される余地が存在することは多くの論者が指摘しているところである（なお，ここで，記帳義務等の遵守とは，例えば，記帳された帳簿書類を税務調査の際に提示等することなどをいい，実際に帳簿書類を作成しているかどうかということは問題としない。あくまでも記帳した帳簿書類の存在を外部に示すかを問題としているのである。なお，記帳義務等違反には，帳簿に誤った記載がなされるという違反もあるが，以下では，記帳義務等違反とは記帳した帳簿の不保存をいう。）。例えば，品川芳宣教授が，「なまじ帳簿をつけ記録を保存していると重加算税が賦課されるが，何も記録を残さなければ重加算税の賦課は免れるという税の執行に対する批判」が起こり得る点を指摘されているのはその代表的な見解である（品川『附帯税の事例研究〔第４版〕』381頁（財経詳報社・2012年））。

このように，記帳義務等の不遵守が有利に働くというような具体例の１つが，帳簿書類が存在していないと隠蔽・仮装行為の認定が困難を極めるというような重加算税賦課の局面に顕在化する。この点，すでに，昭和36年７月付け政府税制調査会「国税通則法の制定に関する答申」は，「極端な場合には故意に記帳をしないか又は記帳を著しく不完全にして，隠ぺい又は仮装の証明を実際上不可能にする場合等その証明がされる場合よりもかえって悪質な場合もあり得よう」と述べており，その問題点は古くから指摘されてきたところである。

また，一般的な記帳義務を課していない今日において，記録を残さないことのみでは隠蔽の要件を満たしていると解することはできないというのが大方の共通認識ではなかろうか（品川・前掲書329頁）。

例えば，同じ売上除外を行った者であっても，記帳義務等を履行した者には重加算税が賦課されやすく，履行しなかった者は重加算税の賦課を免れることができることにもなり，そうであるとすると，そのバランスは明らかに歪んだものといわざるを得ない。

2　国税通則法68条の「基づき」

ところで，なぜ，帳簿書類への記帳や記録がないと重加算税が賦課されにくいということになるのであろうか。その理由は，重加算税の賦課要件を定める国税通則法68条にあるといえよう。

> **国税通則法68条《重加算税》**
> 第65条第１項《過少申告加算税》の規定に該当する場合（…）において，納税者がその国税の課税標準等又は税額等の計算の基礎となるべき事実の全部又は一部を隠蔽し，又は仮装し，その隠蔽し，又は仮装したところに基づき納税申告書を提出していたときは，…重加算税を課する。

なお，ここにいう国税通則法65条１項は次のように規定している。

> **国税通則法65条《過少申告加算税》**
> 期限内申告書（還付請求申告書を含む。第３項において同じ。）が提出された場合（期限後申告書が提出された場合において，次条第１項ただし書又は第７項の規定の適用があるときを含む。）において，修正申告書の提出又は更正があったときは，当該納税者に対し，その修正申告又は更正に基づき第35条第２項《期限後申告等による納付》の規定により納付すべき税額に100分の10の割合（修正申告書の提出が，その申告に係る国税についての調査があったことにより当該国税について更正があるべきことを予知してされたものでないときは，100分の５の割合）を乗じて計算した金額に相当する過少申告加算税を課する。

国税通則法68条の「基づき」の意味を厳格に捉えると，過少な申告書の提出行為の前段行為としての「隠蔽・仮装行為」が必要ということになる。この点，帳簿書類を提示すると「隠蔽・仮装行為」の足が付くということがあるが，帳簿書類の存在がない，あるいは帳簿書類があってもないことにしておけば，「隠蔽・仮装行為」が判明されにくい，あるいは，かかる行為の認定が困難になるということにもなるのである。

3　主観的要素による構成に寄せる期待

そこで，改めて注目したいのは，適正な帳簿が存在していたものの，かかる帳簿に従わずになされた極端な過少申告に対して重加算税が課された事例（後述の最高裁平成７年判決の事例）や，帳簿の存在がなく多額の脱漏があったことに対して重加算税が課された事例（後述の最高裁平成６年判決の事例）では，隠蔽・仮装行為の存在には疑義もあったが，重加算税賦課が適法とされたのである。この２つの最高裁判決が採用した主観的要素を基礎とした理論構成を，ここでは「主観的要素による構成」と呼ぶこととする。そこでは，国税通則法68条の解釈論の限界ともいえる「隠蔽し，又は仮装したところに基づき」納税申告書を提出していたといえるかどうかが問題とされたが，故意の認定により重加算税賦課が肯定されている。

これらの最高裁判決のインパクトは非常に大きなものであるが，そこで採用された主観的要素による構成について，二重帳簿の作成や仮名預金口座開設などのような具体的な工作がなくとも，その脱漏額が多額である場合には重加算税賦課が許容され得る構成と理解できるとするならば，この構成によって前述の問題意識は溶解することになる。

しかしながら，これら２つの最高裁判決によって新しい重加算税の賦課要件の創設がなされたと理解されるべきなのであろうか。また，さらに進んで，主観的要素による構成は，記帳義務等を遵守することと記帳義務等を遵守しないこととの比較考量において，後者を選択することが有利と判断される余地を塞ぐことに寄与するのであろうか。

2つの最高裁判決

1　最高裁平成６年11月22日第三小法廷判決

いわゆる消費者金融業を営む白色申告者である個人事業者が，帳簿書類を備え付けて事業内容を記録していたのにもかかわらず，確定申告において，３年間にわたって総所得金額の約３％ないし４％にすぎない額のみを申告していた事例として，最高裁平成６年11月22日第三小法廷判決（民集48巻７号1379頁。以下「最高裁平成６年判決」という。）[(4)]がある。この事例は，いわゆるつまみ申告の事例としてつとに有名である[(5)]。

この事例において，最高裁は次のように判示している。

「Ａは，正確な所得金額を把握し得る会計帳簿類を作成していながら，３年間にわたり極めてわずかな所得金額のみを作為的に記載した申告書を提出し続け，しかも，その後の税務調査に際しても過少の店舗数等を記載した内容虚偽の資料を提出するなどの対応をして，真実の所得金額を隠ぺいする態度，行動をできる限り貫こうとしているのであって，申告当初から，真実の所得金額を隠ぺいする意図を有していたことはもちろん，税務調査があれば，さらに隠ぺいのための具体的工作を行うことをも予定していたことも明らかといわざるを得ない。以上のような事情からすると，Ａは，単に真実の所得金額よりも少ない所得金額を記載した確定申告書であることを認識しながらこれを提出したというにとどまらず，本件各確定申告の時点において，白色申告のため当時帳簿の備付け等につきこれを義務付ける税法上の規定がなく，真実の所得の調査解明に困難が伴う状況を利用し，真実の所得金額を隠ぺいしようという確定的な意図の下に，必要に応じ事後的にも隠ぺいのための具体的工作を行うことも予定しつつ，前記会計帳簿類から明らかに算出し得る所得金額の大部分を脱漏し，所得金額を殊更過少に記載した内容虚偽の確定申告書を提出したことが明らかである。したがって，本件各確定申告は，単なる過少申告行為にとどまるものではなく，国税通則法68条１項にいう税額等の計算の基礎となるべき所得の存在を一部隠ぺいし，その隠ぺいしたところに基づき納税申告書を提出した場合に当たるというべきである」〔。〕

この事例は，申告書の作成段階で初めて不正行為（脱漏）がなされた事例である。なお，最高裁平成６年判決のポイントとして，①会計帳簿自体には不実の記載がないこと，②所得金額の大部分を脱漏した確定申告書または修正申告書が数回にわたり提出されていること，③虚偽の資料提出・虚偽答弁がなされていることを挙げておこう。

2　最高裁平成７年４月28日第二小法廷判決

会社役員が，提出した確定申告書上の総所得金額の計算において，給与所得等については記載したものの，３年間で約２億4,400万円にものぼる株式等の売買による雑所得部分を記載しなかった事例として，最高裁平成７年４月28日第二小法廷判決（民集49巻４号1193頁。以下「最高裁平成７年判決」という。）[(6)]がある。同事件では，原告（控訴人・上告人）は，株式等の売買について，架空の名義や裏預金口座を設定するといった行為はしなかったものの，証券会社担当者から株式等の売買によって得た所得に課税されることがあるということを知らされ，顧問税理士から，株式等の売買について所得があれば申告を要することを再三伝えられていながら，顧問税理士に対して虚偽の説明をしていたことが認定されている[7]。

同最高裁は次のように判示した。

> 「この重加算税の制度は，納税者が過少申告をするについて隠ぺい，仮装という不正手段を用いていた場合に，過少申告加算税よりも重い行政上の制裁を科することによって，悪質な納税義務違反の発生を防止し，もって申告納税制度による適正な徴税の実現を確保しようとするものである。
>
> したがって，重加算税を課するためには，納税者のした過少申告行為そのものが隠ぺい，仮装に当たるというだけでは足りず，過少申告行為そのものとは別に，隠ぺい，仮装と評価すべき行為が存在し，これに合わせた過少申告がされたことを要するものである。しかし，右の重加算税制度の趣旨にかんがみれば，架空名義の利用や資料の隠匿等の積極的な行為が存在したことまで必要であると解するのは相当でなく，納税者が，当初から所得を過少に申告することを意図し，その意図を外部からもうかがい得る特段の行動をした上，その意図に基づく過少申告をしたような場合には，重加算税の右賦課要件が満たされるものと解すべきである。」

なお，最高裁平成７年判決のポイントは，①帳簿書類への記帳がないこと，②顧問税理士への虚偽答弁があることなどを挙げておきたい。

このように，最高裁平成６年判決，同７年判決のいずれにおいても，過少に申告する意図を認定し，その主観的要素をもとに重加算税賦課が肯定されているのである。

4　解釈論上の試行錯誤

1　総合関係説の検討

このような重加算税の賦課については，文理上疑義なく解釈することができるであろうか。この点において，租税法や事実関係の不知から生じた単なる一部申告漏れや無申告という不申告行為および計算違い等による虚偽申告行為が隠蔽または仮装行為でないことは，国税通則法68条の立法趣旨や文理解釈から当然首肯し得るとしても，当該事実関係の全体からみてその不申告や虚偽申告が課税を免れることを意図して作為的に行われていると推認できるときには，これを１つの隠蔽または仮装行為と認定できる場合が考えられるとする見解がある（総合関係説：品川・前掲書358頁）。例えば，品川芳宣教授は，「作為的な不申告行為，つまみ申告行為又は虚偽申告行為等であるかを何をもって推認できるかについては，不自然な多額な所得金額の申告除外やつまみ申告・過失とも認められないような申告書における虚偽記載，記帳能力等がありながら証拠隠匿を意図して帳簿を備え付けなかったり，原始記録を保存しないで行う不申告行為・不申告や虚偽申告後の税務調査における非協力・虚偽答弁，虚偽資料の提出等が単独又は複合して行われている場合には，それぞれの事実関係の実態に応じて，隠ぺい・仮装行為と評価し得る作為的な不申告行為・つまみ申告又は虚偽申告等と認定し得ることになろう。」と論じられる（品川芳宣「ことさらの過少申告と重加算税との関係」小川英明＝松澤智＝今村隆編『租税争訟〔改訂版〕』267頁（青林書院・2009年））。

かような総合関係説に対しては，重加算税が納税者に対する不利益処分であることを考慮に入れると，その妥当性に疑問が投げかけられよう（錦織康高「重加算税に関する一考察」西村あさひ法律事務所西村高等法務研究所編『グローバリゼーションの中の日本法』〔西村利郎先生追悼記念〕339頁以下（商事法務・2008年）参照）。

2　納税者の「故意」論に対する疑問

重加算税は，脱税犯（☞**脱税犯**とは）に対する刑罰とは異なり，故意に納税義務違反を犯したことに対する制裁ではないから，申告に際し，納税者において過少申告を行うことの認識を有していることまで賦課要件と解すべきではない（荒井勇編『国税通則法精解〔第16版〕』817頁（大蔵財務協会・2019年））。もっとも，「隠蔽」や「仮装」という語義からして，これらの行為そのものが故意に基づくものであることを要するという点には疑問の余地がないから[8]，重加算税を課すためには，納税者が故意に課税標準等または税額等の計算の基礎となる事実の全部または一部を隠蔽し，または仮装し，その隠蔽し，仮装した行為を原因として過少申告の結果が発生したものであれば足りると解すべきであろう。

☞**脱税犯**とは，租税犯のうち，国家の租税債権を直接侵害する犯罪をいう。これに対し，租税犯のうち，国家の租税確定権および徴収権の正常な行使を阻害する危険があるため可罰的であるとされる犯罪を租税危害犯という。なお，脱税犯は，逋脱犯・間接脱税犯・不納付犯および滞納処分免脱犯に分かれ，租税危害犯は，単純無申告犯・不徴収犯・検査拒否犯等に分かれる（金子・租税法1119頁）。

このことは，最高裁昭和62年５月８日第二小法廷判決（訟月34巻１号149頁。以下「最高裁昭和62年判決」という。）が判示するところである。すなわち，同最高裁は次のとおり判示する[9]。

「国税通則法68条に規定する重加算税は，同法65条ないし67条に規定する各種の加算税を課すべき納税義務違反が事実の隠ぺい又は仮装という不正な方法に基づいて行われた場合に，違反者に対して課される行政上の措置であって，故意に納税義務違反を犯したことに対する制裁ではないから（最高裁昭和43年（あ）第712号同45年９月11日第二小法廷判決・刑集24巻10号1333頁参照），同法68条１項による重加算税を課し得るためには，納税者が故意に課税標準等又は税額等の計算の基礎となる事実の全部又は一部を隠ぺいし，又は仮装し，その隠ぺい，仮装行為を原因として過少申告の結果が発生したものであれば足り，それ以上に，申告に対し，納税者において過少申告を行うことの認識を有していることまでを必要とするものではないと解するのが相当である。」

ところで，過少申告の故意を要件としないという考え方は，最高裁平成６年判決，同７年判決の構成とどのように結び付けられるべきであろうか。

最高裁昭和62年判決が示すように主観的要素は重加算税賦課要件ではないにもかかわらず，最高裁平成６年判決，同７年判決はかかる主観的要素に頼りながら判断を導出している。これまで多くの裁判例が，最高裁昭和62年判決のように客観的要素を基礎に重加算税の賦課の適否を判断してきたことからすると，一見して最高裁平成６年判決，同７年判決は異質のもののようにも思われるのである。

5　主観的要素による構成の限界

1　確定的な意図

最高裁平成６年判決は，「確定的な意図」の存在が「明らか」であると判示した事例であるし，最高裁平成７年判決は，意図が「外部からもうかがえる」ことを主観的要素による構成の前提としているのである。換言すれば，確定的に過少申告をしようとする意図を客観的証拠をもって認定できなければならないことを意味する。この点，自白（☞**自白**とは）のみならず，自白から独立し自白と相まって意図認定に資する補強証拠を任意調査によって得ることの容易ならざることを考えると，主観的要素による構成を採るには相当の困難性に直面するといえる。

> ☞**自白**とは，民事訴訟法上，相手方の主張する自己に不利益な事実を告白する行為をいう（事実の告白)。これには，裁判外で相手方または第三者に対してする自白（裁判外の自白）と，裁判における自白（裁判上の自白）とがある。

2　多額の脱漏を前提とした故意認定

最高裁平成６年判決，同７年判決の構成は，ことさらに過少な申告を前提としたものである。

☑　最高裁平成６年判決は，「殊更の過少申告」という用語を用いているのに対して，最高裁平成７年判決は，そのような表現をしていない。しかしながら，同判決の最高裁調査官である近藤崇晴氏は，「『殊更の過少申告』という言葉は用いていないが，その意味を敷衍したものであると解されよう」と論じられる（近藤・曹時47巻９号324頁（1995年))。これには反論もあるが（例えば，水野武夫・民商114巻３号505頁（1996年))，一応の整理として，これらの判決をことさらの過少申告類似の事例として捉えることも不可能ではあるまい。

なお，「殊更の過少申告」の意味内容について，最高裁昭和48年３月20日第三小法廷判決（刑集27巻２号138頁）は，「真実の所得を隠蔽し，それが課税対象となることを回避するため，所得金額をことさらに過少に記載した内容虚偽の所得税確定申告書を税務署長に提出する行為（以下，これを過少申告行為という。）自体，単なる所得不申告の不作為にとどまるものではなく（当裁判所昭和25年（あ）第931号同26年３月23日第二小法廷判決・裁判集刑事42号登載参照)，右大法廷判決の判示する『詐偽その他不正の行為』にあたるものと解すべきである。」と判示している。

そもそも，国税通則法119条《国税の確定金額の端数計算等》４項は，附帯税の少額省略基準を設けているが，別言すれば，同法は，それ以外に金額の多寡を重加算税の賦課要件としてはいないはずである。にもかかわらず，最高裁平成６年判決，同７年判決は，故意の認定を前提としたうえで，故意性を客観的に認定する基準として，金額の多寡を持ち込んだ判断を展開しているのである。故意認定を前提とすることは，「これだけの多額の脱漏を単なる誤謬として理解することは通常できない」という主観的要素に依存することを意味し，つまるところ，相当多額の脱漏事例のみをターゲットにせざるを得ないことになる。

金額の多寡は重加算税の本質的問題ではないにもかかわらず，本来的に重加算税が課されるべき事例の一部しかこの構成では手当されないという限界を包摂しているのである。ことさらの過少申告以外の事案が，重加算税を課すべき対象から排除されることは，国税通則法119条４項を用意している同法の予定しないところであろう。この点においても，主観的要素による構成には限界があるといわざるを得ない。

3　最高裁平成６年判決と同７年判決の射程

このように考えると，最高裁平成６年判決，同７年判決は，過少申告の主観性に頼った判断であるがゆえにその射程範囲は非常に狭く，同じ隠蔽・仮装行為を行った者であっても，記帳義務等を履行した者には重加算税が賦課されやすく，履行しなかった者は重加算税の賦課を免れることができるというような歪んだ状況を是正するためには，およそワークしない構成であるといわざるを得ない。

むしろ，次に述べるとおり，主観的要素による構成が最高裁で採用されたことにより，解釈論上の問題が惹起されているようにも思えるのである。

主観的要素による構成の問題点

1　文理解釈上の不安

重加算税賦課において総合関係説による判断には厳しい批判が展開されている。例えば，岡村忠生教授は，「悪質だと総合判断される納税者には重加算税を課す（逆に，協力的で従順な納税者は過少申告加算税で済ます）という，裁量による主観的な当罰性判断を先行させた重加算税賦課の新たな構造を認めるものと言える。」と批判される（岡村・民商113巻１号109頁（1995年））。

そもそも，総合関係説が判断に持ち込もうとする間接事実がいかなるものかという点も必ずしも明確ではない。この点についても，岡村教授は，「この『確定的な意図』を『総合判断』する過程では，過少申告行為の背後にある主観的状況が間接事実として無限定に取り込まれ，最終的には，税法の違法意識，税務行政への不信感や反感，公徳心や租税倫理といった納税者の人格までが射程に入り得るであろう。」とされる（岡村・前掲稿109頁）。

文理解釈との整合性を考慮に入れる必要があると思えるところ，総合関係説はそのあたりに大きな不安を抱えているといわざるを得ない。

2　文理解釈との整合性

私見としては，国税通則法68条は，隠蔽・仮装行為に基づいて「申告行為をした」ということを重加算税の賦課要件としているのではなく，隠蔽・仮装行為に基づいて「納税申告書を提出した」ことが要件とされていることから，隠蔽・仮装行為は，納税申告書の提出より前の行為であれば足りると解すべきであったのではないかと考える(10)。

すなわち，申告書の作成の段階において隠蔽・仮装行為をし，その隠蔽・仮装行為に基づいて「納税申告書を提出した」のであれば，国税通則法68条１項に規定する重加算税の賦課要件は充足していると解することができるはずである(11)。国税通則法68条１項をこのように解釈すれば，隠蔽・仮装行為は申告書の作成段階で認定をすることができ，作成された申告書が取引行為や事実を明らかに反映していないものと認識しながらそれを提出したことが認定されれば，重加算税賦課要件の充足につながることになると思われる。

この点，最高裁平成６年判決は申告書の作成自体を隠蔽・仮装行為と判断していたとみることもできよう(12)。

しかしながら，最高裁平成７年判決は，「申告行為」という概念を用いて判断をしており，かように「申告行為」と理解すれば，「申告書の作成」と「申告書の提出」は同じ「申告行為」に包摂されてしまうのである。国税通則法68条１項はあくまでも，「申告書の提出」とその前段階の行為との間に「基づき」を挿入していることからすれば，隠蔽・仮装に基づく「申告書の作成までの行為」に「基づき」，「納税申告書の提出」をした場合には同条項は文理上も問題がなく適用できるように思われるとの私見による整理は，「申告行為」という括りをした瞬間に瓦解するのである。

最高裁平成７年判決は，かような意味でも国税通則法68条１項の文理に必ずしも忠実な判断であったとは思えないのである。

3　最高裁平成６年判決と同７年判決の特異性

仮に，最高裁平成７年判決にいう納税者の過少申告の「意図を外部からもうかがい得る特段の行動」を隠蔽・仮装行為と捉えることが可能であるとするのであれば，多くの場合，租税回避スキームは重加算税賦課が相当ということになりそうである。しかしながら，課税実務は必ずしもそのようには取り扱っていない（錦織・前掲書358頁）。

この点は，最高裁平成７年判決が，納税者の過少申告の「意図を外部からもうかがい得る特段の行動」のすべてを隠蔽・仮装行為に当たるとしているのではなく，納税者が虚偽答弁をした相手方たる税理士の立場が使用人などとは異なる(13)ということを前提としていることに留意しなければならない。主観的要素による構成を採用した最高裁平成６年判決，同７年判決の射程範囲は，かような事情を念頭に置いた考察をしておくことが非常に重要であると考える。そもそも，最高裁平成６年判決は記帳が適正になされていた事例であるし，最高裁平成７年判決は，記帳義務の課されていない者に対する重加算税賦課事例である。いずれにしても，記帳義務等違反者に対する重加算税事例ではないということを改めて強調しておきたい。

また，前述したように，両判決ともに最高裁平成６年判決の事例においては，約８億円ないし13億円の脱税事案であるし，最高裁平成７年判決の事例においても約３億円の脱税事案である。さらに，前者の事例では，納税者は数度にわたって税務職員に対して虚偽答弁および虚偽資料の提出をし続けており，その過少申告を隠蔽しようとした積極性は特異な例であるともいえよう。また，後者の事例でも，顧問税理士や証券会社から申告の必要性についての説明を受けていたにもかかわらず，顧問税理士に対して虚偽答弁を行っていたことが認定されている(14)。いずれにしても，両判決とも納税を不当に免れようとする意図が明らかであった事例ということができようが，このような事例において総合判断が展開されたうえで重加算税の賦課が肯定されたのは重加算税の趣旨からして当然であるようにも思われる。

しかしながら，このような特異な例であることを捨象して，果たして他の事例にそのままかかる構成を当てはめることが妥当であるかどうかについては，いま一度慎重になる必要があるように思われる。けだし，前述した国税通則法

68条の要件充足における不安材料が払拭されてはいないからである。

小　　括

齋藤明教授は，「『隠ぺい又は仮装の行為』とは，判例上行為者の積極的な行為を予定しているため収入金額の一部を帳簿に記載せずまたは何らの記録も残さないで，申告所得から脱漏していた場合，重加算税の賦課要件を充足していたと判断するのは困難な場合が多いといわれている。何故ならば，一般的に記帳義務を課していない現行制度の下においては，記帳洩れや記録の備え付けの不備の責を納税義務者に問うことができないからである。すなわちこのことをもって積極的な『隠ぺい行為』があったとはいえないのである。しかし，記帳の義務を履行している者が，いない者に比べて不利益な結果となってしまうのは問題があるといえ，慎重な判断が必要である。」と論じられる（齋藤明＝廣瀬正志『租税刑事制裁の法理』194頁（中央経済社・1997年））。

このような問題意識が長らく示されてきてはいるものの，依然として改善されてはいない。また，立法に向けた取組みもなされていない。

もっとも，記帳義務等違反を，解釈論によって重加算税賦課要件に読み込むアイデアも存在する。例えば，品川芳宣教授は，「帳簿の備付けも記帳もしない，取引の原始記録を保存しないばかりか作成もしない，そして申告もしないという形には何も残さないという行為が，実質的にも最も悪質な隠ぺい行為であるということもできる。」と論じられる（品川・前掲稿267頁）。

この点につき，筆者は，行為の悪質性が重加算税の賦課要件を充足するとは考えないものの，それは，かような悪質性の高い行為を放置しておくことを容認することに接続するものではない。記帳義務等違反者の行う隠蔽・仮装に対して重加算税が事実上課されないということは，コンプライアンスの維持に大きな悪影響を及ぼすのは間違いがなく，適正公平な課税の実現のための附帯税制度の趣旨からは乖離していくことを意味すると考えるところである。

そこで，重加算税賦課要件の見直しなども考えるべきところであろう。

注

(1) シャウプ勧告は，「申告納税制度の下における適正な納税者の協力は，かれが自分の所得を算定するため正確な帳簿と記録をつける場合にのみ可能であるということは自明の理である。」と述べる（シャウプ勧告附録D，E節第2二）。記帳義務の実効性を期待する論稿として，林修三「記帳義務の強化問題について」税理27巻4号10頁（1984年），小林繁「記帳義務制度の導入と執行に当っての留意点」税通39巻9号197頁（1984年）など参照。

反論として，例えば，石村耕治教授は，記帳義務がいたずらに納税者を萎縮させ，成長過程にある我が国の申告納税制度の民主的発展を阻害する要因になりかねないと論じられる（石村「記帳慣行の奨励が先決」税理士界昭和57年11月11日号）。同旨，小池達造「申告納税制度の崩壊へ」東京税理士界昭和59年1月11日号。また，北野弘久教授は，実効性が期待できないとされる（北野「納税環境の整備」不公平な税制をただす会編『国民のための税制論』223頁以下（勁草書房・1984年））。関本秀治氏は，「記帳」がなければ正確な所得が計算できないというのは，実務を知らない学者や官僚の思い違いである旨論じている（関本「申告納税制度を破壊する『納税環境の整備』」不公平な税制をただす会・前掲書243頁以下）。

(2) 旧所得税法231条の2は，「その年の前々年分の確定申告書（修正申告書を含む。以下この項において同じ。）に係るこれらの所得の金額の合計額がその年の前年12月31日において300万円を超えるもの又はその年の前年分の確定申告書に係る当該合計額がその年の3月31日において300万円を超えるもの」に対する記帳義務を規定していた。

(3) 制裁的措置の創設には反対も多い。例えば，日本税理士会連合会税制審議会昭和57年1月26日付け答申「所得税，法人税における記帳義務に関する規定を設けることについて」Ⅱ4参照。

(4) この判決を取り上げた論稿は多いが，差し当たり，川神裕・ジュリ1071号101頁（1995年），同・曹時49巻1号168頁（1997年），岡村忠生・民商113巻1号96頁（1995年），岩﨑政明・ジュリ1069号153頁（1995年），佐藤孝一・税通50巻3号243頁（1995年），池田秀敏・税理38巻5号31頁（1995年）など参照。

(5) 第一審京都地裁平成4年3月23日判決（税資188号894頁）は，重加算税の賦課処分を適法とした。また，控訴審大阪高裁平成5年4月27日判決（訟月40巻4号856頁）は，重加算税を賦課するためには，事実としての「隠蔽・仮装行為」と過少の納税申告との間に因果関係の存在が必要であり，つまみ申告についても可罰違法性の基準は明らかではなく，申告所得と真実の所得との較差のみによって「ことさらの過少申告」に該当するとはいえない旨判示した。控訴審の判例評釈として，脇博人・行政関係判例解説〔平成5年〕145頁（1993年），佐藤孝一・税通48巻13号201頁（1993年）など参照。

(6) 判例評釈として，近藤崇晴・平成7年度最高裁判所判例解説〔民事篇〕〔上〕471頁（1998年），岡村忠生・税法534号110頁（1995年），水野武夫・民商114巻3号121頁（1996年），佐藤孝一・税通50巻11号215頁（1995年）など参照。

最高裁平成6年判決，同7年判決の両方を扱った論稿として，三木義一・判評443号173頁（1996年），松澤智・税法534号134頁（1995年），岩橋健定・法協114巻4号462頁（1997年），住田裕子「重加算税の賦課要件としての『隠ぺい・仮装』行為（上）」商事1419号2頁（1996年），1420号9頁（1996年），佐藤英明「いわゆる『つまみ申告』と重加算税」総合税制研究8号72頁（2000年），酒井克彦・税務事例42巻3号1頁（2010年），同・税務事例50巻4号1頁（2018年）など参照。

(7) 第一審神戸地裁平成5年3月29日判決（税資194号1112頁）は，原告の行為は，その所得を基礎付ける事実を隠しその真相の追及を困難にするもので，所得税の申告を納税者に委ねた趣旨を没却する行為であるから，「隠ぺい・仮装」行為に該当するとした。控訴審大阪高裁平成6年6月28日判決（税資201号631頁）も第一審判決を維持した。

(8) この点についての分析として，酒井克彦「重加算税の賦課と『故意』『認識』の要否」税理50巻14号87頁（2007年）など参照。

⑼　他方，大阪高裁平成３年４月24日判決（税資183号364頁）は，「重加算税を故意に脱税のための積極的行為をすることが必要である」と判示している。租税を免れる意図を要すると解する立場として，碓井光明「重加算税賦課の構造」税理22巻12号４頁（1979年）参照。

⑽　佐藤・前掲注⑸，203頁は，「つまみ」行為を隠蔽・仮装行為と構成している。

⑾「申告書作成行為」が隠蔽・仮装行為から排除される必要はないと論じた同旨主張は，酒井克彦「重加算税の賦課要件と非積極的不正行為―つまみ申告・殊更過少な申告・作為的無申告―」税理51巻10号112頁（2008年）においても展開している。なお，小貫芳信「附帯税をめぐる訴訟（１）」税理38巻14号198頁（1995年）も同旨。

⑿　池田・前掲注⑷，36頁。

⒀　この点について，酒井克彦「税理士に対する納税者の虚偽答弁と重加算税の賦課―最高裁平成７年４月28日第二小法廷判決を素材として―」税弘54巻14号90頁（2006年）参照。

⒁　税理士に対する虚偽答弁が重加算税の賦課要件を充足するかについて検討した論稿として，酒井克彦「租税専門家に対する秘匿行為と重加算税―税理士への隠ぺい・仮装行為―」税理51巻３号119頁（2008年）。なお，虚偽答弁については，同「重加算税の成立時期と法定申告期限後の隠ぺい・仮装（１）―虚偽答弁を中心として―」税理51巻１号81頁（2008年）も参照。

参考資料1　法人税法の規定（抜粋）

法人税法

《趣旨》

第1条　この法律は，法人税について，納税義務者，課税所得等の範囲，税額の計算の方法，申告，納付及び還付の手続並びにその納税義務の適正な履行を確保するため必要な事項を定めるものとする。

《定義》

第2条　この法律において，次の各号に掲げる用語の意義は，当該各号に定めるところによる。

二十五　損金経理　法人がその確定した決算において費用又は損失として経理することをいう。

第22条　内国法人の各事業年度の所得の金額は，当該事業年度の益金の額から当該事業年度の損金の額を控除した金額とする。

2　内国法人の各事業年度の所得の金額の計算上当該事業年度の益金の額に算入すべき金額は，別段の定めがあるものを除き，資産の販売，有償又は無償による資産の譲渡又は役務の提供，無償による資産の譲受けその他の取引で資本等取引以外のものに係る当該事業年度の収益の額とする。

3　内国法人の各事業年度の所得の金額の計算上当該事業年度の損金の額に算入すべき金額は，別段の定めがあるものを除き，次に掲げる額とする。

一　当該事業年度の収益に係る売上原価，完成工事原価その他これらに準ずる原価の額

二　前号に掲げるもののほか，当該事業年度の販売費，一般管理費その他の費用（償却費以外の費用で当該事業年度終了の日までに債務の確定しないものを除く。）の額

三　当該事業年度の損失の額で資本等取引以外の取引に係るもの

4　第2項に規定する当該事業年度の収益の額及び前項各号に掲げる額は，別段の定めがあるものを除き，一般に公正妥当と認められる会計処理の基準に従って計算されるものとする。

5　第2項又は第3項に規定する資本等取引とは，法人の資本金等の額の増加又は減少を生ずる取引並びに法人が行う利益又は剰余金の分配（資産の流動化に関する法律第115条第1項《中間配当》に規定する金銭の分配を含む。）及び残余財産の分配又は引渡しをいう。

第22条の2　内国法人の資産の販売若しくは譲渡又は役務の提供（以下この条において「資産の販売等」という。）に係る収益の額は，別段の定め（前条第4項を除く。）があるものを除き，その資産の販売等に係る目的物の引渡し又は役務の提供の日の属する事業年度の所得の金額の計算上，益金の額に算入する。

2　内国法人が，資産の販売等に係る収益の額につき一般に公正妥当と認められる会計処理

の基準に従って当該資産の販売等に係る契約の効力が生ずる日その他の前項に規定する日に近接する日の属する事業年度の確定した決算において収益として経理した場合には，同項の規定にかかわらず，当該資産の販売等に係る収益の額は，別段の定め（前条第４項を除く。）があるものを除き，当該事業年度の所得の金額の計算上，益金の額に算入する。
3　内国法人が資産の販売等を行った場合（当該資産の販売等に係る収益の額につき一般に公正妥当と認められる会計処理の基準に従って第１項に規定する日又は前項に規定する近接する日の属する事業年度の確定した決算において収益として経理した場合を除く。）において，当該資産の販売等に係る同項に規定する近接する日の属する事業年度の確定申告書に当該資産の販売等に係る収益の額の益金算入に関する申告の記載があるときは，その額につき当該事業年度の確定した決算において収益として経理したものとみなして，同項の規定を適用する。
4　内国法人の各事業年度の資産の販売等に係る収益の額として第１項又は第２項の規定により当該事業年度の所得の金額の計算上益金の額に算入する金額は，別段の定め（前条第４項を除く。）があるものを除き，その販売若しくは譲渡をした資産の引渡しの時における価額又はその提供をした役務につき通常得べき対価の額に相当する金額とする。
5　前項の引渡しの時における価額又は通常得べき対価の額は，同項の資産の販売等につき次に掲げる事実が生ずる可能性がある場合においても，その可能性がないものとした場合における価額とする。
一　当該資産の販売等の対価の額に係る金銭債権の貸倒れ
二　当該資産の販売等（資産の販売又は譲渡に限る。）に係る資産の買戻し
6　前各項及び前条第２項の場合には，無償による資産の譲渡に係る収益の額は，金銭以外の資産による利益又は剰余金の分配及び残余財産の分配又は引渡しその他これらに類する行為としての資産の譲渡に係る収益の額を含むものとする。
7　前二項に定めるもののほか，資産の販売等に係る収益の額につき修正の経理をした場合の処理その他第１項から第４項までの規定の適用に関し必要な事項は，政令で定める。

《減価償却資産の償却費の計算及びその償却の方法》

第31条　内国法人の各事業年度終了の時において有する減価償却資産につきその償却費として第22条第３項《各事業年度の損金の額に算入する金額》の規定により当該事業年度の所得の金額の計算上損金の額に算入する金額は，その内国法人が当該事業年度においてその償却費として損金経理をした金額（以下この条において「損金経理額」という。）のうち，その取得をした日及びその種類の区分に応じ，償却費が毎年同一となる償却の方法，償却費が毎年一定の割合で逓減する償却の方法その他の政令で定める償却の方法の中からその内国法人が当該資産について選定した償却の方法（償却の方法を選定しなかった場合には，償却の方法のうち政令で定める方法）に基づき政令で定めるところにより計算した金額（次項において「償却限度額」という。）に達するまでの金額とする。

《繰延資産の償却費の計算及びその償却の方法》

第32条　内国法人の各事業年度終了の時の繰延資産につきその償却費として第22条第３項《各事業年度の損金の額に算入する金額》の規定により当該事業年度の所得の金額の計算

上損金の額に算入する金額は，その内国法人が当該事業年度においてその償却費として損金経理をした金額（以下この条において「損金経理額」という。）のうち，その繰延資産に係る支出の効果の及ぶ期間を基礎として政令で定めるところにより計算した金額（次項において「償却限度額」という。）に達するまでの金額とする。

《資産の評価損の損金不算入等》

第33条　内国法人がその有する資産の評価換えをしてその帳簿価額を減額した場合には，その減額した部分の金額は，その内国法人の各事業年度の所得の金額の計算上，損金の額に算入しない。

2　内国法人の有する資産につき，災害による著しい損傷により当該資産の価額がその帳簿価額を下回ることとなったことその他の政令で定める事実が生じた場合において，その内国法人が当該資産の評価換えをして損金経理によりその帳簿価額を減額したときは，その減額した部分の金額のうち，その評価換えの直前の当該資産の帳簿価額とその評価換えをした日の属する事業年度終了の時における当該資産の価額との差額に達するまでの金額は，前項の規定にかかわらず，その評価換えをした日の属する事業年度の所得の金額の計算上，損金の額に算入する。

《国庫補助金等で取得した固定資産等の圧縮額の損金算入》

第42条　内国法人（清算中のものを除く。以下この条において同じ。）が，各事業年度において固定資産の取得又は改良に充てるための国又は地方公共団体の補助金又は給付金その他政令で定めるこれらに準ずるもの（第44条までにおいて「国庫補助金等」という。）の交付を受け，当該事業年度においてその国庫補助金等をもってその交付の目的に適合した固定資産の取得又は改良をした場合（その国庫補助金等の返還を要しないことが当該事業年度終了の時までに確定した場合に限る。）において，その固定資産につき，その取得又は改良に充てた国庫補助金等の額に相当する金額（以下この項において「圧縮限度額」という。）の範囲内でその帳簿価額を損金経理により減額し，又はその圧縮限度額以下の金額を当該事業年度の確定した決算において積立金として積み立てる方法（政令で定める方法を含む。）により経理したときは，その減額し又は経理した金額に相当する金額は，当該事業年度の所得の金額の計算上，損金の額に算入する。

《工事負担金で取得した固定資産等の圧縮額の損金算入》

第45条　次に掲げる事業を営む内国法人（清算中のものを除く。以下この条において同じ。）が，各事業年度において当該事業に必要な施設を設けるため電気，ガス若しくは水の需要者又は鉄道若しくは軌道の利用者その他その施設によって便益を受ける者（以下この条において「受益者」という。）から金銭又は資材の交付を受け，当該事業年度においてその金銭又は資材をもってその施設を構成する固定資産を取得した場合において，その固定資産につき，その交付を受けた金銭の額又は資材の価額に相当する金額（以下この項において「圧縮限度額」という。）の範囲内でその帳簿価額を損金経理により減額し，又はその圧縮限度額以下の金額を当該事業年度の確定した決算において積立金として積み立てる方法（政令で定める方法を含む。）により経理したときは，その減額し又は経理した金額に相当する金額は，当該事業年度の所得の金額の計算上，損金の額に算入する。
一　電気事業法（昭和39年法律第170号）第２条第１項第８号《定義》に規定する一般送配電事業，同項第10号に規定する送電事業又は同項第14号に規定する発電事業
二　ガス事業法（昭和29年法律第51号）第２条第５項《定義》に規定する一般ガス導管事業
三　水道法（昭和32年法律第177号）第３条第２項《定義》に規定する水道事業
四　鉄道事業法（昭和61年法律第92号）第２条第１項《定義》に規定する鉄道事業
五　軌道法（大正10年法律第76号）第１条第１項《軌道法の適用対象》に規定する軌道を敷設して行う運輸事業
六　前各号に掲げる事業に類する事業で政令で定めるもの

《保険金等で取得した固定資産等の圧縮額の損金算入》
第47条　内国法人（清算中のものを除く。以下この条において同じ。）が，各事業年度においてその有する固定資産（当該内国法人を合併法人，分割承継法人，被現物出資法人又は被現物分配法人（第８項において「合併法人等」という。）とする適格合併，適格分割，適格現物出資又は適格現物分配（以下この項及び第８項において「適格組織再編成」という。）が行われている場合には，当該適格組織再編成に係る被合併法人，分割法人，現物出資法人又は現物分配法人（第８項において「被合併法人等」という。）の有していたものを含む。以下この条において「所有固定資産」という。）の滅失又は損壊により保険金，共済金又は損害賠償金で政令で定めるもの（以下第49条までにおいて「保険金等」という。）の支払を受け，当該事業年度においてその保険金等をもってその滅失をした所有固定資産に代替する同一種類の固定資産（以下この条において「代替資産」という。）の取得（第64条の２第３項《リース取引に係る所得の金額の計算》に規定するリース取引のうち所有権が移転しないものとして政令で定めるものによる取得を除く。以下この項及び第５項において同じ。）をし，又はその損壊をした所有固定資産若しくは代替資産となるべき資産の改良をした場合において，これらの固定資産につき，その取得又は改良に充てた保険金等に係る差益金の額として政令で定めるところにより計算した金額（以下この項において「圧縮限度額」という。）の範囲内でその帳簿価額を損金経理により減額し，又はその圧縮限度額以下の金額を当該事業年度の確定した決算において積立金として積み立てる方法（政令で定める方法を含む。）により経理したときは，その減額し又は経理した金額に相当する金額は，当該事業年度の所得の金額の計算上，損金の額に算入する。

《交換により取得した資産の圧縮額の損金算入》
第50条　内国法人（清算中のものを除く。以下この条において同じ。）が，各事業年度において，１年以上有していた固定資産（当該内国法人が適格合併，適格分割，適格現物出資又は適格現物分配（以下この項及び第７項において「適格組織再編成」という。）により被合併法人，分割法人，現物出資法人又は現物分配法人（以下この項及び第７項において「被合併法人等」という。）から移転を受けたもので，当該被合併法人等と当該内国法人の有していた期間の合計が１年以上であるものを含む。）で次の各号に掲げるものをそれぞれ他の者が１年以上有していた固定資産（当該他の者が適格組織再編成により被合併法人

等から移転を受けたもので，当該被合併法人等と当該他の者の有していた期間の合計が1年以上であるものを含む。）で当該各号に掲げるもの（交換のために取得したと認められるものを除く。）と交換し，その交換により取得した当該各号に掲げる資産（以下この条において「取得資産」という。）をその交換により譲渡した当該各号に掲げる資産（以下この条において「譲渡資産」という。）の譲渡の直前の用途と同一の用途に供した場合において，その取得資産につき，その交換により生じた差益金の額として政令で定めるところにより計算した金額の範囲内でその帳簿価額を損金経理により減額したときは，その減額した金額に相当する金額は，当該事業年度の所得の金額の計算上，損金の額に算入する。

一　土地（建物又は構築物の所有を目的とする地上権及び賃借権並びに農地法（昭和27年法律第229号）第２条第１項《定義》に規定する農地（同法第43条第１項《農作物栽培高度化施設に関する特例》の規定により農作物の栽培を耕作に該当するものとみなして適用する同法第２条第１項に規定する農地を含む。）の上に存する耕作（同法第43条第１項の規定により耕作に該当するものとみなされる農作物の栽培を含む。）に関する権利を含む。）

二　建物（これに附属する設備及び構築物を含む。）

三　機械及び装置

四　船舶

五　鉱業権（租鉱権及び採石権その他土石を採掘し，又は採取する権利を含む。）

《確定申告》

第74条　内国法人は，各事業年度終了の日の翌日から２月以内に，税務署長に対し，確定した決算に基づき次に掲げる事項を記載した申告書を提出しなければならない。

一　当該事業年度の課税標準である所得の金額又は欠損金額

二　前号に掲げる所得の金額につき前節《税額の計算》の規定を適用して計算した法人税の額

三　第68条及び第69条《所得税額等の控除》の規定による控除をされるべき金額で前号に掲げる法人税の額の計算上控除しきれなかったものがある場合には，その控除しきれなかった金額

四　その内国法人が当該事業年度につき中間申告書を提出した法人である場合には，第２号に掲げる法人税の額から当該申告書に係る中間納付額を控除した金額

五　前号に規定する中間納付額で同号に掲げる金額の計算上控除しきれなかったものがある場合には，その控除しきれなかった金額

六　前各号に掲げる金額の計算の基礎その他財務省令で定める事項

2　清算中の内国法人につきその残余財産が確定した場合には，当該内国法人の当該残余財産の確定の日の属する事業年度に係る前項の規定の適用については，同項中「２月以内」とあるのは，「１月以内（当該翌日から１月以内に残余財産の最後の分配又は引渡しが行われる場合には，その行われる日の前日まで）」とする。

3　第１項の規定による申告書には，当該事業年度の貸借対照表，損益計算書その他の財務省令で定める書類を添付しなければならない。

《青色申告》
第121条　内国法人は，納税地の所轄税務署長の承認を受けた場合には，次に掲げる申告書及びこれらの申告書に係る修正申告書を青色の申告書により提出することができる。
一　中間申告書
二　確定申告書
2　前項の承認を受けている内国法人又は同項の承認を受けていない連結申告法人（第2条第16号《定義》に規定する連結申告法人をいう。次条第1項において同じ。）は，次に掲げる申告書及びこれらの申告書に係る修正申告書について，青色の申告書により提出することができる。
一　退職年金等積立金中間申告書
二　退職年金等積立金確定申告書

《青色申告法人の帳簿書類》
第126条　第121条第1項《青色申告》の承認を受けている内国法人は，財務省令で定めるところにより，帳簿書類を備え付けてこれにその取引を記録し，かつ，当該帳簿書類を保存しなければならない。
2　納税地の所轄税務署長は，必要があると認めるときは，第121条第1項の承認を受けている内国法人に対し，前項に規定する帳簿書類について必要な指示をすることができる。

法人税法施行令

《少額の減価償却資産の取得価額の損金算入》
第133条　内国法人がその事業の用に供した減価償却資産（第48条第1項第6号及び第48条の2第1項第6号《減価償却資産の償却の方法》に掲げるものを除く。）で，前条第1号に規定する使用可能期間が1年未満であるもの又は取得価額（第54条第1項各号《減価償却資産の取得価額》の規定により計算した価額をいう。次条第1項において同じ。）が10万円未満であるものを有する場合において，その内国法人が当該資産の当該取得価額に相当する金額につきその事業の用に供した日の属する事業年度において損金経理をしたときは，その損金経理をした金額は，当該事業年度の所得の金額の計算上，損金の額に算入する。

《一括償却資産の損金算入》
第133条の2　内国法人が各事業年度において減価償却資産で取得価額が20万円未満であるもの（第48条第1項第6号及び第48条の2第1項第6号《減価償却資産の償却の方法》に掲げるもの並びに前条の規定の適用を受けるものを除く。）を事業の用に供した場合において，その内国法人がその全部又は特定の一部を一括したもの（適格合併，適格分割，適格現物出資又は適格現物分配（以下この条において「適格組織再編成」という。）により被合併法人，分割法人，現物出資法人又は現物分配法人（以下この項において「被合併法人等」という。）から引継ぎを受けた当該被合併法人等の各事業年度において生じた当該一括したものを含むものとし，適格分割，適格現物出資又は適格現物分配（適格現物分配にあっては，残余財産の全部の分配を除く。以下この条において「適格分割等」という。）により分割承継法人，被現物出資法人又は被現物分配法人（以下この条において「分割承継法人等」という。）に引き継いだ当該一括したものを除く。以下この条において「一括償却資産」という。）の取得価額（適格組織再編成により被合併法人等から引継ぎを受けた一括償却資産にあっては，当該被合併法人等におけるその取得価額）の合計額（以下この項及び第12項において「一括償却対象額」という。）を当該事業年度以後の各事業年度の費用の額又は損失の額とする方法を選定したときは，当該一括償却資産につき当該事業年度以後の各事業年度の所得の金額の計算上損金の額に算入する金額は，その内国法人が当該一括償却資産の全部又は一部につき損金経理をした金額（以下この条において「損金経理額」という。）のうち，当該一括償却資産に係る一括償却対象額を36で除しこれに当該事業年度の月数を乗じて計算した金額（適格組織再編成により被合併法人等から引継ぎを受けた当該被合併法人等の各事業年度において生じた一括償却資産につき当該適格組織再編成の日の属する事業年度において当該金額を計算する場合にあっては，当該一括償却資産に係る一括償却対象額を36で除し，これにその日から当該事業年度終了の日までの期間の月数を乗じて計算した金額。次項において「損金算入限度額」という。）に達するまでの金額とする。

《繰延資産となる費用のうち少額のものの損金算入》

第134条　内国法人が，第64条第１項第２号《均等償却を行う繰延資産》に掲げる費用を支出する場合において，当該費用のうちその支出する金額が20万円未満であるものにつき，その支出する日の属する事業年度において損金経理をしたときは，その損金経理をした金額は，当該事業年度の所得の金額の計算上，損金の額に算入する。

法人税法施行規則

《青色申告法人の決算》

第53条　法第121条第１項《青色申告》の承認を受けている法人（以下この章において「青色申告法人」という。）は，その資産，負債及び資本に影響を及ぼす一切の取引につき，複式簿記の原則に従い，整然と，かつ，明りょうに記録し，その記録に基づいて決算を行なわなければならない。

《取引に関する帳簿及び記載事項》

第54条　青色申告法人は，全ての取引を借方及び貸方に仕訳する帳簿（次条において「仕訳帳」という。），全ての取引を勘定科目の種類別に分類して整理計算する帳簿（次条において「総勘定元帳」という。）その他必要な帳簿を備え，別表二十に定めるところにより，取引に関する事項を記載しなければならない。

《仕訳帳及び総勘定元帳の記載方法》

第55条　青色申告法人は，仕訳帳には，取引の発生順に，取引の年月日，内容，勘定科目及び金額を記載しなければならない。

2　青色申告法人は，総勘定元帳には，その勘定ごとに記載の年月日，相手方勘定科目及び金額を記載しなければならない。

《貸借対照表及び損益計算書》
第57条　青色申告法人は，各事業年度終了の日現在において，その業種，業態及び規模等の実情により，おおむね別表二十一に掲げる科目に従い貸借対照表及び損益計算書を作成しなければならない。

《帳簿書類の整理保存》
第59条　青色申告法人は，次に掲げる帳簿書類を整理し，起算日から7年間，これを納税地（第3号に掲げる書類にあっては，当該納税地又は同号の取引に係る国内の事務所，事業所その他これらに準ずるものの所在地）に保存しなければならない。
一　第54条《取引に関する帳簿及び記載事項》に規定する帳簿並びに当該青色申告法人の資産，負債及び資本に影響を及ぼす一切の取引に関して作成されたその他の帳簿
二　棚卸表，貸借対照表及び損益計算書並びに決算に関して作成されたその他の書類
三　取引に関して，相手方から受け取った注文書，契約書，送り状，領収書，見積書その他これらに準ずる書類及び自己の作成したこれらの書類でその写しのあるものはその写し
2　前項に規定する起算日とは，帳簿についてはその閉鎖の日の属する事業年度終了の日の翌日から2月（法第75条の2《確定申告書の提出期限の延長の特例》の規定の適用を受けている場合には2月にその延長に係る月数を加えた月数とし，清算中の内国法人について残余財産が確定した場合には1月とする。以下この項において同じ。）を経過した日をいい，書類についてはその作成又は受領の日の属する事業年度終了の日の翌日から2月を経過した日をいう。
3　第1項各号に掲げる帳簿書類のうち次の表の各号の上欄に掲げるものについての当該各号の中欄に掲げる期間における同項の規定による保存については，当該各号の下欄に掲げる方法によることができる。

上欄	中欄	下欄
一　第1項第3号に掲げる書類（帳簿代用書類に該当するものを除く。）のうち国税庁長官が定めるもの	前項に規定する起算日以後3年を経過した日から当該起算日以後5年を経過する日までの期間	財務大臣の定める方法
二　第1項各号に掲げる帳簿書類	前項に規定する起算日から5年を経過した日以後の期間	財務大臣の定める方法

4　前項の表の第1号の上欄に規定する帳簿代用書類とは，第1項第3号に掲げる書類のうち，別表二十に定める記載事項の全部又は一部の帳簿への記載に代えて当該記載事項が記載されている書類を整理し，その整理されたものを保存している場合における当該書類をいう。
5　国税庁長官は，第3項の表の第1号の規定により書類を定めたときは，これを告示する。
6　財務大臣は，第3項の表の各号の規定により方法を定めたときは，これを告示する。

参考資料２　法人税基本通達（抜粋）

法人税基本通達

《短期の前払費用》

２－２－14　前払費用（一定の契約に基づき継続的に役務の提供を受けるために支出した費用のうち当該事業年度終了の時においてまだ提供を受けていない役務に対応するものをいう。以下２－２－14において同じ。）の額は，当該事業年度の損金の額に算入されないのであるが，法人が，前払費用の額でその支払った日から１年以内に提供を受ける役務に係るものを支払った場合において，その支払った額に相当する金額を継続してその支払った日の属する事業年度の損金の額に算入しているときは，これを認める。

（注）　例えば借入金を預金，有価証券等に運用する場合のその借入金に係る支払利子のように，収益の計上と対応させる必要があるものについては，後段の取扱いの適用はないものとする。

《償却費として損金経理をした金額の意義》

７－５－１　法第31条第１項《減価償却資産の償却費の計算及びその償却の方法》に規定する「償却費として損金経理をした金額」には，法人が償却費の科目をもって経理した金額のほか，損金経理をした次に掲げるような金額も含まれるものとする。

(1)　令第54条第１項《減価償却資産の取得価額》の規定により減価償却資産の取得価額に算入すべき付随費用の額のうち原価外処理をした金額

(2)　減価償却資産について法又は措置法の規定による圧縮限度額を超えてその帳簿価額を減額した場合のその超える部分の金額

(3)　減価償却資産について支出した金額で修繕費として経理した金額のうち令第132条《資本的支出》の規定により損金の額に算入されなかった金額

(4)　無償又は低い価額で取得した減価償却資産につきその取得価額として法人の経理した金額が令第54条第１項の規定による取得価額に満たない場合のその満たない金額

(5)　減価償却資産について計上した除却損又は評価損の金額のうち損金の額に算入されなかった金額

（注）　評価損の金額には，法人が計上した減損損失の金額も含まれることに留意する。

(6)　少額な減価償却資産（おおむね60万円以下）又は耐用年数が３年以下の減価償却資産の取得価額を消耗品費等として損金経理をした場合のその損金経理をした金額

(7)　令第54条第１項の規定によりソフトウエアの取得価額に算入すべき金額を研究開発費として損金経理をした場合のその損金経理をした金額

《申告調整による償却費の損金算入》

７－５－２　法人が減価償却資産の取得価額の全部又は一部を資産に計上しないで損金経理をした場合（７－５－１により償却費として損金経理をしたものと認められる場合を除く。）又は贈与により取得した減価償却資産の取得価額の全部を資産に計上しなかった場合において，これらの資産を事業の用に供した事業年度の確定申告書又は修正申告書（更正又は決定があるべきことを予知して提出された期限後申告書及び修正申告書を除く。）に添付した令第63条《減価償却に関する明細書の添付》に規定する明細書にその計上しなかった金額を記載して申告調整をしているときは，その記載した金額は，償却費として損金経理をした金額に該当するものとして取り扱う。

（注）　贈与により取得した減価償却資産が，令第133条《少額の減価償却資産の取得価額の損金算入》の規定によりその取得価額の全部を損金の額に算入することができるものである場合には，損金経理をしたものとする。

《償却費として損金経理をした金額》

8－3－2　法人が，繰延資産となるべき費用を支出した場合において，その全部又は一部を償却費以外の科目をもって損金経理をしているときにおいても，その損金経理をした金額は，法第32条第1項《繰延資産の償却費の損金算入》に規定する「償却費として損金経理をした金額」に含まれるものとする。

《評価損否認金等のある資産について評価損を計上した場合の処理》

9－1－2　法人が評価損否認金又は償却超過額のある資産につき令第68条第1項《資産の評価損の計上ができる事実》に規定する事実が生じたため当該評価損否認金又は償却超過額の全部又は一部を申告調整により損金の額に算入した場合には，その損金の額に算入した金額は，評価損として損金経理をしたものとして取り扱う。

《回収不能の金銭債権の貸倒れ》

9－6－2　法人の有する金銭債権につき，その債務者の資産状況，支払能力等からみてその全額が回収できないことが明らかになった場合には，その明らかになった事業年度において貸倒れとして損金経理をすることができる。この場合において，当該金銭債権について担保物があるときは，その担保物を処分した後でなければ貸倒れとして損金経理をすることはできないものとする。

（注）　保証債務は，現実にこれを履行した後でなければ貸倒れの対象にすることはできないことに留意する。

《一定期間取引停止後弁済がない場合等の貸倒れ》

9－6－3　債務者について次に掲げる事実が発生した場合には，その債務者に対して有する売掛債権（売掛金，未収請負金その他これらに準ずる債権をいい，貸付金その他これに準ずる債権を含まない。以下9－6－3において同じ。）について法人が当該売掛債権の額から備忘価額を控除した残額を貸倒れとして損金経理をしたときは，これを認める。

(1)　債務者との取引を停止した時（最後の弁済期又は最後の弁済の時が当該停止をした時以後である場合には，これらのうち最も遅い時）以後1年以上経過した場合（当該売掛債権について担保物のある場合を除く。）

(2)　法人が同一地域の債務者について有する当該売掛債権の総額がその取立てのために要する旅費その他の費用に満たない場合において，当該債務者に対し支払を督促したにも

かかわらず弁済がないとき

(注) (1)の取引の停止は，継続的な取引を行っていた債務者につきその資産状況，支払能力等が悪化したためその後の取引を停止するに至った場合をいうのであるから，例えば不動産取引のようにたまたま取引を行った債務者に対して有する当該取引に係る売掛債権については，この取扱いの適用はない。

《返品債権特別勘定の設定》

9－6－4　出版業を営む法人のうち，常時，その販売する出版業に係る棚卸資産の大部分につき，一定の特約を結んでいるものが，雑誌（週刊誌，旬刊誌，月刊誌等の定期刊行物をいう。以下この款において同じ。）の販売に関し，その取次業者又は販売業者（以下この款においてこれらの者を「販売業者」という。）との間に，次の(1)及び(2)に掲げる事項を内容とする特約を結んでいる場合には，その販売した事業年度において9－6－5に定める繰入限度額以下の金額を損金経理により返品債権特別勘定に繰り入れることができる。

(1)　各事業年度終了の時においてその販売業者がまだ販売していない雑誌（当該事業年度終了の時の直前の発行日に係るものを除く。以下この款において「店頭売れ残り品」という。）に係る売掛金に対応する債務を当該時において免除すること。

(2)　店頭売れ残り品を当該事業年度終了の時において自己に帰属させること。

(注)

1　一定の特約とは，次に掲げる事項を内容とする特約とする。

(1)　販売先からの求めに応じ，その販売した棚卸資産を当初の販売価額によって無条件に買い戻すこと。

(2)　販売先において，当該法人から棚卸資産の送付を受けた場合にその注文によるものかどうかを問わずこれを購入すること。

2　法人が当該事業年度において，店頭売れ残り品に係る返金負債勘定又は返品資産勘定を設けている場合には，その返金負債勘定の金額から返品資産勘定の金額を控除した金額については，損金経理により返品債権特別勘定に繰り入れたものとみなす。

《交換により取得した資産の圧縮記帳の経理の特例》

10－6－10　法第50条第1項《交換により取得した資産の圧縮額の損金算入》の規定を適用する場合において，法人が同項に規定する取得資産につき，その帳簿価額を損金経理により減額しないで，同項に規定する譲渡資産の令第92条《交換により生じた差益金の額》に規定する譲渡直前の帳簿価額とその取得資産の取得のために要した経費との合計額に相当する金額を下らない金額をその取得価額としたときは，これを認める。この場合においても，法第50条第3項の規定の適用があることに留意する。

《貸倒引当金の差額繰入れ等の特例》

11－1－1　法人が貸倒引当金につき当該事業年度の取崩額と当該事業年度の繰入額との差額を損金経理により繰り入れ又は取り崩して益金の額に算入している場合においても，確定申告書に添付する明細書にその相殺前の金額に基づく繰入れ等であることを明らかにしているときは，その相殺前の金額によりその繰入れ及び取崩しがあったものとして取り扱う。

参考資料3　その他の租税法（抜粋）

所得税法

《青色申告》
第143条　不動産所得，事業所得又は山林所得を生ずべき業務を行なう居住者は，納税地の所轄税務署長の承認を受けた場合には，確定申告書及び当該申告書に係る修正申告書を青色の申告書により提出することができる。

《青色申告の承認の申請》
第144条　その年分以後の各年分の所得税につき前条の承認を受けようとする居住者は，その年３月15日まで（その年１月16日以後新たに同条に規定する業務を開始した場合には，その業務を開始した日から２月以内）に，当該業務に係る所得の種類その他財務省令で定める事項を記載した申請書を納税地の所轄税務署長に提出しなければならない。

《青色申告の承認申請の却下》
第145条　税務署長は，前条の申請書の提出があった場合において，その申請書を提出した居住者につき次の各号のいずれかに該当する事実があるときは，その申請を却下することができる。
一　その年分以後の各年分の所得税につき第143条《青色申告》の承認を受けようとする年における同条に規定する業務に係る帳簿書類の備付け，記録又は保存が第148条第１項《青色申告者の帳簿書類》に規定する財務省令で定めるところに従って行なわれていないこと。
二　その備え付ける前号に規定する帳簿書類に取引の全部又は一部を隠ぺいし又は仮装して記載し又は記録していることその他不実の記載又は記録があると認められる相当の理由があること。
三　第150条第２項《青色申告の承認の取消し》の規定による通知を受け，又は第151条第１項《青色申告の取りやめ》に規定する届出書の提出をした日以後１年以内にその申請書を提出したこと。

《青色申告の承認等の通知》
第146条　税務署長は，第144条《青色申告の承認の申請》の申請書の提出があった場合において，その申請につき承認又は却下の処分をするときは，その申請をした居住者に対し，書面によりその旨を通知する。

《青色申告の承認があったものとみなす場合》
第147条　第144条《青色申告の承認の申請》の申請書の提出があった場合において，その年分以後の各年分の所得税につき第143条《青色申告》の承認を受けようとする年の12月31日（その年11月１日以後新たに同条に規定する業務を開始した場合には，その年の翌年２

月15日）までにその申請につき承認又は却下の処分がなかったときは，その日においてその承認があったものとみなす。

《青色申告者の帳簿書類》

第148条　第143条《青色申告》の承認を受けている居住者は，財務省令で定めるところにより，同条に規定する業務につき帳簿書類を備え付けてこれに不動産所得の金額，事業所得の金額及び山林所得の金額に係る取引を記録し，かつ，当該帳簿書類を保存しなければならない。

2　納税地の所轄税務署長は，必要があると認めるときは，第143条の承認を受けている居住者に対し，その者の同条に規定する業務に係る帳簿書類について必要な指示をすることができる。

《青色申告書に添附すべき書類》

第149条　青色申告書には，財務省令で定めるところにより，貸借対照表，損益計算書その他不動産所得の金額，事業所得の金額若しくは山林所得の金額又は純損失の金額の計算に関する明細書を添附しなければならない。

《青色申告の承認の取消し》

第150条　第143条《青色申告》の承認を受けた居住者につき次の各号のいずれかに該当する事実がある場合には，納税地の所轄税務署長は，当該各号に掲げる年までさかのぼって，その承認を取り消すことができる。この場合において，その取消しがあったときは，その居住者の当該年分以後の各年分の所得税につき提出したその承認に係る青色申告書は，青色申告書以外の申告書とみなす。

一　その年における第143条に規定する業務に係る帳簿書類の備付け，記録又は保存が第148条第１項《青色申告者の帳簿書類》に規定する財務省令で定めるところに従って行なわれていないこと。　その年

二　その年における前号に規定する帳簿書類について第148条第２項の規定による税務署長の指示に従わなかったこと。　その年

三　その年における第１号に規定する帳簿書類に取引の全部又は一部を隠ぺいし又は仮装して記載し又は記録し，その他その記載又は記録をした事項の全体についてその真実性を疑うに足りる相当の理由があること。　その年

2　税務署長は，前項の規定による取消しの処分をする場合には，同項の居住者に対し，書面によりその旨を通知する。この場合において，その書面には，その取消しの処分の基因となった事実が同項各号のいずれに該当するかを附記しなければならない。

相続税法

《債務控除》

第13条　相続又は遺贈（包括遺贈及び被相続人からの相続人に対する遺贈に限る。以下この条において同じ。）により財産を取得した者が第１条の３第１項第１号又は第２号の規定

に該当する者である場合においては，当該相続又は遺贈により取得した財産については，課税価格に算入すべき価額は，当該財産の価額から次に掲げるものの金額のうちその者の負担に属する部分の金額を控除した金額による。

一　被相続人の債務で相続開始の際現に存するもの（公租公課を含む。）

二　被相続人に係る葬式費用

第14条　前条の規定によりその金額を控除すべき債務は，確実と認められるものに限る。

《評価の原則》

第22条　この章で特別の定めのあるものを除くほか，相続，遺贈又は贈与により取得した財産の価額は，当該財産の取得の時における時価により，当該財産の価額から控除すべき債務の金額は，その時の現況による。

財産評価基本通達

《評価の原則》

1　財産の評価については，次による。

⑴　評価単位

財産の価額は，第２章以下に定める評価単位ごとに評価する。

⑵　時価の意義

財産の価額は，時価によるものとし，時価とは，課税時期（相続，遺贈若しくは贈与により財産を取得した日若しくは相続税法の規定により相続，遺贈若しくは贈与により取得したものとみなされた財産のその取得の日又は地価税法第２条《定義》第４号に規定する課税時期をいう。以下同じ。）において，それぞれの財産の現況に応じ，不特定多数の当事者間で自由な取引が行われる場合に通常成立すると認められる価額をいい，その価額は，この通達の定めによって評価した価額による。

⑶　財産の評価

財産の評価に当たっては，その財産の価額に影響を及ぼすべきすべての事情を考慮する。

《評価方法の定めのない財産の評価》

5　この通達に評価方法の定めのない財産の価額は，この通達に定める評価方法に準じて評価する。

《この通達の定めにより難い場合の評価》

6　この通達の定めによって評価することが著しく不適当と認められる財産の価額は，国税庁長官の指示を受けて評価する。

《取引相場のない株式の評価上の区分》

178　取引相場のない株式の価額は，評価しようとするその株式の発行会社（以下「評価会社」という。）が次の表の大会社，中会社又は小会社のいずれに該当するかに応じて，それぞれ次項の定めによって評価する。ただし，同族株主以外の株主等が取得した株式又は特定の評価会社の株式の価額は，それぞれ188《同族株主以外の株主等が取得した株式》又は189《特定の評価会社の株式》の定めによって評価する。

<table>
<tr><th>規模区分</th><th colspan="2">区分の内容</th><th>総資産価額（帳簿価額によって計算した金額）及び従業員数</th><th>直前期末以前1年間における取引金額</th></tr>
<tr><td rowspan="3">大会社</td><td rowspan="3">従業員数が70人以上の会社又は右のいずれかに該当する会社</td><td>卸売業</td><td>20億円以上（従業員数が35人以下の会社を除く。）</td><td>30億円以上</td></tr>
<tr><td>小売・サービス業</td><td>15億円以上（従業員数が35人以下の会社を除く。）</td><td>20億円以上</td></tr>
<tr><td>卸売業，小売・サービス業以外</td><td>15億円以上（従業員数が35人以下の会社を除く。）</td><td>15億円以上</td></tr>
<tr><td rowspan="3">中会社</td><td rowspan="3">従業員数が70人未満の会社で右のいずれかに該当する会社（大会社に該当する場合を除く。）</td><td>卸売業</td><td>7,000万円以上（従業員数が5人以下の会社を除く。）</td><td>2億円以上30億円未満</td></tr>
<tr><td>小売・サービス業</td><td>4,000万円以上（従業員数が5人以下の会社を除く。）</td><td>6,000万円以上20億円未満</td></tr>
<tr><td>卸売業，小売・サービス業以外</td><td>5,000万円以上（従業員数が5人以下の会社を除く。）</td><td>8,000万円以上15億円未満</td></tr>
<tr><td rowspan="3">小会社</td><td rowspan="3">従業員数が70人未満の会社で右のいずれにも該当する会社</td><td>卸売業</td><td>7,000万円未満又は従業員数が5人以下</td><td>2億円未満</td></tr>
<tr><td>小売・サービス業</td><td>4,000万円未満又は従業員数が5人以下</td><td>6,000万円未満</td></tr>
<tr><td>卸売業，小売・サービス業以外</td><td>5,000万円未満又は従業員数が5人以下</td><td>8,000万円未満</td></tr>
</table>

上の表の「総資産価額（帳簿価額によって計算した金額）及び従業員数」及び「直前期末以前1年間における取引金額」は，それぞれ次の(1)から(3)により，「卸売業」，「小売・サービス業」又は「卸売業，小売・サービス業以外」の判定は(4)による。

(1) 「総資産価額（帳簿価額によって計算した金額）」は，課税時期の直前に終了した事業年度の末日（以下「直前期末」という。）における評価会社の各資産の帳簿価額の合計額とする。

(2) 「従業員数」は，直前期末以前1年間においてその期間継続して評価会社に勤務していた従業員（就業規則等で定められた1週間当たりの労働時間が30時間未満である従業員を除く。以下この項において「継続勤務従業員」という。）の数に，直前期末以前1年間において評価会社に勤務していた従業員（継続勤務従業員を除く。）のその1年間における労働時間の合計時間数を従業員1人当たり年間平均労働時間数で除して求めた数を加算した数とする。

この場合における従業員１人当たり年間平均労働時間数は，1,800時間とする。

(3)「直前期末以前１年間における取引金額」は，その期間における評価会社の目的とする事業に係る収入金額（金融業・証券業については収入利息及び収入手数料）とする。

(4) 評価会社が「卸売業」,「小売・サービス業」又は「卸売業，小売・サービス業以外」のいずれの業種に該当するかは，上記(3)の直前期末以前１年間における取引金額（以下この項及び181－2《評価会社の事業が該当する業種目》において「取引金額」という。）に基づいて判定し，当該取引金額のうちに２以上の業種に係る取引金額が含まれている場合には，それらの取引金額のうち最も多い取引金額に係る業種によって判定する。

(注) 上記(2)の従業員には，社長，理事長並びに法人税法施行令第71条《使用人兼務役員とされない役員》第１項第１号，第２号及び第４号に掲げる役員は含まないのであるから留意する。

《取引相場のない株式の評価の原則》

179　前項により区分された大会社，中会社及び小会社の株式の価額は，それぞれ次による。

(1) 大会社の株式の価額は，類似業種比準価額によって評価する。ただし，納税義務者の選択により，１株当たりの純資産価額（相続税評価額によって計算した金額）によって評価することができる。

(2) 中会社の株式の価額は，次の算式により計算した金額によって評価する。ただし，納税義務者の選択により，算式中の類似業種比準価額を１株当たりの純資産価額（相続税評価額によって計算した金額）によって計算することができる。

類似業種比準価額×Ｌ＋１株当たりの純資産価額（相続税評価額によって計算した金額）×（１－Ｌ）

上の算式中の「Ｌ」は，評価会社の前項に定める総資産価額（帳簿価額によって計算した金額）及び従業員数又は直前期末以前１年間における取引金額に応じて，それぞれ次に定める割合のうちいずれか大きい方の割合とする。

イ　総資産価額（帳簿価額によって計算した金額）及び従業員数に応ずる割合

卸売業	小売・サービス業	卸売業，小売・サービス業以外	割合
４億円以上（従業員数が35人以下の会社を除く。）	５億円以上（従業員数が35人以下の会社を除く。）	５億円以上（従業員数が35人以下の会社を除く。）	0.90
２億円以上（従業員数が20人以下の会社を除く。）	２億5,000万円以上（従業員数が20人以下の会社を除く。）	２億5,000万円以上（従業員数が20人以下の会社を除く。）	0.75
7,000万円以上（従業員数が５人以下の会社を除く。）	4,000万円以上（従業員数が５人以下の会社を除く。）	5,000万円以上（従業員数が５人以下の会社を除く。）	0.60

(注) 複数の区分に該当する場合には，上位の区分に該当するものとする。

ロ　直前期末以前１年間における取引金額に応ずる割合

卸売業	小売・サービス業	卸売業，小売・サービス業以外	割合
７億円以上30億円未満	５億円以上20億円未満	４億円以上15億円未満	0.90
３億5,000万円以上７億円未満	２億5,000万円以上５億円未満	２億円以上４億円未満	0.75
２億円以上３億5,000万円未満	6,000万円以上２億5,000万円未満	8,000万円以上２億円未満	0.60

⑶　小会社の株式の価額は，１株当たりの純資産価額（相続税評価額によって計算した金額）によって評価する。ただし，納税義務者の選択により，Ｌを0.50として⑵の算式により計算した金額によって評価することができる。

《純資産価額》

185　179《取引相場のない株式の評価の原則》の「１株当たりの純資産価額（相続税評価額によって計算した金額)」は，課税時期における各資産をこの通達に定めるところにより評価した価額（この場合，評価会社が課税時期前３年以内に取得又は新築した土地及び土地の上に存する権利（以下「土地等」という。）並びに家屋及びその附属設備又は構築物（以下「家屋等」という。）の価額は，課税時期における通常の取引価額に相当する金額によって評価するものとし，当該土地等又は当該家屋等に係る帳簿価額が課税時期における通常の取引価額に相当すると認められる場合には，当該帳簿価額に相当する金額によって評価することができるものとする。以下同じ。）の合計額から課税時期における各負債の金額の合計額及び186－２《評価差額に対する法人税額等に相当する金額》により計算した評価差額に対する法人税額等に相当する金額を控除した金額を課税時期における発行済株式数で除して計算した金額とする。ただし，179《取引相場のない株式の評価の原則》の⑵の算式及び⑶の１株当たりの純資産価額（相続税評価額によって計算した金額）については，株式の取得者とその同族関係者（188《同族株主以外の株主等が取得した株式》の⑴に定める同族関係者をいう。）の有する議決権の合計数が評価会社の議決権総数の50％以下である場合においては，上記により計算した１株当たりの純資産価額（相続税評価額によって計算した金額）に100分の80を乗じて計算した金額とする。

（注）

1　１株当たりの純資産価額（相続税評価額によって計算した金額）の計算を行う場合の「発行済株式数」は，直前期末ではなく，課税時期における発行済株式数であることに留意する。

2　上記の「議決権の合計数」及び「議決権総数」には，188－５《種類株式がある場合の議決権総数等》の「株主総会の一部の事項について議決権を行使できない株式に係る議決権の数」を含めるものとする。

《純資産価額計算上の負債》

186　前項の課税時期における１株当たりの純資産価額（相続税評価額によって計算した金

額）の計算を行う場合には，貸倒引当金，退職給与引当金（平成14年改正法人税法附則第8条《退職給与引当金に関する経過措置》第２項及び第３項の適用後の退職給与引当金勘定の金額に相当する金額を除く。），納税引当金その他の引当金及び準備金に相当する金額は負債に含まれないものとし，次に掲げる金額は負債に含まれることに留意する（次項及び186－３《評価会社が有する株式等の純資産価額の計算》において同じ。）。

(1)　課税時期の属する事業年度に係る法人税額，消費税額，事業税額，道府県民税額及び市町村民税額のうち，その事業年度開始の日から課税時期までの期間に対応する金額（課税時期において未払いのものに限る。）

(2)　課税時期以前に賦課期日のあった固定資産税の税額のうち，課税時期において未払いの金額

(3)　被相続人の死亡により，相続人その他の者に支給することが確定した退職手当金，功労金その他これらに準ずる給与の金額

消費税法

《仕入れに係る消費税額の控除》

第30条　事業者（第９条第１項本文の規定により消費税を納める義務が免除される事業者を除く。）が，国内において行う課税仕入れ（特定課税仕入れに該当するものを除く。以下この条及び第32条から第36条までにおいて同じ。）若しくは特定課税仕入れ又は保税地域から引き取る課税貨物については，次の各号に掲げる場合の区分に応じ当該各号に定める日の属する課税期間の第45条第１項第２号に掲げる課税標準額に対する消費税額（以下この章において「課税標準額に対する消費税額」という。）から，当該課税期間中に国内において行った課税仕入れに係る消費税額（当該課税仕入れに係る支払対価の額に110分の7.8を乗じて算出した金額をいう。以下この章において同じ。），当該課税期間中に国内において行った特定課税仕入れに係る消費税額（当該特定課税仕入れに係る支払対価の額に100分の7.8を乗じて算出した金額をいう。以下この章において同じ。）及び当該課税期間における保税地域からの引取りに係る課税貨物（他の法律又は条約の規定により消費税が免除されるものを除く。以下この章において同じ。）につき課された又は課されるべき消費税額（附帯税の額に相当する額を除く。次項において同じ。）の合計額を控除する。

一　国内において課税仕入れを行った場合　当該課税仕入れを行った日

二　国内において特定課税仕入れを行った場合　当該特定課税仕入れを行った日

三　保税地域から引き取る課税貨物につき第47条第１項の規定による申告書（同条第３項の場合を除く。）又は同条第２項の規定による申告書を提出した場合　当該申告に係る課税貨物（第６項において「一般申告課税貨物」という。）を引き取った日

四　保税地域から引き取る課税貨物につき特例申告書を提出した場合（当該特例申告書に記載すべき第47条第１項第１号又は第２号に掲げる金額につき決定（国税通則法第25条《決定》の規定による決定をいう。以下この号において同じ。）があった場合を含む。以下同じ。）　当該特例申告書を提出した日又は当該申告に係る決定（以下「特例申告に関する決定」という。）の通知を受けた日

7　第１項の規定は，事業者が当該課税期間の課税仕入れ等の税額の控除に係る帳簿及び請

求書等（同項に規定する課税仕入れに係る支払対価の額の合計額が少額である場合，特定課税仕入れに係るものである場合その他の政令で定める場合における当該課税仕入れ等の税額については，帳簿）を保存しない場合には，当該保存がない課税仕入れ，特定課税仕入れ又は課税貨物に係る課税仕入れ等の税額については，適用しない。ただし，災害その他やむを得ない事情により，当該保存をすることができなかったことを当該事業者において証明した場合は，この限りでない。

8　前項に規定する帳簿とは，次に掲げる帳簿をいう。

一　課税仕入れ等の税額が課税仕入れに係るものである場合には，次に掲げる事項が記載されているもの

イ　課税仕入れの相手方の氏名又は名称

ロ　課税仕入れを行った年月日

ハ　課税仕入れに係る資産又は役務の内容

ニ　第１項に規定する課税仕入れに係る支払対価の額

二　課税仕入れ等の税額が特定課税仕入れに係るものである場合には，次に掲げる事項が記載されているもの

イ　特定課税仕入れの相手方の氏名又は名称

ロ　特定課税仕入れを行った年月日

ハ　特定課税仕入れの内容

ニ　第１項に規定する特定課税仕入れに係る支払対価の額

ホ　特定課税仕入れに係るものである旨

三　課税仕入れ等の税額が第１項に規定する保税地域からの引取りに係る課税貨物に係るものである場合には，次に掲げる事項が記載されているもの

イ　課税貨物を保税地域から引き取った年月日（課税貨物につき特例申告書を提出した場合には，保税地域から引き取った年月日及び特例申告書を提出した日又は特例申告に関する決定の通知を受けた日）

ロ　課税貨物の内容

ハ　課税貨物の引取りに係る消費税額及び地方消費税額（これらの税額に係る附帯税の額に相当する額を除く。次項第３号において同じ。）又はその合計額

9　第７項に規定する請求書等とは，次に掲げる書類をいう。

一　事業者に対し課税資産の譲渡等（第７条第１項，第８条第１項その他の法律又は条約の規定により消費税が免除されるものを除く。以下この号において同じ。）を行う他の事業者（当該課税資産の譲渡等が卸売市場においてせり売又は入札の方法により行われるものその他の媒介又は取次ぎに係る業務を行う者を介して行われるものである場合には，当該媒介又は取次ぎに係る業務を行う者）が，当該課税資産の譲渡等につき当該事業者に交付する請求書，納品書その他これらに類する書類で次に掲げる事項（当該課税資産の譲渡等が小売業その他の政令で定める事業に係るものである場合には，イからニまでに掲げる事項）が記載されているもの

イ　書類の作成者の氏名又は名称

ロ　課税資産の譲渡等を行った年月日（課税期間の範囲内で一定の期間内に行った課税資産の譲渡等につきまとめて当該書類を作成する場合には，当該一定の期間）

ハ　課税資産の譲渡等に係る資産又は役務の内容

ニ　課税資産の譲渡等の対価の額（当該課税資産の譲渡等に係る消費税額及び地方消費税額に相当する額がある場合には，当該相当する額を含む。）

ホ　書類の交付を受ける当該事業者の氏名又は名称

二　事業者がその行った課税仕入れにつき作成する仕入明細書，仕入計算書その他これらに類する書類で次に掲げる事項が記載されているもの（当該書類に記載されている事項につき，当該課税仕入れの相手方の確認を受けたものに限る。）

イ　書類の作成者の氏名又は名称

ロ　課税仕入れの相手方の氏名又は名称

ハ　課税仕入れを行った年月日（課税期間の範囲内で一定の期間内に行った課税仕入れにつきまとめて当該書類を作成する場合には，当該一定の期間）

ニ　課税仕入れに係る資産又は役務の内容

ホ　第１項に規定する課税仕入れに係る支払対価の額

三　課税貨物を保税地域から引き取る事業者が税関長から交付を受ける当該課税貨物の輸入の許可（関税法第67条《輸出又は輸入の許可》に規定する輸入の許可をいう。）があったことを証する書類その他の政令で定める書類で次に掲げる事項が記載されているもの

イ　納税地を所轄する税関長

ロ　課税貨物を保税地域から引き取ることができることとなった年月日（課税貨物につき特例申告書を提出した場合には，保税地域から引き取ることができることとなった年月日及び特例申告書を提出した日又は特例申告に関する決定の通知を受けた日）

ハ　課税貨物の内容

ニ　課税貨物に係る消費税の課税標準である金額並びに引取りに係る消費税額及び地方消費税額

ホ　書類の交付を受ける事業者の氏名又は名称

10　第１項の規定は，事業者が課税仕入れ（当該課税仕入れに係る資産が金又は白金の地金である場合に限る。）の相手方の本人確認書類（住民票の写しその他の財務省令で定めるものをいう。）を保存しない場合には，当該保存がない課税仕入れに係る消費税額については，適用しない。ただし，災害その他やむを得ない事情により，当該保存をすることができなかったことを当該事業者において証明した場合は，この限りでない。

11　第１項の規定は，その課税仕入れの際に，当該課税仕入れに係る資産が納付すべき消費税を納付しないで保税地域から引き取られた課税貨物に係るものである場合（当該課税仕入れを行う事業者が，当該消費税が納付されていないことを知っていた場合に限る。）には，当該課税仕入れに係る消費税額については，適用しない。

12　第７項に規定する帳簿の記載事項の特例，当該帳簿及び同項に規定する請求書等の保存に関する事項その他前各項の規定の適用に関し必要な事項は，政令で定める。

国税通則法

《過少申告加算税》

第65条　期限内申告書（還付請求申告書を含む。第３項において同じ。）が提出された場合（期限後申告書が提出された場合において，次条第１項ただし書又は第７項の規定の適用があるときを含む。）において，修正申告書の提出又は更正があったときは，当該納税者に対し，その修正申告又は更正に基づき第35条第２項《期限後申告等による納付》の規定により納付すべき税額に100分の10の割合（修正申告書の提出が，その申告に係る国税についての調査があったことにより当該国税について更正があるべきことを予知してされたものでないときは，100分の５の割合）を乗じて計算した金額に相当する過少申告加算税を課する。

《重加算税》

第68条　第65条第１項《過少申告加算税》の規定に該当する場合（修正申告書の提出が，その申告に係る国税についての調査があったことにより当該国税について更正があるべきことを予知してされたものでない場合を除く。）において，納税者がその国税の課税標準等又は税額等の計算の基礎となるべき事実の全部又は一部を隠蔽し，又は仮装し，その隠蔽し，又は仮装したところに基づき納税申告書を提出していたときは，当該納税者に対し，政令で定めるところにより，過少申告加算税の額の計算の基礎となるべき税額（その税額の計算の基礎となるべき事実で隠蔽し，又は仮装されていないものに基づくことが明らかであるものがあるときは，当該隠蔽し，又は仮装されていない事実に基づく税額として政令で定めるところにより計算した金額を控除した税額）に係る過少申告加算税に代え，当該基礎となるべき税額に100分の35の割合を乗じて計算した金額に相当する重加算税を課する。

あとがき

「はしがき」にも記したとおり，本書は，経理要件および帳簿要件についての考察を行った基本書である。

経理要件や帳簿要件は税務会計論の実務的側面に関わる議論であるともいえよう。

経理要件のうち，損金経理要件は，法人の意思の表明といわれてきたが，例えば，非適格分社型分割の場面で退職所得引当金を直接取り崩す場合などを考えると必ずしも意思の表明ともいえないことや，評価額の問題などについては意思の表明たるものが厳格な金額の表明までをも指すと解釈する必要はないのではないかというような新たな疑問が提示されている。換言すれば，これまでの往年の損金経理の意義を維持することが妥当かという疑問が課題とされているのである。

また，帳簿要件について考えると，現在は消費税法が令和５年10月１日からインボイス方式（適格請求書等保存方式）に移行するまでの過渡期にあるといってもよいところ，今後は，かかる帳簿要件のあり方についても，これまでの往年の考え方が妥当しなくなるといった状況にある。

このように実務的かつ手続的側面としての経理要件や帳簿要件は過去の考え方への見直しが求められている転換期にあるといっても過言ではない。

そのような中において，本書は，これらの問題に取り組むとともに，問題点の摘示をしたところである。

税務会計論は生きた学問領域であり実務領域である。今後も，税務会計論におけるさまざまな問題点をこのプログレッシブ税務会計論シリーズにおいて取り上げていきたいと思っている。

令和２年５月

酒井　克彦

事項索引

英　数

あ　行

か　行

さ 行

た 行

な　行

は　行

ま 行

や 行

ら 行

わ 行

判例・裁決索引

■平成21年～28年

■平成31年

【著者紹介】

酒井　克彦（さかい　かつひこ）

1963年2月東京都生まれ。中央大学大学院法学研究科博士課程修了。法学博士（中央大学）。

中央大学法科大学院教授。㈳アコード租税総合研究所（At-I）所長。㈳ファルクラム代表理事。

著書に，『レクチャー租税法解釈入門』（弘文堂・2015年），『租税正義と国税通則法総則』（信山社・2018年〔共編〕），『キャッチアップ デジタル情報社会の税務』（2020年〔編著〕），『キャッチアップ保険の税務』（2019年〔編著〕），『キャッチアップ外国人労働者の税務』（2019年〔編著〕），『キャッチアップ改正相続法と税務』（2019年〔編著〕），『キャッチアップ仮想通貨の最新税務』（2018年〔編著〕），『新しい加算税の実務』（2016年〔編著〕），『附帯税の理論と実務』（2010年）（以上，ぎょうせい），『通達のチェックポイント―相続税裁判事例精選20―』（2019年〔編著〕），『同―所得税裁判事例精選20―』（2018年〔編著〕），『同―法人税裁判事例精選20―』（2017年〔編著〕），『アクセス税務通達の読み方』（2016年）（以上，第一法規），『「正当な理由」をめぐる認定判断と税務解釈』（2015年），『「相当性」をめぐる認定判断と税務解釈』（2013年）（以上，清文社），『スタートアップ租税法〔第4版〕』（2020年），『ステップアップ租税法の概念論』（2020年），『ステップアップ租税法と私法』（2019年），『クローズアップ事業承継税制』（2019年〔編著〕），『クローズアップ保険税務』（2017年〔編著〕），『クローズアップ租税行政法〔第2版〕』（2016年），『クローズアップ課税要件事実論〔第4版改訂増補版〕』（2017年），『所得税法の論点研究』（2011年），『ブラッシュアップ租税法』（2011年），『ステップアップ租税法』（2010年），『フォローアップ租税法』（2010年）（以上，財経詳報社），『裁判例からみる税務調査』（2020年），『裁判例からみる法人税法〔3訂版〕』（2019年），『裁判例からみる所得税法』（2016年），『裁判例からみる相続税・贈与税〔3訂版〕』（2013年〔共著〕），『行政事件訴訟法と租税争訟』（2010年）（以上，大蔵財務協会），『プログレッシブ税務会計論Ⅰ〔第2版〕』（2018年），『プログレッシブ税務会計論Ⅱ〔第2版〕』（2018年），『プログレッシブ税務会計論Ⅲ』（2019年）（以上，中央経済社）などがある。その他，論文多数。

HP「㈳アコード租税総合研究所」（http://accordtax.net/），「㈳ファルクラム」（http://fulcrumtax.net/）

プログレッシブ税務会計論Ⅳ―会計処理要件（経理要件・帳簿要件）―

2020年7月10日　第1版第1刷発行

著者　酒井克彦
発行者　山本継
発行所　㈱中央経済社
発売元　㈱中央経済グループパブリッシング

〒101-0051　東京都千代田区神田神保町1-31-2
電話　03（3293）3371（編集代表）
03（3293）3381（営業代表）
http://www.chuokeizai.co.jp/
印刷／東光整版印刷㈱
製本／㈲井上製本所

ISBN 978-4-502-35031-3　C3034